Les piliers du destin

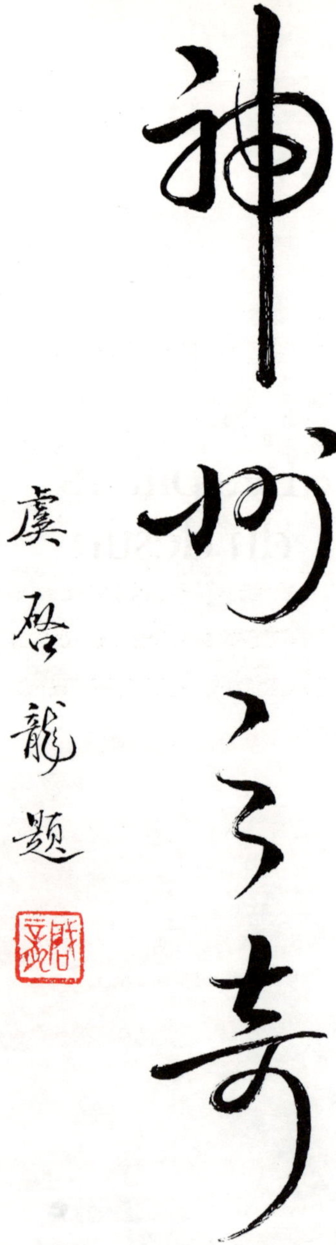

"Merveilles de la Chine", calligraphie de Yu Qilong (Odilon)

DIVINATION CHINOISE

Jean-Michel de Kermadec

Les piliers du destin

La chronomancie expression de la vision chinoise du monde

L'ASIATHÈQUE
1995

Autres titres de la collection :

Wang Dongliang
Les Signes et les Mutations / Une approche nouvelle du Yi King - *histoire, pratique et texte*

Jean-Michel de Kermadec
Les Sapèques d'or / Jeux divinatoires inspirés du Yijing
(format ancien de la collection)

Couverture :

Composition graphique et maquette de Louis Constantin.
Boussole géomantique, collection J.-M. de Kermadec.

Frontispice :

Calligraphie de Yu Qilong (Odilon)

Illustrations de l'ouvrage :

Collection J.-M. de Kermadec

ISBN : 2 901795-98-6

TABLE DES MATIÈRES

PRÉFACE

AVANT-PROPOS

INTRODUCTION

PRÉFACE

Jean-Michel Huon de Kermadec, à mes yeux, possède ce grand mérite de très bien connaître la Chine et d'en parler avec mesure et clarté comme l'aurait fait moins un Européen imprégné de culture chinoise qu'un Céleste imprégné de culture européenne. Ayant longtemps enseigné en Chine, marié à une Chinoise, par son allure un peu solennelle il me fait penser à un Confucius de notre siècle qui, pénétré de la sagesse et de la culture des siècles passés, aurait traversé les mers pour les comparer à celles de l'Occident, les mesurer à ses techniques et à tout le mal, tout le gâchis qu'il en advint faute de sagesse.

Ce qui nous vaut une image comparée de la Chine, claire, bienveillante sans être complaisante.

Ce livre nous rappelle certains des grands principes qui présidèrent à la naissance de la plus ancienne, de la plus cohérente des civilisations de l'histoire de l'humanité.

Un peuple réaliste, intelligent, bouillonnant qui n'éprouve jamais le besoin d'expliquer le monde à la façon des Grecs ou des Indiens par une cosmologie ou une théogonie quelconque, qui ne se soucie pas de la nature de Dieu ou des dieux mais qui, à tout hasard, les honore par des rites, des cérémonies qui s'intègrent à la vie sociale.

C'est ainsi que les Chinois surent concilier l'inconciliable pour un Européen : confucianisme, bouddhisme et taoïsme, culte des ancêtres et révolution culturelle. Pour en revenir à la notion de profit et de liberté dans les relations économiques sans effacer d'un brutal coup de torchon l'histoire récente, en la ramenant simplement à un des innombrables avatars de l'histoire la plus ancienne du monde.

Un livre excellent par toutes les fausses idées qu'il détruit.

Enfin de véritables clés pour la Chine.

Jean Lartéguy

AVANT-PROPOS

Une gageure : tenter d'initier des cartésiens aux arcanes de la pensée chinoise

Je sais que ce livre, qui prétend faire comprendre à des Occidentaux les fondements de la mentalité chinoise, étonnera peut-être mes amis chinois ; ces pragmatistes impénitents ne voient pas, avec Laotseu ou Confucius, l'intérêt d'expliquer l'inexplicable. Mieux vaut à leurs yeux perfectionner l'expérience à la lumière de la tradition. Ce livre, qui est un témoignage de toute l'amitié que je leur porte, n'est pas en fait écrit pour eux mais à l'intention de mes compatriotes pour leur faire comprendre la **vision chinoise du monde**, ce *pragmatisme* qui, à mes yeux, est pour nous le correctif essentiel face à notre rationalisme exacerbé. Si l'on me permet une comparaison, c'est en quelque sorte un mode de vision binoculaire qui nous permet de regarder le monde avec les deux yeux grands ouverts.

Cet ouvrage n'est pas une thèse intellectuelle visant à expliquer la pensée chinoise - ce serait paradoxal de vouloir faire comprendre par le discours la mentalité d'un peuple qui refuse tout système idéologique - mais un modeste essai à la lumière de ma longue expérience chinoise pour en faire deviner les rouages.

Mes recherches sinologiques, centrées surtout sur les moyens de connaissance et le langage, m'avaient orienté vers l'étude des caractères les plus anciens connus, gravés sur les os scapulaires de boeuf et les écailles de tortue datant du milieu du quatrième millénaire avant notre ère et réduits à l'état fossile. Leur importance m'avait été indiquée par le grand responsable de ma vocation chinoise, le Révérend Père Bède TSANG. Ces inscriptions et les sépultures qui les accompagnent (dont à ce jour l'étude est loin d'être complète) sont de la plus haute importance pour la connaissance de l'antiquité chinoise. Elles éclairent d'un jour nouveau toute la civilisation de la Chine protohistorique. Il est significatif de constater que, comme ce fut le cas à Babylone, ces inscriptions oraculaires contiennent les résultats d'opérations divinatoires, qui sont l'acte religieux le plus important en Chine, le seul qui demeura pratiquement inchangé au cours de toute son histoire. C'est que cette divination n'est pas la quête d'un diseur de bonne aventure : à Babylone c'était le désir de suivre la volonté des dieux, en Chine c'était celui de connaître les lois de la nature pour, en s'y conformant, assurer ce faisant l'harmonie de l'Univers (la Chine, 天下*Tianxia*, aux yeux des Chinois) en même temps que le bonheur et la prospérité des **Enfants de la Terre Jaune**.

Les Chinois ne sont pas des *philosophes* à la recherche d'une explication rationnelle du Monde, quête aussi présomptueuse que vaine, mais des *sages* pour qui il suffit d'assurer au mieux les conditions de notre bref séjour sur terre.

Un malencontreux accident m'ayant graduellement privé de la possibilité d'utiliser ma main droite pour écrire, je décidai de tout faire pour ne pas être réduit à une vie végétative. Presque octogénaire (qu'en penserait La Fontaine ?), je me décidai à suivre l'exemple d'un célèbre astrophysicien anglais,Hawkins, pour l'oeuvre duquel j'ai une grande admiration, qui, paralysé progressivement par une maladie incurable, continue à penser et à écrire en utilisant un très complexe appareillage informatique ; je n'en demandai pas tant, pourtant je fus entraîné beaucoup plus loin que je ne croyais .

Mes amis chinois m'ont habitué à ne jamais oublier ceux qui m'aidèrent à devenir ce que je suis ; que tous ceux, et ils furent nombreux, dont la patience m'aida à réaliser ce projet un peu fou soient ici remerciés, il serait impossible de les mentionner tous. Amusés sans doute par mon inconscience, ils ne se firent pas prier pour me porter leur aide que je demandai sans vergogne ; incapable que j'étais de trouver seul la solution, mes essais téméraires furent catastrophiques.

Il me faut cependant mentionner ceux qui furent directement les responsables de la réalisation de ce projet ; d'abord une jeune femme, Florence Michel, qui m'avait aidé dans la *saisie informatique* de plusieurs articles ou mémoires et de mon ouvrage sur *les paradoxes de la Chine* ; elle me procura mon premier ordinateur, où j'intégrai mes oeuvres récentes. Ayant besoin d'une assistante pour mes travaux sinologiques, je fis connaissance grâce à un ami d'une jeune étudiante chinoise experte en informatique, Niu Yue. Comme par un coup de baguette magique mon univers informatique fut transformé, car elle me persuada comme son mari d'utiliser un logiciel chinois.

Elle me mit donc en relation avec des techniciens de ses amis qui vinrent se pencher sur mon humble appareil, transformant au fur et à mesure de leurs visites mon harmonium de village en un orgue de cathédrale.

Enfin, lorsque mon éditeur me proposa de refaire une édition de mon livre *Les Huit Signes de votre destin,* ne reculant devant aucune difficulté, je décidai de mettre en oeuvre toutes les possibilités de l'informatique pour réaliser un ouvrage complètement nouveau. Ce ne fut évidemment possible que grâce à la patience et au dévouement de quelques assistants, Nathalie Munier pour la prise de données et la mise en page, Arnaud Delord pour la recherche de documents et mon petit-fils Lionel Perret du Cray pour la reproduction des illustrations à l'aide du scanner.

Notre ambition étant de fournir à l'imprimeur une maquette directement utilisable, l'emploi simultané de trois logiciels, le logiciel de base anglo-saxon, le français et le chinois, nous causa quelques difficultés sur le plan typographique comme l'emploi d'italiques au lieu d'un texte entre guillemets, ou sur l'usage des accents, deux accents consécutifs faisant apparaitre intempestivement un caractère chinois. Le lecteur je l'espère excusera ce que cette méthode, qui est à ma connaissance une première en France, peut avoir de déconcertant.

Me rappelant une publicité rabâchée à l'époque de ma jeunesse : *Que n'ai-je connu plus tôt l'Ecole Universelle* !, je me prends à penser à ce que j'aurais pu faire si j'avais découvert il y a quelques années cet admirable instrument. Mais, plus réaliste, il me suffit de convenir que ce fut pour moi un vif plaisir, mêlé d'émerveillement, d'avoir été à même de l'utiliser.

INTRODUCTION

Importance religieuse de la divination

En Chine comme dans toutes les autres civilisations, les plus anciens documents écrits sont des textes divinatoires, les scribes ayant l'habitude de consigner avec soin les résultats de leurs pronostics pour permettre d'en conserver la trace. La divination, opération éminemment religieuse, avait pour but de définir non pas précisément notre avenir mais ce que chacun devait faire pour rester en accord avec son destin et l'accomplir en harmonie avec les dictats de la loi naturelle. C'est le sens de la phrase de Confucius : « *Ceux qui ne connaissent pas leur destin ne peuvent réaliser pleinement leur destinée d'homme* », d'où il appert qu'en Chine comme à Babylone la seule forme de religion qui soit attestée réside dans ces rites divinatoires. Ils assuraient l'ordre du monde ainsi que le bonheur et de meilleures conditions de vie pour le peuple ; s'en inspirer était le premier devoir du souverain.

L'astrologie, à l'origine, n'a pas à proprement parler pour but de prévoir à l'avance le bonheur personnel de chaque individu. Les prédictions de Madame Soleil, reflet de notre individualisme forcené, auraient paru outrecuidantes au temps du Céleste Empire. La structure sociale chinoise en effet considère que la cellule principale est la famille à laquelle les devoirs d'un individu sont subordonnés. C'est ainsi que dans un mariage c'est l'avenir de la famille qui compte et non le bonheur des futurs époux. Une divination dans ce cas ne se propose que d'évaluer les meilleures conditions possibles en vue d'assurer la continuité du groupe familial. S'opposer à la décision du chef de famille serait contraire à la piété filiale, cela équivaudrait à privilégier la satisfaction des passions individuelles au détriment du bonheur du foyer. Le premier devoir d'un fils est d'assurer la postérité en engendrant des descendants mâles, quant à sa libido, il y a d'autres moyens de la satisfaire.

A la naissance, l'horoscope permettra de se faire une idée du caractère et du tempérament du nouveau-né. Dans la société ancienne, l'enfançon devait être formellement accepté. Il fallait donc que son destin ne fût pas antagoniste de celui de la famille. Pour un garçon, sauf cas extrêmes, une adoption fictive permettait de conserver l'héritier potentiel. Mais, quant aux filles, elles étaient purement et simplement abandonnées. Cet horoscope, tel une radioscopie, servira toute la vie de pierre de touche quand il s'agira de prendre une décision soit d'importance (mariage, choix d'un métier ou enterrement - le défunt continuant à faire partie, *oh combien !*, de la famille) soit au jour le jour pour toute décision à prendre. C'est alors qu'intervient le calendrier, dont les données ont pour but non de prévoir l'avenir mais de définir, comme par des clignotants sur un tableau de bord, dans quelles conditions une action prévue va s'effectuer au mieux. Le calendrier vous permet donc de jalonner le parcours. Libre à chacun de tenir compte ou non des prévisions mais, dans le second cas, on ne brave l'oracle qu'à ses risques et périls. Dans le cours de cet ouvrage, nous aurons l'occasion de nous appesantir davantage sur cette question essentielle, car il s'agit en fait de notre libre arbitre.

Il est très important de réaliser que dans ce cas précis les astres ne servent qu'à définir le temps et n'ont jamais, à proprement parler, d'influence sur les êtres humains. C'est pourquoi, plutôt que le terme ambigu, en ce qui nous concerne, d'astrologie, je préfère employer maintenant le néologisme *chronomancie*, c'est-à-dire divination par les caractéristiques du temps qui passe (la durée). Etant donné que pour un Chinois la dichotomie entre l'espace et le temps est incompréhensible, chacun n'existant qu'en fonction de l'autre. D'ailleurs, à la divination par la qualité du temps vient s'ajouter, en Chine, celle obtenue en fonction de l'espace, la *géomancie*.

C'est ainsi que pour être fidèle à la pensée chinoise, il m'a fallu replacer l'horoscope dans son contexte complet, en tenant compte de la date de naissance, dans son rapport avec le temps et l'espace, mais aussi en faisant état des relations avec les autres individus, en priorité ceux de la famille. Aucun être ne vit en complet isolement, ses qualités innées ne tenant souvent qu'une place secondaire dans son caractère, sa personnalité étant remodelée sans cesse au cours de son existence par les événements, par son environnement, son milieu social, ses conditions de vie. Comme disait Saint-Exupéry : « *Que de Mozart assassinés !* » ; combien d'êtres en effet ne connaîtront jamais qu'une réalisation imparfaite de leurs potentialités.

Héraclite affirmait qu'*un homme ne se baignait jamais deux fois dans le même fleuve,* ce que de son côté Confucius dans ses *Entretiens* affirmait d'une manière équivalente. Aussi ne sera-t-on pas étonné que quinze ans ayant passé il me fût impossible de remettre sur le tapis mon livre des *Huit Signes* avec de simples retouches. Je n'en renie nullement les conclusions ni la vision qu'il apporte de la divination en Chine, mais, suivant la pensée du Président Mao citée dans le *Petit Livre Rouge,* opuscule dont l'apparente naïveté ne doit pas faire sous-estimer la portée ni l'influence qu'il eut sur toute une génération de jeunes, seule la réflexion est à même de faire progresser l'expérience ; celle-ci ne saurait être remise en question mais devrait seulement être approfondie.

Mais surtout, dans le courant des années quatre-vingts, ma vision des choses se modifia profondément grâce à l'occasion qui me fut donnée de participer à une certain nombre de séminaires dont le plus important pour moi fut celui donné à l'Université de Chambéry sur l'**Imaginaire** ; il ne s'agit pas évidemment de l'*illusoire*, mais du trésor d'images de folklore et de toutes les formes d'art, expression de la vision du monde d'un peuple. Mon ami Hans Witte, professeur à l'Université de Groningen, me demanda d'écrire dans la revue publiée annuellement par cette université comme moyen de correspondance avec d'autres universités et quelques sociétés savantes, un article sur l'écriture chinoise qui me permit de mettre au point cette nouvelle optique.

J'ai eu l'occasion de signaler dans l'introduction aux *Huit Signes,* que, quand on parle de l'astrologie, croire ou ne pas croire n'avait pour moi aucun sens, et ceci d'autant plus qu'avec le folklore chinois je la fais entrer dans le domaine de l'imaginaire : ce qui n'est pas à mes yeux la considérer avec mépris, au contraire ! L'étude de la divination me permit une compréhension meilleure de la mentalité chinoise, ce qui était le but premier de mes recherches, mais, imaginaire ou non, la divination chinoise, je l'ai maintes fois constaté, donne des résultats surprenants. De même que pour la médecine, en face de laquelle j'ai un peu l'attitude de Molière, il n'y a que le résultat qui compte.

Niu Yue, ma jeune assistante chinoise, ne me rendit pas seulement l'inestimable service de m'introduire dans l'univers chinois de l'informatique, mais surtout elle me présenta son mari, jeune professeur venu en France pour y travailler à une thèse sur le célèbre *livre des Mutations, le Yiking.* Pour le vieil homme que je suis, constater que j'avais en commun une même vision de la Chine et de sa mentalité avec ce jeune intellectuel né au moment de la Révolution Culturelle fut une grande joie. Pour comble de bonheur nous avions tous les deux un même sujet de recherche,la divination : tous les deux nous pensions qu'elle constituait en Chine la seule pratique religieuse significative attestée depuis les origines. Il passa brillamment sa thèse et je suggérai à mon éditeur de faire paraitre un livre original sur le Yiking qui serait comme un livre jumeau du mien. L'étude de la divination par les hexagrammes et celle par les caractères cycliques, faites en fonction des découvertes les plus récentes, constituent les deux formes de divination les plus importantes. Pour compléter le tryptique des signes et symboles de l'espace-temps il ne manque que la **géomancie**, nous avons bien l'intention de nous y attacher.

Etant donné ma nouvelle optique, j'ai multiplié les informations pour faire comprendre la mentalité chinoise et n'ai pas craint d'introduire quelques illustrations tirées des BD chinoises, forme très populaire depuis plus de deux cents ans. On trouve souvent au coin d'une rue un éventaire en plein air, offrant au passant pour une somme minime la possibilité de feuilleter une quantité de ces petits volumes (de format à l'italienne 9cm x 13cm) ce sont surtout des pièces de théâtre et des romans de cape et d'épée, j'y ai trouvé *La Dame aux camé*lias, en chinois *Madame fleur de thé* (le camélia étant une sorte de thé cultivé pour ses fleurs) et les aventures de Tintin en Amérique..

N.B. : Le nombre de pages attribuées à cet ouvrage ne permet pas d'en publier l'apparat critique. De même que l'on fait disparaître un échafaudage une fois la construction achevée, il ne me semble pas nécessaire de donner ici la totalité des notes justifiant les assertions que je formule. Pour les lecteurs qui seraient intéressés, il me serait possible de faire parvenir les renseignements désirés : références ou commentaires plus développés sur certains sujets abordés dans ce volume et qui éveilleraient leur intérêt, il suffit d'en aviser mon éditeur. J'ai d'ailleurs l'intention de faire un catalogue de toutes les monographies que je peux fournir à la demande.

PREMIÈRE PARTIE

La mentalité chinoise

Chapitre Premier

LE CONTEXTE CHINOIS

LES CLEFS DE LA MENTALITÉ CHINOISE

Pour bien comprendre le véritable sens et l'importance des rites divinatoires en Chine, il faut avoir en possession les *clefs de la Chine* ; j'emprunte ce terme à Claude Roy, ayant toujours regretté en effet qu'il ne m'ait pas été donné de le prendre comme titre général de tous mes ouvrages. Les grandes incompréhensions existant entre les cultures viennent de ce que nous transposons tout de go les témoignages de leurs pensées dans notre univers pour les regarder au travers de la déformation de nos propres lorgnons. Alain Peyrefitte, dans un de ses derniers ouvrages, souligne que trop souvent les interprètes, ignorant des caractéristiques essentielles de la mentalité des personnalités dont ils sont chargés d'expliquer le discours, faussent les relations plus qu'ils ne les établissent. Penser comprendre l'autre sans tenir compte de ses différences est une absurdité. C'est la raison pour laquelle les réunions internationales évoquent irrésistiblement la tour de Babel, aucune langue, sauf en arithmétique, n'étant directement traduisible. Le risque est particulièrement grand et le problème particulièrement crucial lorsque l'on a affaire à des Chinois dont les postulats fondamentaux sont tout à fait différents des nôtres.

Le lecteur me permettra donc de donner ici les principales caractéristiques de la Chine car, si l'on n'en tient pas compte, la portée de mon travail se réduit à l'exploitation d'un exotisme de bas aloi, alors qu'au contraire il s'agit d'un témoignage essentiel de la culture humaine.

LES DONNÉES FONDAMENTALES

Les anciens nomades qu'étaient les Chinois venus s'implanter dans la boucle du Fleuve Jaune gardèrent de leur origine l'importance du clan et de la famille au sens large, la seule unité pouvant survivre dans les déserts de Mongolie et de l'Altaï. Devenus les sédentaires *Enfants de la Terre Jaune*, comme ils s'appellent eux-mêmes, leurs conditions d'existence restèrent nécessairement grégaires. La terre (*le loess*) très meuble, que l'eau du fleuve rendait cultivable et que les boues qu'elle charriait fertilisaient, restait, malgré sa richesse que les vents du désert augmentaient sans fin, essentiellement instable. Aucun individu ne pouvant survivre isolé dans un contexte où tous les travaux importants, comme par exemple l'irrigation ou au contraire la lutte contre les inondations, nécessitaient de très nombreux bras, au clan d'origine s'est substituée la famille. Ce sont ces nécessités sociologiques qui expliquent ce primat de la famille ; en saisir l'importance est une notion essentielle pour comprendre la pensée chinoise. Tout est organisé en fonction de la préservation de son existence et de sa continuité. 國之本在家家之本在身 : le fondement de l'Etat est dans la famille, l'origine de la famille est dans l'individu.

La terre sur laquelle vivent les Chinois est très féconde mais en même temps soumise à toutes les incertitudes des catastrophes naturelles. La régularité de la mousson donne aux conditions climatiques une certaine permanence, mais les inondations et les sécheresses viennent troubler cet ordre naturel ; de ce fait le paysan de la Terre Jaune, craignant que son existence ne soit mise en danger, est devenu sans le savoir un écologiste, au sens très complet du mot. L'importance des conditions météorologiques et humaines l'a habitué à scruter le firmament et à comprendre l'essentielle importance de la soumission aux Lois de la Nature. Le premier livre de médecine chinoise, bible de l'acupuncteur, le 內經 *Nei Jing*, est en même temps un calendrier et un guide de prévision météorologique.

LES FONDEMENTS DE LA MORALE

La morale consiste donc uniquement dans le respect des lois de la nature et non des commandements d'un décalogue édicté par une religion. Elle est le résultat de l'expérience ancestrale, conservée par la tradition. Comme nous l'avons vu, l'existence individuelle est de peu d'importance, tout s'articule autour de la famille dont il faut assurer la continuité, le premier devoir d'un fils est d'avoir un héritier mâle. La notion occidentale de salut individuel est donc incompréhensible pour un Chinois. Elle est remplacée par la notion, plus pragmatique, des devoirs envers sa famille. Dans la vision confucéenne, l'homme se trouve en effet situé à l'articulation du Ciel et de la Terre et est chargé d'établir la relation entre eux ; ils forment à eux trois les grands principes de l'univers. A l'idée de péché est substituée celle de désordre. L'ordre mené jusqu'à son point de perfection, l'harmonie, était la condition essentielle du bonheur du genre humain ou de l'univers : 天下 *Tian xia*, ce qui est sous le Ciel, qui se résume en fait à la Chine, l'Empire du milieu 中國 *zhongguo*.

D'où découle cette constatation fondamentale pour comprendre le Chinois que la responsabilité se suffit à elle-même, et que la notion de culpabilité est superfétatoire : déclarer *quelqu'un responsable mais pas coupable* serait à leurs yeux une imbécillité. Si vous avez causé un désordre, à vous de le réparer ; pour comprendre les événements de Tienanmen, il faut les mettre dans cette perspective. Quelles que soient les causes du désordre, le rétablissement de l'ordre est nécessaire. C'est ainsi qu'on a vu en Chine le massacre de toute une famille, serviteurs compris, à la suite d'un crime grave commis par un de ses membres ; dans les cas extrêmes, on allait jusqu'à désacraliser les tombes des ancêtres. Il arrivait même que le mandarin du lieu, qui aurait dû maintenir l'ordre, se suicidât par solidarité. A l'encontre de nos juges, jamais, avant l'instauration du régime communiste, les Chinois n'ont cherché à établir la faute, se contentant de l'estimation matérielle d'un fait, ce qui rejoint d'une certaine manière le précepte : « *Ne jugez pas et vous ne serez pas jugés* » ; le chrétien, lui, dirait : « Seul Dieu sonde les reins et les coeurs » . Pour un mandarin, dans un jugement, il suffisait de prouver la réalité des faits. A l'encontre de nos révolutionnaires, les Chinois n'ont pas cherché à imposer leur ordre hors de leurs frontières ; pragmatiques, ils ont considéré que c'était celui qui leur convenait, défini par la *Loi du Juste Milieu*, le *rien de trop* des Grecs et des Romains.

Jamais, dans la Chine traditionnelle, on n'a cherché à modeler les consciences, ni même à les influencer. On ne peut pas connaitre le secret des coeurs et la vraie pensée de chaque individu, aussi lui demandera-t-on seulement de respecter l'ordre établi et les règles de la vie en société. Un Chinois n'est jamais seul ; de sa naissance à sa mort, il vit grégairement. Contrepartie de cette omniprésence de la vie communautaire, est le respect de la **face**, qui préserve le quant-à-soi de l'individu, chacun restant cependant libre de penser ce qu'il voudra pourvu qu'il conserve le respect des règles établies. La face lui assure sa liberté individuelle au sein d'une vie commune ; s'il la perd, c'est sa personnalité qui est violée et dans certain cas c'est irréparable. Si un professeur perd la face, il ne peut s'en remettre ; s'il est chahuté il n'a plus qu'à démissionner. Dans un conflit, un compromis respectueux des formes est la meilleure solution, il ne faut jamais laisser fermée la porte de sortie. Dire non est impensable car cela ne laisse pas place à une alternative, le **non** est remplacé par le peut-être, et n'a jamais cours dans des relations sociales ou diplomatiques. Nier l'affirmation d'un interlocuteur serait un outrage impardonnable.

LE REFUS OBSTINÉ DE TOUTE IDÉOLOGIE

Pragmatiques convaincus et kantiens avant la lettre, les Chinois ont depuis longtemps compris que la raison ne pouvait sortir du cercle qui lui est dévolu, celui de l'expérience sensible. Toute tentative pour sortir de ce cercle est une pétition de principe ; à la preuve de l'existence de Dieu, on peut opposer une preuve tout aussi valable de sa non-existence. Tout rationaliste est un daltonien condamné, s'il ne dépasse pas les limites de sa logique, à ne jamais voir les vraies beautés de l'univers et sa réalité profonde.

Laotseu (老子Laozi) indique bien ce point de vue dans un passage capital de son Livre de la Voie et de la Vertu ; dès les premières lignes, le Sage tient à nous prévenir :

道可道非恒道

La Voie que l'on peut suivre n'est pas la Voie permanente

名可名非恒名

Le Nom que l'on peut nommer n'est pas le Nom permanent.

Je préfère la traduction *permanente* à la traduction *éternelle* qui se réfère exclusivement au temps, alors que la permanence convient davantage à la notion temps-espace indissociables. Comme le dit la sagesse chinoise, la seule chose permanente dans l'univers est l'impermanence.

Ce court opuscule, qui ne comporte que cinq mille caractères, a suscité de nombreuses éditions et commentaires, et fut traduit en presque toutes les langues. L'imprécision grammaticale du chinois fait que pendant longtemps l'interprétation du titre donnait *La Vertu de la* que pendant longtemps l'interprétation du titre donnait *La Vertu de la Voie*. De récentes découvertes archéologiques ayant mis à jour deux exemplaires sur soie datant, sans doute possible, d'au moins 165 ans avant notre ère, ont mis fin aux discussions entre spécialistes adeptes de la critique textuelle, car le document est, pour l'essentiel, conforme au texte publié par la suite. Sa présentation est pourtant différente : il est composé d'une première partie *dejing*, de la Vertu, et d'une deuxième *daojing*, le Livre de la Voie. La première étant plus centrée sur l'homme, et l'autre sur la nature en général.

LE TAO 道

Le Tao étant inconnaissable ne peut être représenté. C'est par l'introduction du multiple qu'il nous devient perceptible. Le dualisme Yin et Yang est la multiplication initiale dont sont issus tous les êtres. Voir plus loin l'appendice 1 **Les jeux du yin et du yang**.

Le caractère *Dao*, la Voie, est devenu aux yeux des Chinois le symbole du principe inconnaissable en soi, dont les manifestations ont donné l'Univers. Le terme Tao *(dao)* est actuellement tellement connu des Occidentaux que beaucoup négligent de le traduire ou d'en rappeler le sens originel : **la Voie**. Beaucoup ont entendu parler du taoïsme, l'école philosophique souvent appelée à tort *religion* qui lui doit son nom. Les livres les plus anciens, les livres canonique de même que le 内經 *Nei jing*, ne mentionnent le Tao qu'en passant et dans des formules du genre de : *Telle est la Voie du Ciel...* , ce qui m'incite à penser avec J. Needham qu'il faut y voir, dans son acception la plus ancienne, une sorte de loi de la nature, que nous ne pouvons connaître en soi mais seulement dans ses manifestations. Il faut entendre *loi* au sens d'énergie, force dynamique d'un monde essentiellement en mouvement. Je reconnais cependant que ce terme évoque à nos oreilles de gréco-latins un écho dangereusement juridique et normatif.

Il y a une analogie certaine avec le *Verbe,* le mot par lequel Dieu créa tous les êtres et dont l'évocation débute l'évangile de Saint Jean, ce que les premiers missionnaires ne manquèrent pas de noter. Le Tao, comme le Verbe, est inconnaissable en soi et nous n'en percevons que les manifestations ; là s'arrête l'analogie car bien évidemment Laozi en déduit la futilité de tout essai d'explication.

Ces deux sentences parallèles sont la clé de l'attitude philosophique de la Chine, ou plutôt de ce refus de toute spéculation métaphysique qui fonde sa vision du Monde. Ce qui frappe dans ce *dyptique*, c'est son extrême simplicité : douze mots ne comportant que cinq caractères différents, très simples et très courants, notamment les deux termes clés, répétés chacun trois fois : ***Dao***, *le chemin*, *la Voie*, terme qui ne connut que par la suite sa fortune philosophique, et ***Ming***, *le nom*, *l'appellation*.

On pourrait continuer facilement l'énumération ainsi commencée car ce qui, paradoxalement, compte dans les deux sentences, ce ne sont pas les termes choisis en exemple, mais l'évidence qui est évoquée d'une manière fulgurante par la négation même : celle selon laquelle aucune expérience ne peut permettre d'atteindre la réalité, ce que les philosophes occidentaux appellent l'Absolu. Tout l'Orient est unanime à penser que vouloir donner de l'Absolu une définition est une contradiction dans les termes. Libre à chacun de méditer ce texte et de le traduire de la manière qui lui paraît la plus propre à faire passer ce message ; pour ma part, je crois, comme le professeur de français de Monsieur Jourdain, que la traduction la plus banale est en fait la meilleure.

Nous pouvons fort bien utiliser l'électricité alors que nous sommes fort loin d'en avoir pénétré la nature : de même les Chinois n'ont jamais tenté d'expliquer le Dao ; ce mot n'a, à leurs yeux, aucune valeur explicative de l'univers, ce n'est qu'un symbole commode et bien choisi. Il évoque en effet l'aspect évolutif du principe d'un monde sans cesse en mouvement. Ce principe inconnaissable, nous en saisissons les manifestations dans les phénomènes qui nous entourent : c'est là ce qu'on peut appeler, en gardant le sens littéral du mot 德 *De*, sa « vertu », à condition d'entendre ce mot dans son sens étymologique latin de force et d'action. Au risque de paraître philosopher, je serais tenté de comparer le Dao à l'élan vital de Bergson, dont la manifestation serait l'énergie qui anime le monde.

VALEUR DE LA CONNAISSANCE

Un problème qui m'a toujours frappé dès mon plus jeune âge, c'est celui de la connaissance et du moyen par lequel nous l'acquérons, le langage. Nous ne sommes orientés que pour connaître ce qui nous est extérieur ; le seul être que l'on ne connaisse pas, c'est soi-même. L'organe de la vue est un trou dans lequel s'engouffre l'univers, les oreilles reçoivent des sons mais sont incapables de reconnaître notre propre voix. La bouche même est un organe de connaissance, comme l'a compris le petit enfant. Seule une relation extérieure nous permet de nous connaître : une source limpide, un miroir ou le regard d'un être aimé, d'où l'importance essentielle de la relation amoureuse pour nous révéler à nous-mêmes.

Lors de mon arrivée en Chine, j'ai constaté que les Chinois, dans leur pragmatisme, avaient une approche identique. Ce fait me parut manifeste lorsque je connus la coutume chinoise de mettre au-dessus des portes un petit miroir entouré des huit trigrammes. Ils pensaient en effet que les mauvais génies, ignorants de leur propre visage, sont effrayés à la vue de leur reflet dans un miroir et s'enfuient sans oser entrer. La terreur, causée par leur aspect, est l'arme qui se retourne contre eux. De la même manière, les arts martiaux nous apprennent à utiliser la faiblesse ou la force de l'adversaire à ses dépens.

Il existe de nombreuses représentations du *Taijitu* entouré des trigrammes. J'utilise ici celle choisie par mon ami **Wang Dongliang** dans le livre jumeau de celui-ci : *Les Signes et les Mutations*. L'ordre des trigrammes est celui du Ciel Antérieur, ordonnant le monde (*fond: manuscrit de Mawangdui*).

Le symbole chinois **Yin** et **Yang** montre comment l'énergie se divise en deux aspects à la fois antagonistes et corrélatifs et souligne cette nécessaire opposition d'où naissent tous les êtres ou plutôt, d'où naît le multiple, c'est-à-dire la fécondité. La dialectique hégélienne *thèse-antithèse-synthèse* a été réduite par les communistes chinois à l'opposition Yin et Yang, principe de contradiction que les Chinois ont résumé en une image : 矛 *mao*, la lance et 盾 *dun*, le bouclier. L'antagonisme est évident, mais beaucoup plus la complémentarité. Chaque être se pose en s'opposant et dans le langage enfantin la négation est beaucoup plus présente que l'acquiescement ; l'enfant dit non pour s'affirmer.

Toute connaissance se transmet par le langage d'où se pose le problème de sa valeur, laquelle dépend essentiellement de la qualité et de la franchise de la relation dans laquelle il s'exprime : la première relation humaine, le sourire d'un enfant, est un signe affectif, c'est aussi la première forme du langage comme le soulignait si joliment Virgile : *Incipe parve puer risu cognoscere matrem* (Commence, petit enfant, à connaitre ta mère par l'échange du sourire). Dans ce cas, la confiance est réciproque, il n'en est malheureusement pas toujours ainsi dans le langage des hommes.

Dans la relation espace-temps, les deux termes sont corrélatifs bien qu'opposés. Ils n'existent pas l'un sans l'autre, s'il n'y a pas de mouvement, il n'y a pas de connaissance. Le grand problème du langage c'est qu'il doit remplacer le continu de l'expérience par une analyse nécessairement discontinue : le discours tue la vie du réel par une sorte de dissection. C'est seulement par la poésie, au sens originel du terme, que l'homme peut recréer la vie et donc la réaliser. Le discours démonte un mécanisme, l'art le fait revivre.

DE LA RELATIVITÉ DU DISCOURS

Il est vain de chercher à comprendre. Aucun langage ne pouvant nous expliquer la vrai réalité qui demeure au-delà de l'expérience. Notre intelligence ne peut rendre compte que du ***combien*** et du ***comment***, jamais du ***pourquoi***. Aucun prédicateur ne pourra jamais convaincre quiconque par des preuves logiques et des raisonnements qui seront contredits par un discours plus subtil (il est de fait qu'aucun sermon n'a jamais converti personne). Seul l'exemple convertit, ce n'est pas la vérité qui est transmissible mais l'exemple de la bonté et l'intérêt d'une doctrine. Le Bien entraine l'adhésion et non le Vrai ; aux yeux des Chinois, la vérité ne peut être partagée qu'entre des gens semblables, aucun maître asiatique, aucun *gourou*, ne prétend enseigner une vérité universelle, il cherche seulement à faire découvrir à chacun de ses disciples sa ***vérité propre***, celle qu'il porte en lui et qu'il est seul à pouvoir découvrir.

LA RELATION DE L'HOMME A L'UNIVERS
ou l'essentiel art de vivre

Ce que l'on constate en vivant parmi des Chinois, c'est qu'ils donnent l'impression de n'être jamais installés dans l'existence. Leur pragmatisme leur a fait deviner que la vie est soumise à des aléas et qu'elle garde jusqu'à son terme une constante précarité. Sans avoir eu besoin de le formuler, ils adhèrent d'instinct à la définition de la vie donnée par les biologistes : *la vie est un état d'équilibre instable.*

L'immobilisme, c'est la mort, et nous sommes condamnés à continuer le mouvement, de même que pour un équilibriste ou un coureur cycliste si le mouvement s'arrête, c'est la chute. Toute énergie suscite toujours un mouvement contraire que l'on appelle entropie, choc en retour, qui aboutira, si l'on croit en l'existence de la matière, à sa désintégration, le plomb étant la forme dernière la plus neutre de l'évolution ; ou bien, si l'on croit avec les Chinois que la matière n'existe pas, et que tout être se résume à l'énergie, l'entropie est un contre-courant qui finit par aboutir à l'autodestruction de l'énergie. Pour le Chinois, l'existence et la mort sont des faits d'expérience auxquels il faut se soumettre ; si la passivité s'impose à lui dans beaucoup de cas, son génie lui permet de tirer parti au mieux de ses conditions d'existence. Récriminer ne sert de rien et la révolte ne se justifie que lorsqu'elle est sûre d'aboutir.

S'inquiéter du lendemain est parfaitement inutile, il faut seulement prendre des précautions pour l'assurer au mieux. Sans l'avoir jamais lu, ils approuveraient la parabole de l'Evangile : *Le lys des champs ne file ni ne coud, pourtant Salomon dans toute sa gloire n'en égale pas la splendeur*.

Nous avons vu que le Chinois était agnostique. Cet agnosticisme se reflète parfaitement dans sa vision du monde. Il accepte comme inéluctables les conditions que son environnement impose à son existence, tout en essayant d'en tirer parti au mieux. N'ayant aucune notion de notre dualisme au-delà/ici-bas et de ce manichéisme pratique qu'impose l'opposition du Bien et du Mal, de la Matière et de l'Esprit, il ne se posera pas de question quant au problème de l'âme. A un disciple qui lui demandait ce qu'il faut penser des esprits, Confucius répondit que ne se connaissant pas lui-même, il ne voyait pas comment il pourrait connaître les esprits. En bonne logique, le disciple insista en posant la question de savoir s'il était utile de pratiquer le culte des défunts, et le maître rétorqua que oui, car cela s'était toujours fait. C'est un bon exemple de l'agnosticisme chinois, qui considère qu'un discours philosophique est parfaitement inutile car il ne peut déboucher sur aucune conclusion certaine. La réalité que nous connaissons n'est qu'une face des choses, nous ne percevons que l'avers de la médaille, l'envers ne tombe pas sous le sens, mais il existe sans que l'on puisse le définir. Cela évoque la réflexion bien connue de 莊子*Zhuangzi* qui rêva qu'il était un papillon : « *Suis-je le papillon du rêve, ou le rêve du papillon* ? », mais cette autre face du réel n'a rien à voir avec le surnaturel ou le *nirvâna*, l'absolu demeurant, de par sa nature, hors de notre atteinte.

DE LA RELIGION

J'ai signalé qu'en Chine il n'y avait pas de religion, j'entends par là pas de dogme ni de croyance religieuse définis : certes les pratiques religieuses, dans les pagodes ou dans l'intimité familiale, sont innombrables, mais ne s'appuient sur aucune doctrine ou foi définies, ce ne sont qu'un ensemble de pratiques superstitieuses variant à l'infini au gré des lieux et des modes, prétendant perpétuer des traditions que nul ne prend vraiment au sérieux.

Quoi qu'il en soit, la foule se presse aux jours de fêtes dans les pagodes, si bien que les premiers missionnaires arrivant en Chine, se méprenant sur la portée de ces actes, crurent que leur message serait mieux accepté s'ils s'habillaient comme les bonzes. Bien vite ils déchantèrent, car ils s'aperçurent que les moines bouddhistes et taoistes étaient méprisés par les lettrés qui n'accordaient aucun crédit à toutes les croyances populaires. Ces dernières n'étaient tolérables que si elles ne devenaient pas trop envahissantes, au risque de modifier les us et coutumes de l'Empire à l'encontre de la tradition. Lorsque le bouddhisme prit une influence prépondérante, il suscita en Chine de fortes oppositions qui aboutirent parfois, xénophobie aidant, à de sanglantes persécutions. Les bonzes ne s'en sortirent qu'en évitant tout prosélytisme et en créant un cérémonial d'accompagnement des âmes des défunts qui leur rendit la faveur populaire. Tant que la religion ne touche que des individus isolés et n'influence pas la société, à chacun de faire ce qu'il voudra. Les musulmans, assez nombreux en Chine, sont considérés comme une minorité ethnique et, comme ils n'ont jamais cherché à convertir qui que ce soit, ils sont parfaitement tolérés.

Il découle de ce qui précède que, dans cette perspective, il ne peut exister, en Chine, de religion à proprement parler. Les trois *religions* pratiquées dans la Chine ancienne, *confucianisme*, *taoisme*, *bouddhisme*, ne donnent en fait que des conseils pour mieux vivre et n'offrent aucune perspective de salut. Il n'y a entre elles aucune opposition, sinon la rivalité d'influence de leur clergé. D'ailleurs, le terme que nous traduisons par *religion*, 教 *jiao*, signifie simplement *enseignement* et ne manifeste aucune exclusive. Les religions sont plus ou moins bien acceptées dans la mesure où elles ne contredisent pas les usages de la vie sociale. La vie religieuse en Chine ne concerne que les individus et nul n'interfère dans la bigoterie d'une grand-mère bouddhiste. Tout le culte se situe par rapport à ce que j'ai appelé plus haut l'envers du réel, mais nullement au niveau de ce que nous appelons le surnaturel. En fait, le Chinois ne comprend pas les guerres de religion, car chaque religion ne contient qu'une part plus ou moins grande de vérité, aucune ne pouvant se targuer du privilège d'atteindre la vérité totale. Mais si une secte ou une communauté religieuse semble porter atteinte à l'ordre établi, la tolérance du Chinois fait place à une réaction violente contre cette insupportable intolérance. Aucune doctrine ne peut s'arroger le droit de condamner les autres.

Dans la vie personnelle comme dans l'art, il faut accepter les contraintes de la règle ou de la technique. Une fois celles-ci acceptées, l'homme connait la véritable liberté. En Chine, tous comprennent d'instinct cette affirmation des moines d'Occident que c'est dans la pratique de la règle que se trouve la vraie liberté.

EN RÉSUMÉ

Fidèle au pragmatisme auquel m'ont habitué mes amis chinois, je crois utile de résumer ici les conclusions que j'ai tirées de mon expérience au cours de près de soixante ans de contacts quotidiens avec eux. Cette longue expérience me permet d'apporter un témoignage qualifié, je l'espère. Il ne s'agit évidemment pas d'étudier leur comportement en fonction de critères purement intellectuels, mais seulement de découvrir **les règles de conduite pratiques** qu'il nous faut connaître dans les relations avec eux.

Dans le tableau que je viens de tracer de la mentalité chinoise, j'ai dû forcer le trait sur ce qui marque les différences, au risque de ne pas suffisamment tenir compte de l'identité de nature de tous les êtres humains. Chaque individu a des qualités et des défauts, mais, fidèles à leur agnosticisme, les Chinois ne cherchent pas à découvrir ce qui est inconnaissable, le secret des consciences. En Chine traditionnelle, aucun éducateur ne cherche à former le caractère et à corriger les défauts d'un enfant car ce serait violer sa personnalité. Il suffit que son comportement soit conforme aux règles sociales établies. On ne demandera jamais à un enfant d'aimer ses parents, les sentiments sont le secret de chacun et n'entrent pas en ligne de compte ; par contre, on lui inculquera la nécessité de respecter les règles, c'est-à-dire de suivre dans la famille les rites du **respect filial** dû aux parents et aux ancêtres. Ce que chacun pense dans son for intérieur est son affaire à lui.

Ce respect du quant-à-soi de chacun dicte aux Chinois une règle de non intervention dans tout ce qui concerne une personne en particulier. Règle qui concerne aussi les Etats ; la Chine n'a jamais compris pourquoi, au nom des Droits de l'Homme, les nations occidentales veulent s'immiscer dans sa politique intérieure.

C'est la raison de l'importance que prend, dans les rapports sociaux en Chine, la préservation de **la Face**, règle d'or qu'impose la vie en société. C'est l'art de ne pas remarquer ce qui peut humilier l'autre, ce qui lui rendrait plus difficile sa vie dans la famille ou dans la société. Par contre, lorsque quelqu'un est accusé d'un crime (en Chine, tout accusé est présumé coupable) on s'acharnera à l'humilier pour le déstabiliser.

D'où quelques règles pratiques que m'ont inspirées mes relations avec les Asiatiques d'Extrême-Orient : sur le plan de l'**Amitié**, ce sont les amis les plus fidèles, mais cette amitié doit être spontanée et réciproque. Il faut aussi savoir la contrôler car elle peut devenir envahissante ; il appartient à chacun d'en fixer les limites : un visiteur ne se retirera que lorsqu'on lui fera signe de le faire par exemple en l'invitant à boire la rituelle tasse de thé que l'on pose à côté de vous mais à laquelle l'étiquette vous oblige à ne pas toucher. Ce signe fera se lever le visiteur en protestant qu'il abuse du temps de son hôte.

On ne doit rien refuser à un ami : c'est ainsi que j'ai perdu l'amitié d'un collègue à l'université de Malaisie, qui se targuait d'un doctorat ès-lettres français, pour avoir refusé d'avaliser auprès des autorités un document que je savais sans valeur.

En Chine, comme dans l'Angleterre victorienne, il est mal vu de manifester ses sentiments. C'est ainsi que les baisers et autres mignardises, même envers les enfants, sont réservés au secret de l'alcôve ou de la nursery. Les Chinois ont horreur qu'on leur manifeste de la pitié ou que l'on prenne part à leur tristesse, les condoléances sont purement formelles et toute manifestation de tristesse au cours d'un enterrement serait mal comprise. Seule la joie peut éclater et nul ne s'en prive à l'occasion des mariages ou des fêtes. Une certaine forme d'**hypocrisie** est une règle importante du savoir vivre en société, sans pour autant tomber dans la flagornerie.

Le **népotisme**, compris au sens le plus large, est à leurs yeux un devoir essentiel de la vie familiale. Nul ne comprendrait que quelqu'un, bénéficiant d'une importante situation, ne fasse pas profiter ses parents et amis de ses avantages. Mais, pour garder à ce favoritisme des dimensions acceptables, aucun mandarin n'était nommé en poste dans son pays d'origine.

Enfin, une règle essentielle, que m'a apprise mon contact quotidien avec eux, est ce que j'appelle la ***Loi du Seuil***. On a beaucoup parlé de l'impassibilité des Chinois qui vient de ce que leur vie sociale très grégaire les a accoutumés à ne pas se laisser aller à l'expression publique de leurs sentiments. De plus, la politesse les a entraînés à ne jamais nier formellement l'affirmation d'un interlocuteur. Mais cette passivité orientale trouve ses limites lorsqu'une situation devient intolérable : dans ce cas, la manifestation de la passion ne connaît plus aucune borne. On atteint là un point de non retour ; c'est pourquoi la règle pratique est de toujours laisser une échappatoire afin d'éviter de pousser à bout un interlocuteur.

Chapitre Deuxième

CULTURE ET TRADITION ORALE

ORIGINE DU LANGAGE

Il va sans dire que j'emploie ici le mot « langage » dans son acception la plus large, pour indiquer l'ensemble des moyens de communication existant entre les humains. J'utilise ce terme faute de mieux et un peu à mon corps défendant, geste ou gesticulation seraient plus appropriés, mais désorienteraient les lecteurs. Je sais qu'il n'est pas scientifique de privilégier ainsi au détriment des autres l'ensemble des gestes laryngobuccaux, à mon sens ils ne sont ni les premiers en date, ni même les plus importants, pourtant la paresse et la facilité aidant ils sont devenus les plus communément usités parmi les adultes.

Par ses sens, tout être vivant entre en communication avec son entourage qu'il peut ainsi reconnaître et utiliser, mais plus il est évolué plus s'affirme la nécessité de vivre en société et d'entrer en contact avec ses semblables, ne fût-ce que pour assurer par la procréation la continuité de l'espèce, pour former des alliances ou effrayer des ennemis ; plus aussi les moyens de communication dont il dispose sont complexes et élaborés.

Pourtant, nous n'en sommes pas encore au langage à proprement parler car ce n'est que par suite d'une excitation - rut, faim, vue d'un autre être humain - que sont suscités des réflexes conditionnés - cris ou gestes - qui, à leur tour, susciteront chez l'interlocuteur des jeux réflexes transmettant une information et recréant des émotions. Dans l'apparente continuité que présente l'évolution des êtres vivants, le moment où intervient l'intelligence est un seuil difficile à définir et qui peut susciter de longues et vaines discussions.

LA VALEUR DU LANGAGE : LE NOM

Le critère le plus simple est de dire qu'il y a langage chaque fois qu'apparaît le signe, c'est-à-dire la représentation d'une action ou la description d'un objet en dehors de toute excitation extérieure. Dans le langage, le signe tient la place de la chose signifiée. C'est ce qui explique la valeur incantatoire et magique attribuée au Verbe dans toutes les civilisations ; nommer une chose c'est déjà, en la recréant, la posséder. Lorsque, dans la Bible, le Tout Puissant indique à l'homme sa place dans l'univers, il lui donne le pouvoir de nommer, donc de posséder et d'utiliser les êtres. Le nom est alors chargé de puissance magique. L'homme, magicien par le verbe, exprime par le nom, dans la chasse ou la quête amoureuse, son désir. Nommer une chose établit un lien magique entre le chasseur et le chassé, le désirant et le désiré. Dans toutes les civilisations, le mariage est un rapt rituel ; l'enlèvement des Sabines en est l'une des illustrations. On n'a le droit de nommer une femme que pour la posséder. Pour le chasseur, il obéit non seulement au désir de se trouver une nourriture mais aussi de s'incorporer la substance de sa proie, opération qui s'accompagne du respect de l'objet chassé. Dans la chasse à courre ou la corrida, si mal comprises aujourd'hui de nos compatriotes, la pompe et le caractère spectaculaire témoignent du respect attribué au cerf et au taureau.

D'autre part, il est possible d'utiliser à son bénéfice le nom d'un être dont émane une puissance ; c'est la raison du tabou du nom de l'Eternel qui refuse de livrer son nom à Moïse, ou du tabou en Chine des caractères composant le nom personnel de l'empereur. Ceci afin de préserver ces termes qui doivent être respectés au même titre que les personnages qu'ils représentent, de tout usage abusif et magique que ce soit au profit d'un bénéficiaire, ou au détriment de la personne évoquée. Dès son origine, tout langage a, de par sa nature, une connotation religieuse et sacrée. Le fait est d'autant plus évident lorsque l'on ne limite pas l'utilisation de ce nom à la langue parlée mais que l'on y ajoute tout un rituel, danse et musique comprises, ou un dessin ou une écriture l'immortalisant.

Le langage a pour fonction essentielle de communiquer l'information, mais aussi de la conserver en mémoire comme sujet de réflexion et pour une réutilisation éventuelle. Quels que soient les gestes utilisés pour communiquer, ils sont par nature évanescents, même si la mémoire permet de les rejouer. Il apparut donc convenable d'essayer de les fixer par des dessins, leur assurant ainsi la pérennité : c'est l'origine de l'écriture ainsi que la raison de son caractère quasi sacré.

LES DEUX MODES DE CONNAISSANCE

Il n'est peut-être pas inutile de nous étendre un peu sur le mode de connaissance le plus important pour l'homme : la connaissance poétique. Dans son étude un peu oubliée aujourd'hui sur la poésie pure, l'académicien André Brémond oppose l'*animus* et l'*anima*, le premier étant l'aspect discursif et rationnel de l'intelligence, le second sa forme intuitive et créative. Leur mode d'expression correspond à deux approches différentes : d'un côté le discours et la prose, de l'autre la poésie et toutes les manifestations artistiques qui s'y attachent, en quête de la saisie et de la recréation du réel. C'est essentiellement la poésie (du terme grec ποιεω, qui signifie faire ou créer) qui est le vrai mode de connaissance tandis que l'animus rationnel aura toujours l'inconvénient de créer un troisième terme intermédiaire entre nous et la chose. Seule la poésie est considérée par les Grecs comme *inspirée*, en prise directe sur la réalité.

En Chine, les lettrés n'attachent que très peu d'importance aux idéologies et aux systèmes philosophiques ; ce que nous appelons *sagesse chinoise* se résume en réalité à un art de vivre. Bien avant Kant, leurs penseurs ont réalisé que notre raison, incapable de sortir des limites de l'expérience, ne pouvait, sans extrapoler, apporter une quelconque réponse à toute question métaphysique sur la nature de l'Univers. Il existe à ce sujet une parabole fort connue en Extrême-Orient, celle des aveugles et de l'éléphant : las de se quereller sur l'idée que l'on peut se faire d'un éléphant - qu'aucun d'entre eux n'avait eu l'occasion de rencontrer - des aveugles demandèrent à un guide de les conduire auprès de l'un de ces animaux que chacun eut le loisir d'explorer à tâtons. Mais rentrés chez eux, ils se disputèrent de plus belle, l'un prétendant que l'éléphant dont il avait touché une patte était une sorte de colonne ; « Que non ! », disait un autre, qui avait palpé la trompe, « c'est une sorte de tuyau » ; le troisième dont la main avait rencontré la queue voyait dans l'éléphant une sorte de mauvais balai, alors que le quatrième ayant caressé le ventre pensait que c'était plutôt une toile de tente mal tendue ; tant il est vrai que chacun ne peut concevoir la vérité qu'à partir de sa propre expérience.

Les Chinois ont toujours parfaitement compris que l'art, et en particulier la musique, était une forme sophistiquée de langage. C'est donc à leurs yeux le révélateur par excellence de la santé morale et physique d'une civilisation donnée, chaque culture ayant en effet la forme d'art qu'elle mérite, la seule qu'elle soit capable de secréter. En contre-partie, et les Livres Classiques le soulignent abondamment, par un emploi judicieux de l'art on peut parvenir à modifier la mentalité et les aspirations d'une collectivité donnée. Plus que tout autre, le langage artistique peut agir par osmose et persuasion. En bref, la meilleure manière d'agir sur une ambiance et une psychologie est d'utiliser une sorte de traitement d'imprégnation, soigneusement dosé.

INTELLIGENCE ET MÉMOIRE

Un Français trouvera insultant de s'entendre dire qu'il n'est pas intelligent. Par contre, il n'aura aucune difficulté à avouer qu'il n'a pas de mémoire. L'épouse d'un de mes amis anglais me déclarait en toute simplicité que son mari n'était pas intelligent mais qu'il avait de la mémoire, sans avoir l'impression de lui faire la moindre injure. Notre rationalisme exacerbé nous a fait exagérer l'importance de l'intelligence. Il est indéniable que, dans la vie en société, la mémoire a autant d'importance que l'intelligence : toute éducation est fondée sur des règles inculquées lentement et devenues seconde nature, au point qu'on peut confondre une éducation *à l'ancienne mode* avec le naturel. Politesse, courtoisie, bon langage sont une affaire de mémoire. A en croire le Président Mao, l'art de vivre ne se fonde pas sur la raison mais sur l'expérience, qui est l'essence de toute connaissance. La réflexion n'intervient que d'une manière secondaire pour améliorer l'expérience. Les sages de la Chine ont très bien compris que, sans tradition, c'est-à-dire sans mémoire pratique, l'homme ne pouvait survivre.

Dans l'éducation, la mémorisation (par l'exemple, les paraboles et les fables) tient plus de place que la raison et les discours. Les Paraboles de l'Evangile ainsi que les Fables de La Fontaine ont plus d'impact que les discours moraux et les remontrances. A la limite, peu importe qu'une assertion soit vraie scientifiquement – comme la vision chinoise de l'homme faisant le lien entre le ciel et la terre –, l'image a plus d'importance pratique et agit plus efficacement comme support de méditation que toute idéologie sur le rôle de l'homme. Point n'est besoin des discours écologiques pour comprendre que nos apprentis sorciers peuvent aboutir à détruire l'univers qui nous entoure. Une photographie de la centrale de Tchernobyl suffit à nous le faire percevoir.

Mémoire et intelligence sont essentielles à notre équilibre et ne peuvent s'ignorer. Nous privilégions l'intelligence, au risque de donner trop d'importance à des idéologies fumeuses ; les Chinois privilégient quant à eux la mémoire au risque de manquer de curiosité intellectuelle et d'aboutir à un conservatisme excessif. L'équilibre doit résulter d'un juste milieu entre les deux.

L'IMAGINAIRE

Puisque c'est en se projetant dans l'imaginaire que chaque civilisation essaie d'exprimer son expérience de l'univers, cet imaginaire à une très grande importance car c'est le témoignage que chaque culture porte sur son appréhension du réel et en même temps sur sa nature propre telle qu'elle se révèle dans sa relation au monde. Le langage est donc, dans son expression, la formulation de cet imaginaire nécessaire à la connaissance de l'homme. Il faut bien souligner en effet que l'homme ne connaît jamais directement le réel mais la formulation qu'il en peut faire. En d'autres termes, et c'est une des raisons de sa limitation, l'homme ne perçoit pas objectivement le monde mais seulement la représentation qu'il est à même de rejouer. Au stade de la connaissance, langage et imaginaire sont coextensif. L'imaginaire a donc un intérêt objectif car il exprime une appréhension du réel mais aussi subjectif car il témoigne de l'identité de celui qui le formule : il révèle l'âme d'un peuple et son subconscient.

MEMOIRE ET TRADITION ORALE

Il est très significatif que toutes les grandes réalisations intellectuelles de l'Humanité (L'Iliade, L'Odyssée, le Ramayana, le Dao De Jing, aussi bien, ce me semble, que la Bible et le Coran) sont, au moment où ils apparaissent, l'expression d'une sorte de contenu de la conscience collective. Peu importe en fait que ces oeuvres soient une création collective (ce qui me paraît hautement improbable) ou aient pour auteur un prophète ou un barde à l'écoute de son époque. La tradition orale est plus constante que beaucoup ne le pensent : peu importe les fioritures que certains peuvent ajouter, le substrat originel me paraît rester immuable. J'ai eu l'occasion récemment de retrouver, en provenance de régions très différentes de la Chine où se parlent des dialectes très divers, le chant mnémonique permettant de se remémorer sous une forme imagée un cycle calendérique et je n'ai trouvé dans la formulation que deux ou trois variantes absolument secondaires.

La mémoire est en fait une faculté remarquablement plus fiable que ne le pensent les populations qui en ont en grande partie perdu l'usage. Dans l'ensemble, les Chinois traditionnels renverseraient l'adage occidental « *savoir par coeur n'est pas savoir* » car pour eux la mémoire est la base essentielle de toute connaissance. Dans les collèges chinois, les heures d'études se passent à mémoriser les enseignements reçus. Le surveillant a pour rôle essentiel de veiller à ce que chaque élève répète à tue-tête la leçon du jour. Je me souviens de ma surprise la première fois où j'eus à surveiller des élèves en Chine lorsque je constatai que mon rôle se bornait à réveiller un élève dont la voix se taisait.

Chapitre Troisième

LES CLEFS DE L'ÉCRITURE

SYMBOLISME ET MAGIE DE L'IDÉOGRAMME

L'écriture proprement dite est avant tout le moyen trouvé par l'homme pour préserver de l'oubli la tradition orale : en Chine, l'écriture donne aux mots une pérennité qui en accroît le pouvoir. Dans toutes les civilisations anciennes, les scribes, comme les clercs chez nous, faisaient partie d'un collège religieux.

Les calligraphies chinoises valent par leur beauté mais aussi par leur efficacité magique. Elles servent souvent de charmes : prévention contre les maladies et les mauvaises influences. Naturellement, ces charmes utilisent des caractères dont la forme est conçue par des spécialistes. A l'origine, dans le culte des ancêtres, il n'y avait pas d'image : quelques caractères indiquant l'identité de l'ancêtre et son titre posthume étaient inscrits sur une tablette. Lors de la cérémonie inaugurale, un notable venait solennellement animer la tablette en écrivant un point sur la partie supérieure du caractère signifiant *demeure* ; elle devenait ainsi un lieu de résidence du défunt dans ses relations avec sa famille. Les caractères n'étaient pas simplement utilisés pour protéger, mais aussi pour accueillir les influences bénéfiques. Chaque année, à l'occasion du Nouvel An, on collait sur les portes deux sentences parallèles de bon augure sur des papiers de couleur faste, le rouge. La tradition viendrait de ce que le bois de pêcher, considéré comme *démonifuge,* était d'un orange très foncé, presque rouge. Les caractères écrits avaient une réalité qu'il fallait respecter et des associations bénévoles ramassaient les vieux papiers écrits pour qu'ils ne soient pas souillés. Il ne fallait pas les brûler non plus car, en le faisant autrement qu'à bon escient, on leur donnerait une existence dans le monde des génies, l'envers de la réalité sensible. C'est ainsi qu'à l'entrée des temples se trouvent non pas des brûle-parfums (destinés aux baguettes d'encens), mais des brûle-papiers, qui servent de boîtes aux lettres pour les messages adressés à l'au-delà et pour les papiers-monnaie (fictifs) destinés à pourvoir aux besoins des défunts.

Les rescrits impériaux participaient à la toute puissance de l'empereur et étaient reçus avec le même respect que l'aurait été le souverain en personne. L'impératrice 慈禧 *Cixi* inondait les mandarins de preuves écrites de sa haute bienveillance, dans le but de remplir les caisses du trésor impérial ; car il convenait de remercier par un présent approprié l'importance de cet insigne bienfait.

Naturellement, le cachet impérial était le gage de l'autorité de l'empereur ; si le sceau était volé, celui-ci était en fait dépossédé de ses pouvoirs. C'est pourquoi, quand l'impératrice voulut prendre entre ses mains les rênes de l'empire, son premier soin fut de s'approprier ce prestigieux emblème.

DU LANGAGE A L'ÉCRITURE

L'origine de l'écriture ne peut se traiter séparément de celle du langage qu'elle complète et prolonge. La tradition orale risque de s'affaiblir et de se transformer au cours des siècles, car c'est le sort de tout message de s'altérer graduellement au fur et à mesure des répétitions. Au long des âges, le langage lui-même se transforme, d'où la nécessité de graver sur des supports matériels des signes qui permettent à l'expression orale de défier le temps. A l'origine, l'écriture n'était qu'un mémorandum sommaire, de même que les signes inscrits sur une portée musicale permettent de se remémorer une mélodie. Loin de se substituer à la tradition orale, l'écriture n'avait pour but que d'en assurer la pérennité. L'invention de l'imprimerie, à l'époque de la Renaissance, eut, à mon sens, une conséquence néfaste : l'écrit prit le pas sur la parole vivante et l'on perdit tout ce que recèle de richesse la tradition orale.

Il est erroné de vouloir trouver un contenu didactique dans les textes chinois anciens car, aux yeux des Chinois, ces textes très condensés ne sont là que pour permettre à l'élève de mémoriser la tradition et de perpétuer ainsi l'enseignement reçu des anciens. L'explication et l'enseignement proprement dit ne peuvent être donnés que par un maître. Dans ce message, l'essentiel, supposé connu, n'est jamais exprimé. Aucune traduction mot à mot ne donnera les clefs de la sagesse chinoise qui les éclaire. C'est ainsi, par exemple, que le texte du 易經 *Yijing* (I-king) « *Le Livre des*

Mutations » est incompréhensible pour ceux qui ignorent la pensée qui l'inspire sans être jamais formulée.

LES DIFFÉRENTS TYPES D'ÉCRITURE

Il semble qu'à l'origine de toutes les formes d'écritures existantes, on retrouve des « pictogrammes » qui sont une représentation schématisée des êtres et des choses qui nous entourent. Encore faut-il préciser le sens de ce mot « pictogramme », et la nature de ces figures que, sous nos yeux, l'enfant fait vivre encore spontanément : ce ne sont pas à l'origine des dessins mais bien l'immobilisation d'un geste, c'est-à-dire la transcription sur un support matériel d'un geste descriptif. Car, contrairement à ce que l'on croit communément en Occident, les caractères chinois ne sont pas des représentations statiques mais le rejeu d'un geste. Ce fait est prouvé par la manière dont, aujourd'hui encore, est appréciée l'écriture chinoise toujours jugée en fonction de son dynamisme : on ne dira pas d'un caractère qu'il est équilibré ou proportionné, mais qu'il est fort ou mou, lent ou rapide, appuyé ou léger. La calligraphie a, comme un pas de danse, des rites immuables dans l'ordre et la manière de tracer des traits : la mémorisation d'un caractère n'est point dans la visualisation d'un dessin mais dans le souvenir des gestes qui ont permis de le réaliser. Lorsque des Chinois de différentes régions se rencontrent, essaient de se comprendre, point n'est besoin de fixer sur un support matériel le caractère qui vient remplacer le verbe défaillant ; quelques mouvements de l'index dans le creux de la main permettent de le faire revivre et de se comprendre, tous ayant appris de la même manière l'art d'écrire.

La calligraphie est aux yeux des Chinois l'art suprême. Comme la technique d'un ballet, elle ne peut être appréciée que par ceux qui sont capables de rejouer la succession des différents mouvements et d'en remonter le mécanisme. De la même manière, la peinture, qui n'en est qu'un succédané, ne peut se comprendre qu'en terme d'énergie et de mouvement.

Je suis très conscient que sont en contradiction avec les idées généralement reçues en Occident les deux principes qui caractérisent la conception chinoise de l'écriture. D'abord que cette écriture, bien que hiératique, ne représente pas des dessins morts et figés d'une

Caractères sigillaires

manière immuable mais des gestes dynamiques et vivants. Ensuite, qu'elle n'est que le support de la tradition orale. Les lettrés furent sages de comprendre que c'était ce rôle de maintien et de transmission de la tradition qui rendait respectable l'écriture.

Ainsi, la dernière constatation que nous ferons ici et qui pourrait sembler paradoxale, s'agissant d'un peuple justement renommé pour la considération qu'il porte à l'écriture et aux lettrés, se révèle être dans la logique des choses : le véritable agent de transmission de la culture est la parole d'un maître, bien plus que l'écriture dont le seul but n'est que d'assurer la conservation de celle-ci. J'ai connu des médecins chinois pratiquement illettrés mais connaissant de mémoire toutes les formules nécessaires à la pratique de leur art. L'écriture nous fera des têtes bien pleines mais ne sera vraiment utile que dans la mesure où notre éducation aura fait de nous auparavant des têtes bien faites.

HISTOIRE DE L'ÉCRITURE CHINOISE

C'est au début de ce siècle qu'apparurent dans les pharmacies chinoises des morceaux d'os fossilisés populairement appelés « os de dragon » parce qu'ils possédaient quelques caractères gravés sur leur surface. Moins crédules que les droguistes, les savants chinois eurent leur attention attirée par ce phénomène d'autant que les caractères gravés ressemblaient beaucoup à ceux que l'on retrouvait sur les bronzes de la plus haute époque. Il fut assez difficile d'obtenir le nom du site où l'on avait fait cette découverte car les os de dragon étaient l'objet d'un fructueux commerce. La ténacité de quelques lettrés chinois leur fit élucider le mystère et l'on découvrit en un lieu situé près de la ville d'Anyang, à côté de la courbe sud du fleuve Jaune, dans le Honan, des milliers d'os divinatoires (plus de cent mille). Le plus récent relevé, et qui est loin d'être exhaustif, comporte douze volumes de trois cents pages de la taille d'un incunable.

Ces documents consignent des actes divinatoires accomplis par des devins au service de la dynastie Shang-Yin pendant une période de près de deux cents ans, au milieu du deuxième millénaire avant notre ère. On peut constater que ces textes confirment la liste des souverains Shang-Yin telle qu'elle avait été établie par 司馬遷 *Sima Qian* dans ses *Mémoires historiques*, dont l'authenticité avait été

Caractères tracés sur bambou

mise en doute par les exégètes et les sociologues du début du siècle. En plus d'une multitude de détails sur les coutumes et la civilisation de cette époque, ils indiquent que les cycles calendériques utilisés pour la divination étaient bien les même que ceux qui sont encore utilisés actuellement. Enfin, l'écriture de ces textes est déjà très évoluée.

CARACTÉRISTIQUES DE L'ÉCRITURE SUR OS DIVINATOIRES

Il ne s'agit pas de l'invention, par un quelconque génie, d'un style d'écriture apparaissant une fois pour toute, comme le pensent certains experts chinois en calligraphie essayant d'attribuer à un lettré célèbre chaque type d'écriture, mais d'une lente évolution au cours de millénaires d'un mode d'expression aussi spontané que les dessins d'enfants.

Nous sommes en présence de la forme d'écriture la plus primitive connue à ce jour ; même si des textes plus anciens sont découverts - ce qui ne saurait tarder si j'en crois quelques allusions apparues dans des articles récents - je ne pense pas qu'ils apportent de modifications profondes sur la nature de la langue écrite ancienne et les procédés employés. Il est donc justifié de prendre ici ces textes comme point de départ de l'écriture chinoise.

Deux caractéristiques sont à souligner :

- D'abord le fait que les premiers idéogrammes connus ont une très forte connotation religieuse. C'est un trait qu'ils ont en commun avec toutes les écritures anciennes que nous connaissons. Il est naturel que d'aucuns aient voulu employer à leur endroit le terme de *hiéroglyphes*, car ils sont parfaitement similaires par leurs caractéristiques à cette écriture, à condition que de ce parallélisme évident on n'aille conclure à une communauté d'origine, ce que la datation des textes rend absolument impossible. Il est beaucoup plus simple de constater que le cerveau humain a des réactions analogues, sans pour autant en déduire aucune interférence entre des civilisations de date et de lieu très éloignés. Il est bien évident que ces caractères avaient à l'origine un rôle magique et sacré dont on retrouve la trace dans le respect qui les entoure aujourd'hui encore, et qui entoure le *clerc* ou le *scribe* qui détient le secret de leur emploi et de la magie qui en découle. Mais dès ces temps très reculés, on trouve déjà la

Caractères peints sur soie

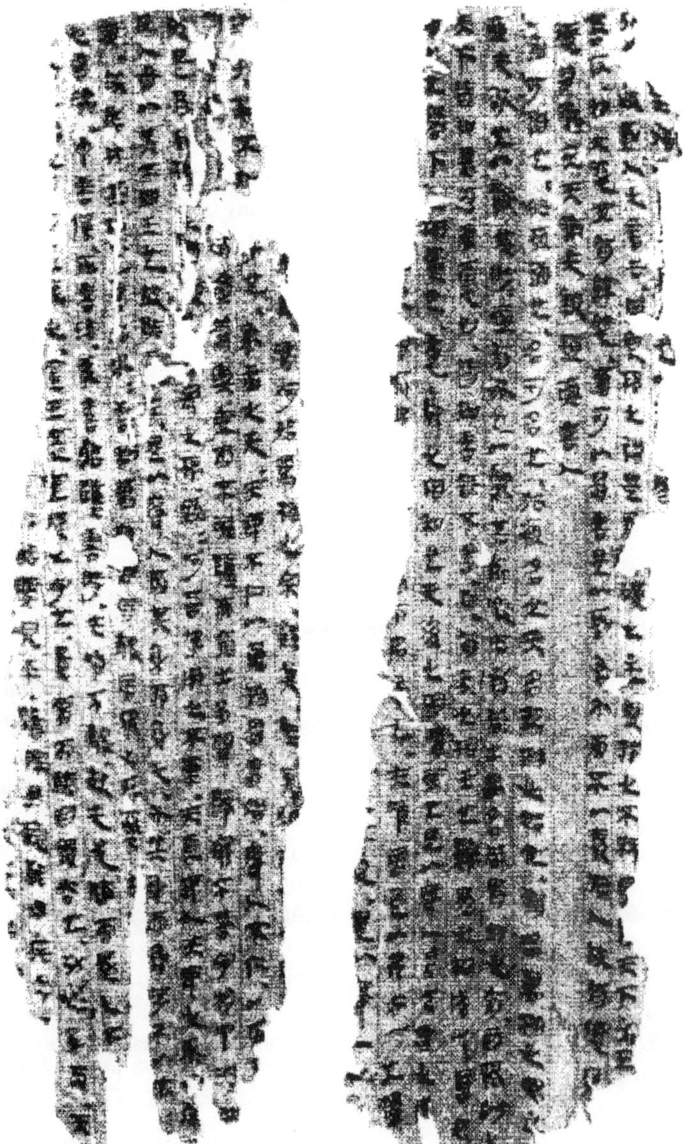

marque de l'agnosticisme caractéristique de la pensée chinoise : on nomme les ancêtres et certaines déités auxquels on fait des sacrifices, mais aucun système de croyance, aucune cosmogonie ne sont pour autant indiqués. La divination, acte religieux par excellence, permet de définir ce qu'il convient de faire pour maintenir l'ordre de l'univers. La nature des rites est parfaitement connue, le culte est défini, mais jamais son objet. Ce que Confucius précisera plus tard, en expliquant qu'il est oiseux de s'interroger sur la nature des esprits, mais qu'il est indispensable de suivre les rites établis.

- En second lieu, ces premiers idéogrammes sont dynamiques et non pas statiques. Comme les gestes, ce ne sont pas des dessins élaborés et détaillés, mais une réduction à l'élément que l'on veut signifier et qu'il importe de faire connaître. Ils furent très vite codifiés, à la fois pour simplifier le procédé et par respect de la tradition. Tout signe est abstrait car il ne retient de l'acte ou de la chose signifiés que ce qui les caractérise. Cette simplification peut en arriver au point de rendre le signe compréhensible pour les seuls initiés. Le support utilisé jouant nécessairement sur le style, celui de l'écriture gravée sur os ou écaille n'était sans nul doute pas le seul usité à cette époque. Pour être précis, il faut dire que nous avons là des spécimens de l'écriture des écrivains royaux de la dynastie Shang et que des caractères apparaissant sur les bronzes de cette époque sont stylisés d'une manière très différente.

Les pictogrammes, ou caractères dérivés d'un geste descriptif, signifiant un objet sont les plus simples ; qu'il s'agisse d'un signe et non d'un dessin est évident dès que l'on remarque la simplification. Symbolisé par sa trompe, l'éléphant vu de côté n'a que deux pattes apparentes ; l'arbre n'a que trois branches et racines schématisées, le corps de la femme est réduit à une ligne courbe esquissant l'attitude de soumission, agenouillée ; le vieillard est figuré par un être debout appuyé sur un bâton ; un rond, le soleil ; un croissant, la lune etc. Puis viennent les caractères composés de deux symboles joints : soleil dans l'arbre = Est, soleil au dessus du trait horizon = Aurore. Pour indiquer la partie : un point résume le geste indicateur, un point au bas de la représentation d'un arbre signifie la racine ; un point en haut le sommet ; un point le long du bras à la naissance de la main signifie poignet ; le pouce est figuré par la longueur totale du doigt étendu à

Caractères gravés sur stèle *Song*

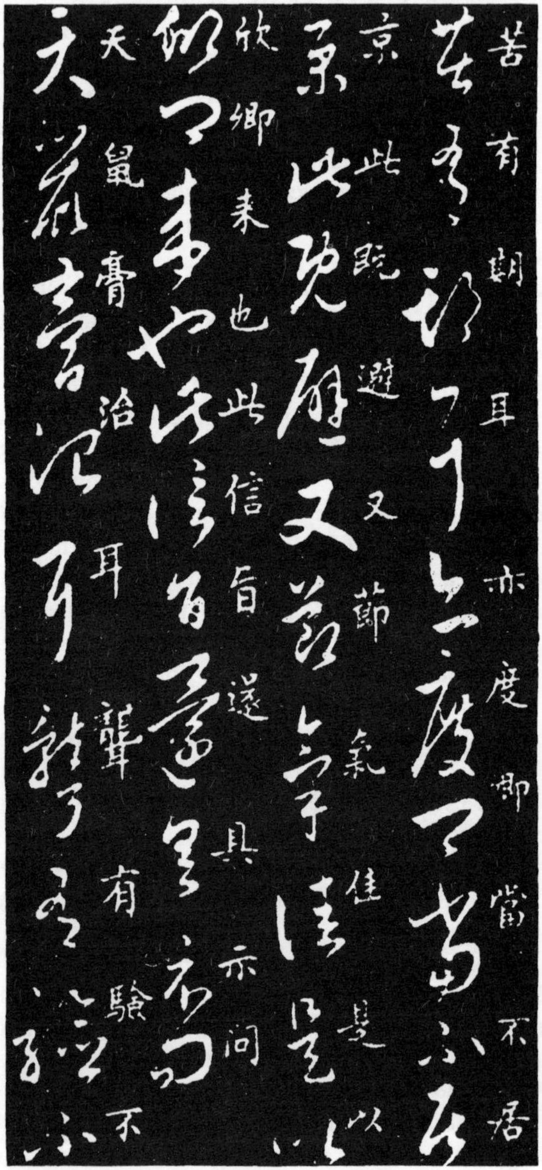

partir de l'angle qu'il forme avec le poignet etc. On trouve des transpositions de sens : Fong, Phénix et vent. L'association de deux pictogrammes permet de symboliser certaines notions abstraites : Soleil + Lune = idée de lumineux, lumière ; femme + enfant = l'idée d'affection, de bonté ; objet + monnaie = idée d'achat, de commerce. Une action est schématisée par l'organe qui l'effectue : main, pied, bouche, oeil, oreille...

Mais dès l'époque des inscriptions oraculaires, les possibilités assez restreintes offertes par les pictogrammes et leurs dérivés ont été depuis longtemps dépassées : la plupart des caractères sont déjà des caractères complexes, formés d'une partie significative appelée *radical* ou *clef*, et d'une autre partie, *phonétique,* représentant très approximativement le son car elle est choisie d'après une prononciation ancienne souvent assez éloignée de l'actuelle.

Avant la découverte toute récente des inscriptions oraculaires, les formes d'écriture les plus anciennes connues étaient celles des inscriptions figurant sur les bronzes anciens. Ces inscriptions gravées dans la cire des modèles de vases rituels étaient des dédicaces ou des inscriptions propitiatoires, d'où le soin particulier accordé à la graphie et l'extrême variété de celle-ci. Il s'agissait là d'une oeuvre d'art et non d'un document à consulter. Les catalogues de ces inscriptions, rédigés dès une époque reculée, sont utiles aux lexicographes, mais beaucoup moins que les formes conservées des écritures utilisées pendant le millénaire avant notre ère (surtout la dynastie 周 *Zhou*).

D'après les spécialistes, les caractères de cette époque, appelés aujourd'hui *sigillaires*, car il sont encore utilisés actuellement dans la confection des sceaux et cachets, se divisent en deux catégories : les plus anciens ou grands *zhuan*, les plus récents ou petits *zhuan* qui auraient été inventés après l'autodafé des livres classiques sous 秦始皇 *Qin shi huang*. La différence vient de la diversification des graphies mais surtout du fait que les petits *zhuan* ont des traits plus nets et plus soignés. On les connaît surtout par des inscriptions gravées sur des stèles et des pierres donc par estampage. Le caractère 篆 *zhuan* indique qu'à cette époque existait déjà le pinceau en soie de porc qui servait à tracer des caractères sur bambous ou soie.

C'est au premier siècle de notre ère, qu'un célèbre lettré, 許慎 *Xu Shen*, rédigea le premier lexique étymologique de la langue

Différents styles d'écriture

chinoise, fondé sur l'étude systématique des différentes formes d'écriture sigillaire. Cet ouvrage a, c'est le moins que l'on puisse dire, beaucoup vieilli, comme peuvent avoir vieilli les étymologies données par Cicéron, mais, outre qu'il serait excessif de tout condamner, ce livre a formé des milliers de lettrés, et sa consultation est donc nécessaire si l'on veut comprendre le sens que ceux-ci attribuent aux caractères au début de notre ère. C'est ainsi que l'étymologie de 王 Wang, caractère composé de traits parallèles unis entre eux par un trait, donnée par *Xu Shen*, « le Roi est celui qui unit la terre au ciel » est certainement fausse. C'est pourtant l'explication qui inspira tous les lettrés depuis le début de notre ère.

DE LA CALLIGRAPHIE

Le style pourra varier au cours des âges sur des points de détail, mais la technique et les instruments (pinceau, bâton d'encre, pierre où l'on broie l'encre délayée dans un peu d'eau), sont restés identiques. Ce respect de la tradition s'est encore confirmé par suite de la pratique qui veut que, dès l'enfance, chacun s'entraîne à imiter les modèles (souvent des estampages) des grands calligraphes anciens. Dans l'art de l'écriture comme dans celui de la peinture, ce n'est qu'après un long et patient apprentissage que l'on peut voler de ses propres ailes et se permettre de donner libre cours à son génie. La technique seule est mécanique et plate, mais le génie sans la technique restera gauche et maladroit.

Il est à peu près impossible à un Occidental, à moins d'y avoir été formé dès son plus jeune âge, de maîtriser la technique de l'écriture, immuable depuis deux mille ans. Tout se joue sur la souplesse du poignet : la main redressée à quatre-vingt-dix degrés tient entre trois doigts le pinceau verticalement, la tige du pinceau pouvant tourner entre les doigts pour assurer l'attaque ou la finale du trait. Tantôt rapide ou tantôt lente, la main se livre à un véritable ballet, et c'est un vrai régal artistique que de contempler un calligraphe à l'oeuvre. Les traits possibles à exécuter avec cette position de la main se réduisent à un tout petit nombre que la tradition est venue encore limiter. Le mouvement de chaque geste d'écriture est réglé d'avance, comme celui du bras ou de la jambe du danseur au cours d'un ballet. La succession des traits se fait également dans un ordre immuable

Modèles pour écoliers

comme les mouvements d'une figure de danse. On ne s'étonnera pas que la mémorisation des caractères soit gestuelle ; pour se remémorer un caractère, on le trace rapidement dans le creux de sa main, geste instinctif également quand il s'agit de compter les traits pour retrouver un caractère dans un dictionnaire. Le papier de riz, vrai papier buvard, ne permet de retouche ni pour l'écriture ni pour la peinture, ce qui oblige à une grande sûreté de main nécessitant un long apprentissage. Bien que les traits soient tracés séparément, le geste d'écrire une fois maîtrisé, le calligraphe peut les unir sans lever le pinceau. C'est le fin du fin, comme la danse d'une grande ballerine. C'est ce que l'on appelle l'écriture en caractères *herbus*, incompréhensible à ceux qui ne connaissent ni l'art du pinceau ni l'harmonisation des traits, mais délectable pour ceux qui peuvent, en la rejouant, en ressentir l'exquise maîtrise.

Nulle écriture n'est plus conventionnelle que l'écriture chinoise actuelle, et pourtant nulle forme d'art ne permet mieux de s'exprimer. Les Chinois n'ont pas eu besoin d'experts graphologues pour comprendre d'instinct que le caractère était révélé par l'écriture. Jeune professeur en Chine, je n'ai jamais eu de mal à deviner le tempérament de mes élèves en lisant leurs copies. Les Chinois ont ainsi résolu mieux que quiconque l'antinomie existant entre une règle contraignante et la liberté de l'artiste.

L'ÉCRITURE DANS LA CHINE D'AUJOURD'HUI

Un instant, on a pu croire que les zélotes de la Révolution Culturelle parviendraient à faire disparaître, au profit d'une phonétisation, l'art de l'écriture. Ce qui aurait eu pour résultat, comme ce fut le cas au Vietnam, de couper la Chine des racines de sa culture. Etant donné la multiplicité des différents dialectes, cela équivalait à faire de la Chine une tour de Babel, et à couper, motif inavoué, tous les ponts avec le passé. Tout aussi iconoclaste fut la simplification de l'écriture, dont le processus est actuellement interrompu, sous le prétexte d'en faciliter l'usage. L'idée n'est pas neuve et certaines simplifications étaient déjà intervenues de longue date. Malheureusement, le zèle des réformateurs s'exerça n'importe comment, dans le mépris total de toute étymologie et la plupart des formes hâtivement inventées sont des monstres affreux qui ne remplaceront jamais les caractères anciens si l'on veut pouvoir lire les livres existants : ils ne sont donc effectivement utilisés que pour faciliter la lecture des journaux et des textes du parti.

La persistance de la langue écrite réagit sur la langue parlée. En premier lieu, elle freine le polysyllabisme que nécessite pourtant l'existence de trop nombreux homophones. Malgré l'usage, les termes composés de plusieurs caractères sont rarement parfaitement stables. La langue est en train d'évoluer vers une autonomie de la langue parlée, mais il reste toujours le problème des dialectes. Quand nous employons les homophones « ceint, sain, sein, cinq ou saint » la confusion est évitée par une référence implicite au terme écrit, il en va de même pour les idéogrammes.

La plénitude de sens d'un caractère fait que le chinois écrit est extrêmement concis ; en outre, malheureusement pour un Occidental, aucun caractère n'est univoque. Souvent pédant, le lettré a pris pour habitude d'émailler ses discours de citations de quatre ou sept caractères, cela permet le jeu subtil d'une diplomatie qui procède par allusion et évite toute réponse directe. Des hommes cultivés se comprennent à demi-mot sans qu'il soit besoin d'insister lourdement. L'art de la citation n'est pas à leur yeux un manque de personnalité mais une preuve de culture basée largement sur la mémorisation des textes classiques. Imitant le lettré, l'homme de la rue émaille ses discours de dictons et proverbes, prouvant ainsi son éducation. Dans les vidéocassettes chinoises provenant de Chine populaire aussi bien que de Taïwan, Hong Kong ou Singapour, les films classiques aussi bien que les feuilletons modernes ont des dialogues sentencieux émaillés d'expressions toutes faites. Savoir des formules est une preuve de culture, et je me souviens qu'une de mes élèves de français ne comprenait pas pourquoi je lui refusais une bonne note alors qu'elle avait prouvé son excellence en citant de mémoire dans sa rédaction un long passage des *Rêveries d'un promeneur solitaire*.

Au texte écrit était accordé le même respect que celui dû à son auteur. Un rescrit impérial se recevait à genoux, après les prosternations rituelles envers l'empereur. Tout document écrit doit se recevoir à deux mains.

A l'ouverture d'une boutique ou d'un restaurant, l'usage est encore de nos jours d'offrir des inscriptions votives sur papier rouge, cet écrit devant attirer la prospérité sur l'établissement ; l'usage est de commander ces inscriptions à un calligraphe célèbre, car son art en rendra l'action plus efficace.

DE L'ÉCRITURE PHONÉTIQUE ET DE LA ROMANISATION

Cette question comporte deux aspects distincts :

En premier lieu, celui du remplacement de l'écriture idéographique par une écriture purement phonétique, mais j'en ai suffisamment parlé plus haut.

En second lieu, la romanisation peut avoir pour but d'indiquer la lecture des caractères. C'est avec ce propos que les missionnaires ont entrepris de réaliser plusieurs systèmes de transcription basés sur leur propre phonétique, et donc approximatifs et variant suivant chaque nation. Les Chinois eux-mêmes ont conçu plusieurs systèmes de romanisation dans le but d'apprendre la prononciation correcte de ce que l'on a appelé le *mandarin* (langage officiel bourré de citations et de dictons, assez proche du style écrit).

Ce n'est d'ailleurs pas par impuissance que les Chinois ne sont jamais passé d'une écriture idéographique à une écriture phonétique. Il y a très longtemps que des études phonétiques poussées ont été faites sur la prononciation des caractères. Depuis des siècles, dans tous les lexiques, la prononciation est indiquée au moyen de deux caractères dont le premier indique l'initiale (la consonne ou semi-consonne d'attaque), tandis que le deuxième indique la rime ou finale (c'est à dire la voyelle ou la diphtongue).

DERNIER AVATAR DE LA LANGUE CHINOISE : LE PINYIN

Tous les systèmes imaginés par les missionnaires étrangers ou les agents consulaires pour représenter les sons du chinois ont en commun un même défaut, c'est de déformer la représentation déjà difficile des sons en fonction de la lecture propre de chaque alphabet. Ils sont approximatifs et tendront à faire conserver à un Américain, un Français ou un Italien son accent propre ce qui ne manque pas d'arriver. Une phonétisation conforme aux lois phonétiques devrait s'imposer, mais les étudiants en chinois sont loin d'être tous des linguistes, et les signes de l'alphabet phonétique n'existent pas sur les machines à écrire de type courant. Les efforts accomplis par les lettrés chinois au début du siècle pour résoudre ce problème ont été, pour des motifs purement politiques, systématiquement déconsidérés, et gaillardement les membres du parti se sont attaqués au problème d'une romanisation ayant valeur universelle pour la langue chinoise. Cette oeuvre, due aux efforts conjugués de lettrés russes, chinois, et paraît-il albanais (!), est assez déroutante pour un Occidental. Il doit apprendre les règles de prononciation sans courir le risque d'être influencé par son propre alphabet, puisque la plupart des conventions sont parfaitement arbitraires. Cette romanisation est maintenant officielle en Chine et une lettre n'atteindra pas Pékin si vous n'écrivez pas Beijing. Elle est obligatoire dans les écoles et permet aux jeunes d'acquérir la prononciation correcte.

Il faut donc éviter de confondre romanisation et phonétisation. En effet, la première tend à créer des symboles conventionnels permettant de représenter les sons d'une langue une fois connues les régles établies, tandis que la seconde est une représentation, suivant les règles de la linguistique, des sons prononcés : *Mao Zidong* est une romanisation, alors que *Mao Tseutong* est une tentative de phonétisation à l'intention des lecteurs français. Ces deux écritures doivent se prononcer de la même manière.

EN GUISE DE CONCLUSION

L'écriture est un geste de respect (peut-être inconscient !) envers la beauté d'un univers qu'elle se propose d'évoquer et de décrire. Géniales bandes dessinées, les peintures chinoises sont toujours l'évocation d'un « état d'âme » qu'un poème a préalablement saisi. Aucune traduction ne pourra rendre justice à un poème de l'époque Tang où de la calligraphie, du parallélisme des mots et de leur intonation qui se répondent comme dans un passage musical, des rimes enfin résulte une plénitude que je n'ai trouvée dans la poésie d'aucune autre nation.

Chapitre Quatrième

IMPORTANCE PRIMORDIALE DE LA DIVINATION

APERÇU HISTORIQUE

Ainsi que j'ai eu l'occasion de l'indiquer dans ma déclaration liminaire, l'usage de pratiques divinatoires dans le but de déterminer les conditions les meilleures pour entreprendre une action importante est la seule forme de pratique religieuse qui, comme le culte des Ancêtres, soit attestée depuis les origines.

LA DIVINATION EST UN ACTE ESSENTIELLEMENT MORAL

La divination nous permettant de réaliser à la fois ce qui est bon pour nous et ce à quoi nous sommes bons est donc considérée dans l'optique des Chinois comme intrinsèquement morale.

Il est très significatif que toute interprétation artistique en Chine - calligraphie et peinture, architecture et musique - soit dominée par la notion d'équilibre, d'harmonie, de recherche d'un accord profond avec la Nature. Il nous est facile de conclure que, pour un Chinois, connaître l'Univers n'est pas tenter d'en donner une impossible explication rationnelle, mais d'en saisir les lois afin d'y conformer harmonieusement notre vie. Se connaître soi-même, c'est prendre conscience des forces qui définissent notre personnalité afin d'être mieux à même de jouer notre rôle dans cet ensemble dont nous sommes solidaires. Dans l'un et l'autre cas, il s'agit d'un acte éminemment moral (peut-être le seul véritable acte moral à ses yeux) car il s'agit d'accomplir l'ordre du monde. Dans une telle perspective, semer hors du temps propice serait non seulement inutile, mais dangereux car en désaccord avec l'ordre prescrit. Est donc considéré comme faste et opportun, et en conséquence bénéfique, ce qui est conforme à l'ordre, c'est-à-dire exécuté en conformité avec les rites, en temps et lieu voulus ; en revanche, toute activité désordonnée ne peut être que néfaste et inopportune, donc maléfique. Découvrir à quelle loi obéit cet ordre, c'est là le but essentiel de la divination, acte moral par excellence.

Pour employer une comparaison, que les joueurs que sont souvent les Chinois ne récuseront pas, la divination nous fait connaître les cartes que nous avons en main et donc nous permet de jouer avec le maximum de chance. Enfin, leur souche paysanne leur a appris que la réussite d'une action - les semailles pour garder le même exemple - dépend essentiellement de l'époque et de la manière dont elle commence. C'est ce qui explique l'importance que revêt à leurs yeux le premier de l'An, dont l'heureux passage est la meilleure garantie de bonheur pour l'année qui commence. C'est aussi pourquoi ils jugent nécessaire de scruter leur horoscope avant d'entreprendre toute action d'importance ; il est même recommandé d'avoir alors recours aux conseils d'un homme de l'art.

L'HOMME DANS L'UNIVERS

Les Chinois n'ont jamais tenté de trouver d'explication rationnelle à l'Univers. Toute leur sagesse, car il ne s'agit pas vraiment de philosophie, se résume en la quête d'une meilleure harmonie entre l'homme et la nature.

C'est presque un lieu commun que d'affirmer que les Chinois n'ont pas la « bosse métaphysique » et qu'ils se méfient d'instinct de toute démonstration trop rationnelle. Confucius se fit le parfait interprète de ses compatriotes lorsqu'il répondit tout de go à la question d'un disciple : « J'ignore tout de l'homme, comment pourrais-je spéculer sur la nature des esprits? » Au vaines spéculations, le Chinois préférera toujours une sagesse fondée sur une expérience millénaire qui ne vise qu'à tirer le meilleur parti possible de notre condition humaine. Ils ont compris qu'ils étaient dépendants de forces qu'ils ne contrôlaient pas, mais qu'il leur fallait nécessairement connaître s'ils voulaient en tirer profit ou en pallier les inconvénients. L'alternance régulière des saisons, la succession du jour et de la nuit leur suggéra la notion d'un ordre bénéfique naturel auquel il importait de se conformer : si l'on veut que les récoltes prospèrent, force est bien de tenir compte des saisons et donc de suivre un calendrier.

Pourtant, en face de cet ordre naturel plus régulier en Chine que partout ailleurs, s'affirment des cataclysmes imprévisibles et souvent inexplicables. ce désordre, qui est pour eux le Mal, provient d'un excès, d'un déséquilibre en faveur d'un élément qui n'est pas pour autant mauvais en soi : l'aridité provient d'un excès de sécheresse, et les inondations d'un excès d'humidité ; or, ni l'un ni l'autre de ces deux principes n'est en soi nuisible, c'est leur prédominance exclusive qui est mauvaise. **Un équilibre est donc nécessaire au maintien de l'ordre.** Cet équilibre ne doit pas être excessif, car cela aboutirait à la stagnation. Les Chinois sont foncièrement hostiles par nature et par tradition à une dichotomie manichéenne opposant le Bien au Mal : pour eux rien n'est mauvais en soi, l'excès seul est un défaut. Il n'existe d'ailleurs jamais ni de blanc ni de noir absolu ; il faut se méfier des extrêmes car la sagesse consiste à se maintenir dans le *Juste Milieu* cher à Confucius.

L'ordre d'en Haut modelant et déterminant l'ordre terrestre demeure donc la règle suprême de l'action humaine inscrite dans cet Univers. Connaître cet ordre pour s'y mieux conformer est la sagesse amenant la prospérité et cet équilibre suprême que les Chinois appellent « harmonie », tandis que de sa méconnaissance ne peuvent résulter que misère et souffrance. Le Fils du Ciel doit essentiellement mettre l'Univers en harmonie avec l'ordre céleste.

Les résultats obtenus sont la seule réalité tangible, ils sont plus importants que tous les systèmes qui chercheraient à en donner la justification.

Les taoïstes eux-mêmes n'ont jamais tenté de faire des constructions philosophiques, mais seulement de réaliser, par delà la raison, une expérience d'intuition mystique et poétique. S'il est vain et insensé de prétendre discuter doctement avec Lucrèce de la nature des choses, notre raison est parfaitement capable, si elle s'en tient à son domaine propre et si elle se fonde sur l'expérience, d'utiliser au mieux à son profit le monde qui nous entoure.

La vision des sphères célestes d'Aristote était fausse, mais les calculs qu'elle rendait possibles permirent d'établir un calendrier suffisamment exact pour arriver à une définition pratique du temps. Les Chinois n'auraient jamais condamnés Galilée avant d'avoir expérimenté si sa doctrine permettait effectivement d'améliorer le calcul du temps. Mais ils l'auraient condamné comme un dangereux rêveur s'il avait prétendu expliquer l'Univers.

VALEUR ET LIMITES DE LA DIVINATION

Les exemples tirés des douze livres classiques montrent d'une manière évidente que la divination a pour but de compléter, et non de remplacer, le bon sens et le jugement humains.

Dans ces livres canoniques, on trouve de très nombreuses allusions aux méthodes de divination qui prouvent l'importance où, depuis la plus haute Antiquité, elle était tenue. Mais la modération chinoise se manifeste d'une manière très évidente chaque fois qu'on en fait mention : loin d'être considérée comme infaillible, elle ne doit pas se substituer au jugement humain qu'elle ne fait que confirmer. Dans les cas douteux, on cherchera ; c'est ainsi que, dans le chapitre du 書經 *Shu Jing* intitulé « La Grande Règle », il est dit : « Quand vous avez des doutes au sujet d'une affaire importante, délibérez en vous-même [il s'agit de l'empereur], délibérez avec vos ministres et vos officiers, consultez le peuple, faites consulter la tortue et l'achillée... s'il y a unanimité, l'entreprise réussira... Si vous, la tortue et l'achillée vous approuvez, et que les ministres, les officiers et le peuple désapprouvent, l'entreprise réussira. Si les ministres, les officiers, la tortue et l'achillée approuvent, et que vous et le peuple vous désapprouviez, l'entreprise réussira. Si le peuple, la tortue et l'achillée approuvent, et que vous, vos ministres et vos officiers vous désapprouviez, l'entreprise sera heureuse. Lorsque vous et la tortue vous approuvez, et que l'achillée, le ministre, les officiers, le peuple désapprouvent... s'il s'agit d'une affaire intérieure au palais, elle réussira, dans le cas contraire, non. Quand la tortue et l'achillée sont toutes deux opposées au sentiment des hommes, il est bon de se tenir en repos... »

Les indications de la divination ne dispensent pas de la réflexion et ne sauraient donner des réponses absolument certaines. Mais les indications ainsi recueillies doivent être traitées avec respect; dans le même livre, au chapitre intitulé « Conseil du Grand Iu (大禹) », l'empereur refuse de recommencer une consultation d'oracle : «... après avoir fixé ma détermination, j'ai interrogé et tenu conseil; tous les avis se sont accordés avec le mien. Les esprits ont donné leur assentiment. La tortue et l'achillée ont approuvé.» Dans la divination, lorsqu'un présage a été favorable, la demande ne se réitère pas. Il en va tout autrement cela va sans dire, lorsqu'un présage est défavorable.

La scapulomancie

La forme de divination la mieux connue est celle, pratiquée par les devins il y a près de trois mille cinq cents ans, sur des morceaux d'omoplates de gibier et appelée pour cette raison *scapulomancie*. Cet usage semble remonter à une très haute antiquité ; les chasseurs avaient coutume d'y recourir avant de partir en quête du gibier. Ils utilisaient les os de la proie dévorée lors du repas rituel (tout repas convivial ayant un aspect sacrificiel ; on remarquera l'analogie avec les *aruspices*). Ces os jetés au feu présentaient des craquelures qui furent interprétées par les peuplades de chasseurs comme des signes permettant de prévoir la réussite de futures expéditions. Cette méthode, un peu compliquée, a disparu en Chine mais est encore en pratique chez les Amérindiens chasseurs, population dont l'origine asiatique n'est plus contestée de nos jours. Un récent reportage télévisé, sur des populations nomades du nord-est sibérien au nord du Kamtchatka, signale également l'existence, auprès des chasseurs, de shamans fervents adeptes de la scapulomancie.

Les découvertes d'Anyang attestent que la chasse avait gardé de l'importance : car les omoplates utilisées ne sont pas seulement celles d'animaux domestiques mais appartiennent à toutes sortes de bovidés (cerfs ou rennes) ou d'ovidés (mouflons ou moutons) ; on a même, parait-il, trouvé des omoplates d'éléphant. Ces rites peuvent également se rattacher au sacrifice propitiatoire d'un buffle pour la nouvelle année, dans une cérémonie appelée 打牛 *daniu*, battre le buffle, réduite aujourd'hui à une pure symbolique, le premier jour du printemps solaire 立春 *lichun*. On trouve encore des traces de ce sacrifice du buffle chez tous les aborigènes de l'Asie du Sud-Est et aussi à Madagascar.

Mais une pratique analogue de divination apparut à cette même époque : c'est l'usage de l'écaille de tortue ou chéloniomancie. Faute d'une statistique exacte, il est impossible de tirer des conclusions sur les conditions et les dates d'emploi des deux procédés (os et écaille). Il semble que l'utilisation de l'écaille soit apparue plus récemment ; on y trouve un symbole : le plastron plat et presque carré (comme la

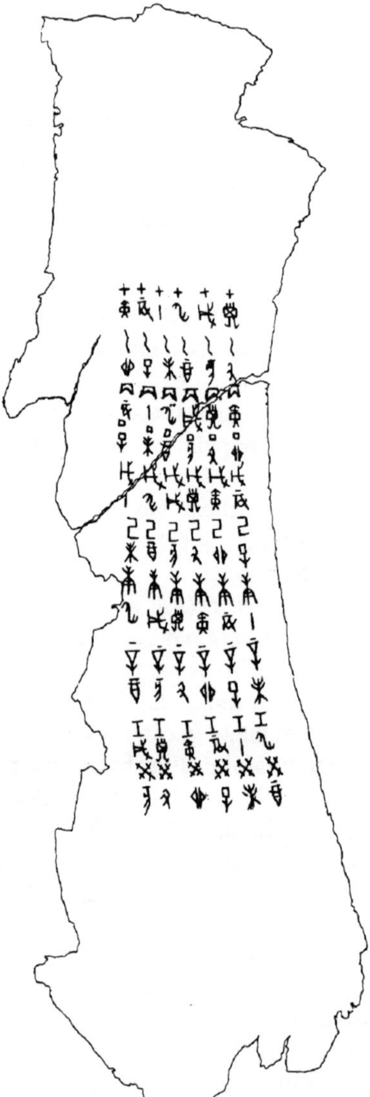

Parmi les centaines de milliers d'os et d'écailles de tortues, se trouvait ce remarquable document, probablement utilisé comme aide mémoire par les scribes. C'est la plus ancienne liste du cycle sexagésimal, c'est-à-dire du cycle qui est encore utilisé de nos jours pour comptabiliser les années. Ce cycle remonterait au semi-légendaire *Empereur Jaune*, il y a 4.692 ans.

Cela prouve, sans conteste possible, que la chronomancie, telle qu'elle est conçue par les Chinois aujourd'hui remonte à plus de 3.500 ans, date certaine des inscriptions oraculaires retrouvées à **Anyang.**

Terre dans la conception ancienne), et recouvert de la voûte arrondie de la carapace (analogue au ciel), représente notre univers, c'est pourquoi ce minuscule microcosme fut choisi pour support de la divination.

Les premiers lettrés s'intéressèrent moins au support matériel de cette écriture qu'aux caractères, les plus anciens connus, les 甲骨文 *Jiaguwen* (caractères sur écailles et os), en anglais *oracle bones* (os oraculaires) ; nous emploierons ici le terme d'*inscriptions oraculaires.*

La technique était simple : à la face interne de l'os ou de l'écaille, on pratiquait une incision longitudinale et, à mi-hauteur, on creusait une alvéole arrondie. Cette face était présentée au feu et la craquelure engendrée par la chaleur avait la forme du caractère 卜 *bu* (qui signifie actuellement *divination*). Les scribes, par précaution, voulant garder des traces de leurs oracles, marquèrent les résultats par incisions sur l'écaille ou l'os et conservèrent précieusement ces documents. Les os ainsi gravés étant depuis lors fossilisés, les minuscules craquelures n'apparaissent plus guère et, en l'absence de toute explication, il nous est actuellement impossible de savoir comment déchiffrer les oracles.

Mais, grâce à ces scribes, c'est tout un monde déjà très évolué qui surgit de la pénombre de l'histoire, attestant que la culture chinoise remonte à une période protohistorique.

L'Achillée

La méthode la plus importante est la divination dite par les tiges d'achillée. C'est, on l'a compris depuis peu, la manière la plus primitive de tirer les hexagrammes du *Yijing*. Les hexagrammes existant sur des bronzes anciens ne furent compris que très récemment, leur mode de représentation étant très différent de celui actuellement utilisé.

Cette coutume de se servir de baguettes d'achillée pour évoquer les traits des hexagrammes me semble confirmer que cette divination préexistait dans une tradition orale bien antérieure aux documents écrits. Sur un vase de l'époque *zhou* furent découverts des caractères curieux que les érudits, incapables de les déchiffrer, appelèrent *mots étranges*, les considérant comme des représentations d'emblèmes claniques. En fait, ce sont des figures numériques dérivées du jet de tiges d'achillée, figures d'où découlèrent les hexagrammes du *Yijing*.

Yu Le Grand consulte les oracles.

LA DIVINATION POPULAIRE

A côté de ces formes de divination attestées par la tradition, il en existe d'innombrables, il suffira d'en citer quelques exemples. La liberté de penser qui règne dans la société chinoise fait qu'aucune d'entre elles n'est rejetée, sauf si elle est en contradiction avec les usages courants et fait outrage aux bonnes moeurs ou à l'ordre établi. Chacun reste libre de s'exprimer et la tendance naturelle chez les Chinois qui consiste à croire que plus on utilise de médecines, meilleur sera le résultat pour le patient, fait que ces pratiques ont fleuri à diverses époques, en fonction de l'efficacité qu'on leur reconnaissait. Certaines pagodes sont pour un temps à la mode et voient un afflux de dévots, afflux qui peut disparaître sans explication quelques années plus tard.

L'astrologie proprement dite

L'astrologie au sens propre a existé en Chine ; elle est fondée sur le travail d'astronomes fortement influencés par l'astronomie de l'Inde.

Les livres chinois anciens sont profondément marqués par cette influence comme le prouve leur description des constellations. Cependant, c'est à cette liste de constellations que se borne l'influence de l'Inde. La Chine est irrémédiablement fermée aux spéculations hindoues sur les astres. Le nom des astres lorsqu'il apparaît n'est, pour les devins chinois, qu'un nom symbolique. Dans l'établissement d'un horoscope, aucune référence pratique n'est jamais faite aux étoiles dans leur existence matérielle et, comme pour la chronomancie, il s'agit d'un cycle établi une fois pour toute. C'est ainsi que la liste des constellations est de vingt-huit, et compte toujours pour vingt-huit jours, alors que le mois lunaire est en fait composé d'un peu plus de vingt-neuf jours. Dans cette astrologie populaire, à côté de noms d'étoiles réellement existantes, on trouve de nombreux noms de déités et d'étoiles purement fictives, dérivées du folklore et non de l'astronomie.

Première exemple de cette forme d'astrologie, la divination dite de l'étoile pourpre 紫星 *zi xing*, α du Dragon, étoile polaire d'il y a quatre mille ans, se targue d'une haute antiquité. Cette étoile, en effet, fait référence au palais impérial, appelé du fait de la couleur des murs d'enceinte *ville pourpre*, demeure de l'empereur. Mais la manière dont elle est comprise ne me paraît pas appuyer cette prétention. Trop d'aspects dans sa méthode rappellent nos formes d'astrologie contemporaines et laissent supposer que, remodelée au cours des âges, elle n'est pas très authentique, malgré l'appellation de *véritable astrologie chinoise* donnée par un auteur qui en présente une étude publiée aux Etats-Unis. Un simple diagramme divisé en douze parties, une par mois (les experts ne précisent pas s'il s'agit de mois lunaires ou solaires), permet de calculer les influences en opposition ou en accord dans un schéma analogue à ceux utilisés dans l'astrologie occidentale.

Une autre forme d'astrologie, très utilisée au Vietnam, celle des neuf palais 九宫 *jiu gong,* construit un tableau de neuf cases, la centrale étant le *nadir* et les huit autres correspondant aux quatre

Orients principaux et aux quatre Orients intermédiaires. On obtient ainsi un hexagone qui rappelle l'ordre des huit trigrammes utilisés dans le *Yijing*. Je ferai la même réflexion que dans le cas précédent et je doute de l'antiquité prestigieuse que l'on attribue à cette forme de divination.

Autres méthodes de divination

Beaucoup de rites populaires dérivent directement du Livre des Mutations, le *Yijing*, dont ils proposent des versions simplifiées comme celle que j'expose dans *Les Sapèques d'or*. D'autres mettent en oeuvre la date de naissance comme la manière de calculer le poids de votre destin. La numérologie, établie d'après le nombre de traits des caractères d'un nom ou d'une date, est très souvent pratiquée mais inutilisable pour qui est incapable de lire le chinois.

Le spiritisme et les histoires de revenants abondent en Chine. Aussi constituent-ils un élément important des méthodes populaires de divination. Comme nous l'avons vu, le domaine de ces manifestations est très proche du monde sensible, il s'agit seulement de l'envers du décor. Il serait stupide d'y voir une manifestation de diable malfaisant ou d'ange bénéfique : tout ce qui existe dans ce monde des génies est un sous-produit de notre humanité. Comme chez nous en Bretagne, les romans populaires contiennent de multiples exemples de ce voisinage entre les vivants et les morts.

Les traditions chinoises incubes et succubes, mettant en oeuvre revenants affamés et vengeurs, malgré la différence de contexte, sont proches de nos traditions ancestrales. L'étude du folklore chinois à cet égard est passionnant : on y trouve souvent un écho de nos superstitions populaires. C'est ainsi que l'on retrouve dans la pièce de théatre du Serpent Blanc la réplique très exacte du conte de la fée Mélusine. Il est donc tout à fait logique que les cas de nécromancie, sous la forme de possession d'une personne par un défunt dont elle devient le porte-parole, n'étonnent personne en Chine. Tous ceux qui ont vécu en milieu chinois furent à un moment ou à un autre témoin d'un de ce ces faits. Des guérisseurs en état de transe se disent possédés par un médecin célèbre, un génie guérisseur ou un défunt de votre famille.

D'innombrables variantes permettent de tirer les sorts. La surface plane d'un bol rempli d'eau pure sert de boule de cristal qu'un médium, généralement un jeune garçon impubère, interroge et qui répond aux question du devin. Une soucoupe renversée, marquée d'un point et placée sur une série de caractères, remplace commodément une table spirite. La chiromancie, la physiognomonie et l'étude des grains de beauté sont très communément utilisées pour la connaissance des personnalités. Comme dans le doute on ne saurait renoncer à une chose pouvant se révéler utile, à Hongkong, toutes les méthodes de divinations occidentales ont trouvé droit de cité pour le cas où l'une d'entre elles apporterait la réponse espérée.

CONCLUSION

La divination, faisant partie des cérémonies accompagnant le culte des Ancêtres et les événements familiaux, était une composante nécessaire de la vie en société. Comme telle, malgré les oppositions du parti, elle réapparaît de nos jours. Il en va de même des autres techniques que je viens d'évoquer. Le rejet des communistes ne semble pas avoir eu beaucoup plus d'effet que le dédain des lettrés pour ces pratiques tout au plus bonnes à apporter espérance et consolation au menu peuple lors de tentatives de contacts avec l'au-delà et les chers disparus.

De telles billevesées sont inoffensives, à condition toutefois, de rester dans une juste mesure. Le Tribunal des Rites ne légiférait guère en cette matière tant que l'ordre public n'était pas perturbé et lorsqu'il intervenait, souvent cette action restait lettre morte. C'est ainsi que plusieurs empereurs échouèrent lorsqu'ils tentèrent de réagir contre l'importance abusive et les interprétations trop naturalistes attribuées aux douze animaux du zodiaque chinois.

Comme nous le verrons, la divination ne consiste pas à tirer la bonne aventure, mais à rechercher des règles permettant d'établir l'harmonie avec l'Univers.

LE LIVRE DES MUTATIONS (Yijing ou Yiking)

Mon ami, le professeur Wang Dongliang publie dans cette même collection une étude détaillée de ce livre en se basant sur les découvertes et les travaux les plus récents. Cependant, pour ne pas donner sur la divination un aperçu incomplet, je résume ici, en quelques mots, une analyse de cette oeuvre fondamentale.

C'est le livre le plus sacré des Chinois, le seul qui ait échappé à l'autodafé décidé par le premier Empereur (Qin shihuang) qui fit détruire tous les livres classiques en même tant que les lettrés les plus opposés à son action. Ce livre divinatoire étudie les 64 hexagrammes formés de six traits superposés soit continus (yang) soit brisés (yin). Ce livre fut traduit par les premiers jésuites qui en occultèrent la valeur divinatoire. Notons que c'est à partir des figures du Yijing que Leibnitz conçut le calcul binaire, fondement de notre informatique. Des savants chinois actuels commencent à étudier la valeur scientifique de ces hexagrammes et de leurs mutations, et à en entrevoir l'importance fondamentale jusqu'à présent méconnue.

Comme les mandalas, ils sont un moyen de concentration mentale, la seule différence est qu'ils ne sont pas considérés comme étant statiques mais comme mutants et donc dynamiques. Soit qu'on utilise les baguettes d'achillées (50 moins une mise de côté) ou trois sapèques (pièces de monnaie ancienne), l'opération préliminaire aboutit à un jeu de chiffres, 7 ou 9 pour les traits impairs (continus, ***yang****), 6 ou 8 pour les traits pairs (brisés,* ***yin****), ces traits sont appelés jeunes (7 ou 8) ou vieux (6 ou 9). Les traits vieux ou mutants sont les seuls intéressants en divination, car ils se transforment en leurs contraires, un vieux* ***yang*** *(continu) se transforme en un trait brisé* ***yin****, un vieux* ***yin*** *en un trait continu* ***yang****, ce qui donne à partir d'un premier hexagramme un second où tous les traits mutants auront été changés.*

Le sens général des deux hexagrammes donnés éclaire la question posée mais seules les mutations ont une portée divinatoire. Même si l'adage est conçu en termes généraux, la réponse ne doit être considérée qu'en fonction de la question posée. Il serait irrespectueux de poser plusieurs fois de suite la même question. On peut toutefois la modifier, si la réponse ne nous paraît pas satisfaisante. On ne doit pas consulter l'oracle plus de trois fois dans la même journée. Le calendrier indique d'ailleurs qu'à certains jours il est déconseillé de le consulter.

* * * * * *

DEUXIÈME PARTIE

Signes et symboles de l'espace-temps

Chapitre cinquième

MISE EN PLACE SPATIO-TEMPORELLE

L'empereur, chargé d'assurer l'ordre de l'univers afin de permettre à son peuple de s'y insérer de la manière la plus harmonieuse possible, a pour premier devoir de rendre l'*espace* et le *temps* mesurables et donc utilisables. Il va sans dire qu'il doit, ce faisant, subordonner l'activité de ses sujets aux lois de la **nature** dont la stricte observance est la condition essentielle à la pérennité de l'espèce humaine. Accomplir à contre-temps un acte important introduirait un désordre qui détruirait dans l'oeuf tous les résultats espérés. Maintenir l'ordre du Monde, c'est le sens du nom par lequel on le désigne 天子 *Fils du Ciel*, et du mandat qu'il a reçu, faisant de lui l'intermédiaire entre le Ciel et la Terre.

LE CULTE DU CIEL

Personne ne vient à Pékin sans faire au moins une visite au Temple du Ciel, cet admirable monument situé dans la partie sud-est de la capitale. Les guides actuels n'expliquent guère en quoi consistait ce culte du Ciel et pourquoi, surtout, cet ensemble d'édifices comportait deux parties principales, chacune formant un tout complet. Et pourtant, c'est là que s'exprime la plus haute manifestation de la pensée religieuse chinoise, c'est là où l'on trouve la clef, le pivot, pour ainsi dire, de la vision du monde des Chinois.

A leur venue en Chine, les premiers missionnaires jésuites virent dans ce culte réservé à l'empereur, seul intermédiaire habilité pour s'adresser à l'Empereur d'En-Haut, la trace certaine et l'expression très évidente d'un monothéisme primitif.

Il est difficile de se prononcer sur les croyances de la Chine ancienne. Toutefois, il est certain qu'à l'époque où les jésuites arrivèrent en Chine, comme à l'époque de Confucius, il ne s'agissait pas là d'un acte religieux à proprement parler (c'est-à-dire tendant à mettre en rapport le monde d'ici-bas avec une puissance surnaturelle personnifiée).

Bien avant l'époque de Confucius, les Chinois s'étaient refusés à chercher à comprendre la nature de l'au-delà, par définition in-

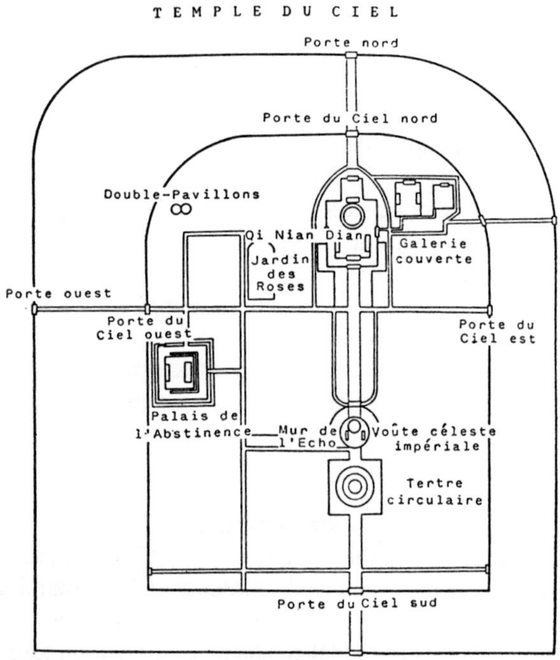

En haut, le 祈年殿 Qinian dian *pour accueillir la nouvelle année*
le jour de l'établissement du printemps
En bas, au Sud, le Tertre pour la célébration du solstice d'hiver,
lieu où l'empereur remercie solennellement le Ciel,
c'est le véritable et le plus ancien Temple du Ciel
le 天壇
Tian tan, *où l'empereur fait acte d'allégeance.*

N.B. : Dans cette illustration tirée d'un guide touristique, les auteurs ont complètement oublié le sens de chacun des deux monuments.

connaissable. Dans la forme de culte la plus anciennement attestée, il s'agit de rites établis depuis la plus haute antiquité par la tradition et qu'il fallait pratiquer par respect du passé sans chercher à en définir ni la valeur, ni la portée. L'au-delà, aux yeux des Chinois, n'est qu'une sorte d'aura du monde réel, aussi peu saisissable qu'un rêve. A leurs yeux, il est vain d'essayer d'en percer le secret, mieux vaut prendre notre parti des limites de notre condition d'homme sans se poser des questions qui resteraient sans réponse.

Le culte du Ciel n'est que fort peu attesté dans les plus anciens textes existants, les inscriptions oraculaires datant de plus de trois mille ans, alors que le culte des Ancêtres y est partout présent. Le culte du Ciel ne semble représenter qu'un moyen secondaire de s'assurer la protection des pouvoirs dont l'homme se sent dépendre, ici les forces dont l'empereur tient mandat. Connaître la nature de ce ciel auquel l'empereur rend un culte n'est qu'un problème purement académique.

Libre à chacun de penser qu'à l'origine il s'agissait bien d'un culte à un Dieu personnel, encore que cette idée de *personnel* ne corresponde à aucun concept chinois. A l'époque des inscriptions oraculaires, qui est très loin d'être le point d'origine de la culture chinoise, ce n'était pas le cas. Comme dans la perspective s'estompent les lointains, on a tendance à considérer en raccourci les temps protohistoriques. Aucun des documents retrouvés à Anyang, site de la découverte des inscriptions oraculaires, ne comprend la moindre allusion à un Dieu personnel, tandis que le culte des Ancêtres, dont le nom personnel est lié à la date de naissance, est abondamment attesté. Le terme d'*Empereur d'En-Haut*, marquant la relation du Ciel à l'empereur régnant, ne prouve pas qu'on ait une idée de sa nature. Je croirais plutôt que l'empereur, *Fils du Ciel*, considère le Ciel à l'image d'un ancêtre protégeant son mandat céleste. Il serait irrespectueux et vain de chercher à en pénétrer le mystère.

La magnificence des rites, qui a frappé l'imagination des premiers missionnaires, devint avec le temps une simple formalité, témoignage du respect d'un passé que personne ne connaissait vraiment : ce qui apparaît de façon de plus en plus évidente au fur et à mesure que l'on s'éloigne des origines, notamment sous la dynastie mandchoue.

Lorsque les jésuites voulurent trouver un terme chinois pour désigner Dieu, ils eurent recours aux lettrés et finalement à l'empereur lui-même, pour qui la question d'un Dieu personnel n'avait probablement ni importance, ni sens. Il décida que le caractère 天 *Tian* voulait dire Dieu. Tollé parmi les autres missionnaires qui estimèrent que ce terme, trop vague, ne pouvait convenir à un Dieu personnel, provoquant ainsi la colère de l'Empereur et enlisant à jamais dans une stupide querelle de clocher les chances du christianisme en Chine.

Pour assurer l'ordre de l'Univers, qui se confondait aux yeux des Chinois avec l'Empire du Milieu, centre du monde, l'empereur se devait de définir pour le bien de son peuple le temps et l'espace. C'est pour cette raison qu'on trouve devant les grandes salles du palais impérial les symboles du pouvoir : à droite (*côté Est*) le cadran solaire qui régle le temps, à gauche (*côté Ouest*) le boisseau, la mesure qui définit l'espace.

LE DOUBLE TEMPLE DU CIEL

Les cérémonies très solennelles du culte rendu au Ciel étaient donc faites dans un but très clair : celui d'ordonner la durée et de permettre de la définir d'une manière précise, car de la définition exacte du temps et de la connaissance des saisons dépendait l'ordre du monde. Sous l'angle qui nous intéresse, celui de l'astrologie, ces calculs et définitions du temps sont de la plus haute importance car seuls ils permettent d'avoir les données exactes qui en assurent l'efficacité. Cette précision dans la datation était aux yeux des Chinois, peuple de paysans, si importante que l'empereur devait marquer le début des labours (en traçant le premier sillon au Temple de la Terre, à l'Ouest du Temple du Ciel), faire les premières semailles et ouvrir la saison des moissons et de la chasse.

On trouve au Temple du Ciel deux monuments différents car la définition calendérique du temps, et donc l'établissement des données astrologiques de l'année, se faisait en deux cérémonies distinctes.

Le Tertre du Sud

La première de ces célébrations avait lieu lors du solstice d'hiver, qui fut longtemps considéré comme le début de l'année, de même que minuit est le début d'une journée. Elle avait lieu pour remercier le Ciel dans le Temple Sud, celui appelé « Tertre du Ciel ». Là, à l'heure très précise définie par les astronomes du ministère des Rites, l'empereur venait très humblement rendre compte de son mandat et en demander le renouvellement. A ce moment de l'hiver, le ciel de Pékin a la limpidité du ciel napolitain (Naples et Pékin sont à la même latitude). Le Tertre du Ciel se présente comme une large esplanade de marbre, ronde (forme du Ciel), sur une triple rangée de gradins aux piliers de marbre sculptés, et au nombre soigneusement défini par les numérologues et géomanciens. Le tout puissant empereur y venait seul, isolé du reste du monde, se prosterner devant le Ciel. Il était l'unique personne habilitée à gravir la dernière esplanade et à se tenir en son centre. Même si l'année avait été catastrophique, l'empereur devait remercier le Ciel car il était le seul responsable du désordre devant le Ciel et devant son peuple. Pareillement, un mandarin devait crier « Vive l'empereur » à la lecture d'un rescrit impérial, même s'il lui signifiait son arrêt de mort. Aucune demande ne devait être adressée au Ciel en ce jour du règlement des comptes.

L'édifice nord

Après une période d'un mois et demi, marquée par la mort apparente de la nature, celle-ci étant en hibernation, l'empereur retournait au Temple du Ciel pour y accomplir une autre cérémonie visant à s'assurer les bénédictions célestes pour l'année qui commençait. Ce rite avait lieu dans la partie nord du Temple du Ciel, monument magnifique couvert d'une triple toiture aux tuiles azurées. On espérait en effet, ce qui explique que l'édifice soit couvert, qu'en ce jour marquant le réveil de la nature une pluie fécondante viendrait exprimer d'une manière concrète les bénédictions du Ciel. Ce monument est symétrique en proportions au Tertre du Sud. La cérémonie avait lieu à une date, également calculée par les astronomes officiels, située à mi-chemin entre le solstice d'hiver et l'équinoxe du printemps, le 4 ou le 5 février.

Pour bien souligner qu'au cours de ces cérémonies propitiatoires l'empereur se présentait seulement comme un humble vassal, l'emblème impérial (le dragon vu de face) ne figure sur aucune des sculptures sur marbre ni sur aucune des peintures emblématiques des poutres.

Pour conclure

Dans les deux cas, le rituel doit déterminer d'une manière précise les points de départ et de fin d'un calendrier dont la stricte observance doit assurer la prospérité à ce peuple d'agriculteurs. Symboliquement, le cycle annuel représentait également le cycle de la vie, car en Chine, il y a une analogie et une correspondance entre tous les cycles : annuel, journalier ou même celui d'une existence humaine. Le paysan savait d'instinct que la sagesse était de savoir se conformer au rythme des saisons. Mais pour cela, il fallait connaître les règles du jeu : la responsabilité de leur définition, la plus précise possible, revenait à l'empereur. En paraphrasant la sentence de Confucius, pour une nation comme pour les individus : « Ceux qui ne connaissent pas leur destin ne peuvent réaliser pleinement leur nature d'homme.»

Chapitre sixième

DU CALENDRIER

L'IMPOSSIBLE HARMONISATION DU CALCUL

La principale difficulté rencontrée pour établir un calendrier est l'impossibilité de trouver une commune mesure entre les plus importantes données calendériques : années, mois, lunaisons, jours. Le calendrier grégorien, qui demeure la base du calendrier universellement utilisé aujourd'hui, est une cote mal taillée qui tente de permettre l'usage concomitant des données incommensurables fournies par les computs lunaires et solaires. Les calendriers hébreu, grec ou arabe étaient encore moins satisfaisants, pour ne pas parler des calendriers gaulois ou aztèque. Purement solaire, le très rationnel calendrier républicain résolvait le problème en l'ignorant. Pratique pour la vie quotidienne, temps de travail, salaires, comptes, il fallait le compléter par un almanach à l'intention des paysans. C'est le symbole même de ce que peut donner une idéologie qui ne tient pas compte des réalités. Je concède que les appellations choisies par Fabre d'Eglantine étaient infiniment plus harmonieuses et poétiques que celles que nous avons conservées du latin ; elles ne comportent pas cette ineptie, qui m'a toujours profondément choqué, consistant à appeler respectivement septembre, octobre, novembre et décembre les neuvième, dixième, onzième et douzième mois de l'année.

L'année de 365 jours 24219 ne peut se diviser en un nombre de jours ou de mois exact. Si l'on veut se baser sur le mois lunaire 29 jours - 12 heures - 44 minutes, la difficulté augmente, d'autant que, pour être précis, il ne s'agit là que d'une moyenne, et que les lunaisons peuvent varier entre elles de plus d'une heure. La vitesse de progression de la terre dans sa révolution autour du soleil est beaucoup plus lente en été qu'en hiver (pour l'hémisphère Nord) et l'on pourrait multiplier les exemples pour prouver que les unités employées pour calculer les années, les mois, les jours et les heures sont entre elles incommensurables. Tout calendrier ne constitue donc qu'une approximation.

戊辰年春牛交節圖

時逢戊歲樂雍熙 輪到辰年僅幾時
好雨竟從春夏決 橫流不是九秋宜

先栽豆麥猶功效 晚揷禾麻枉力爲
惟有蠶桑欣茂盛 家家盈箔滿交枝

正月大	二月小	三月大	四月小	五月大	六月小
初三日酉正雨水	初三日酉初春分	初五日寅正穀雨	初六日寅正小滿	初八日午正夏至	初九日亥初大暑
十八日申正驚蟄	十八日亥初清明	二十日申初立夏	廿一日戌初芒種	廿四日卯正小暑	廿五日申正立秋

七月大	八月大	九月小	十月大	十一月大	十二月小
十二日卯正處暑	十三日寅正秋分	十三日午正霜降	十四日巳初小雪	十三日夜子冬至	十三日巳正大寒
廿七日酉初白露	廿八日巳初寒露	廿八日午正立冬	廿九日卯正大雪	廿八日申初小寒	廿八日寅正立春

Sur le frontispice, la tenue du bouvier indique que l'année 1987 sera bonne et pas trop ensoleillée, le couvre-chef étant porté dans le dos.

陽曆一月二月

本月列聖神誕日期
初一天臘之辰初二
車公旦初三孫眞人
旦初四箸筒姑娘旦
初八穀王旦初九玉
皇旦初十土神旦十
三溫許二公旦十五
上元天官旦十六綏
靖伯旦十九門官土
地旦二十招財童子
旦廿六庇佑財神旦

立春
乙奇中
丙奇乾
三奇丁兌
黃白紫
碧白綠
赤白黑

律中姑洗
下生應鐘
農曆正月大
建壬寅參宿
蔡眞步堂
蔡伯勵編

吉神
天德丁
月德丙
月合辛
月恩丙
月空壬
天道南
天赦中
帝尊震兌
眞祿離
眞馬艮
陽貴中
陰貴震
天喜戌
天醫戌
玉堂未
金匱辰
造葬艮
寅甲卯
乙辰巽
巳丙丁
修方宜
艮乙
辰山
中宮小利

凶神
天官中
地官坎
大建艮
小建離
頭火乾
月煞丑
月破申
五黃坤
八座亥
九良堂磨
兒煞離
六甲床房
猪胎身綱
牛胎堂磨
羊胎棧
馬胎門
太陽本
月廿二
日午時
入亥宮
十神爲門光星
逐日胎神佔處

一九八七
一月廿九
星期四
相日 吉期 玉宇 時德 五合 金匱
子吉丑吉寅凶卯吉辰吉巳吉午吉未凶申凶酉吉戌吉亥吉
忌
買田 置業 開倉 出財 祭祀 祈福
世界行陽曆
初一戊寅土角除
民間紀夏時

三十
星期五
天恩 不將 福德 金堂
子吉丑凶寅吉卯吉 辰吉巳吉午吉未凶 申凶酉凶戌吉亥凶
忌
穿井 開池 除靈 成服
寅時天官貴人吉
初二己卯土亢滿
忌癸酉乙酉生人

卅一
星期六
天德 月德
子凶丑吉寅吉卯吉 辰吉巳吉午吉未凶 申凶酉吉戌凶亥吉
忌
結網 取魚
初三庚辰金氐平

春節
喜神東南貴神東北財神正北炷香
宜丑時天乙貴人上吉子卯辰巳午
時亦吉出行宜子丑卯辰巳時向上
列各方迎神大吉未時月破申時日
破寅時五不遇凶戌亥時路空不宜
出行噩神正西五鬼死門正南勿向

宜
祭祀祈福入學會友
出行訂婚嫁娶移徙
開市交易修造動土
上樑安床修倉安葬
水澤腹堅
災煞 天火 重喪 復日
大門

宜平治道塗修飾垣牆
龍口月煞
河魁俱將
天
碓磨栖

正月大

Première page de l'almanach 1987.

En Chine, nous l'avons vu, la définition du calendrier était un des premiers devoirs de l'empereur : cet acte avait une portée proprement religieuse car il permettait d'assurer, en harmonie avec les lois de la nature, l'ordre de l'Univers. Considérant que le calendrier est essentiellement variable, l'Empereur chargeait chaque année une équipe de spécialistes d'établir l'almanach impérial pour l'année suivante. Comme la Chine était avant tout un peuple de paysans pour qui l'unique méthode pour calculer le temps était l'observation du Ciel, le calendrier populaire fut donc lunaire (les phases de la lune ont toujours eu, aux yeux d'un paysan, une influence prépondérante sur le cycle évolutif des cultures). Mais, comme douze lunaisons comportent une dizaine de jours de moins que l'année solaire, l'usage est d'ajouter un mois intercalaire sept fois en dix-neuf ans (formule que les Grecs, qui avaient rencontré ce même problème, employaient déjà sous le nom de cycle de Méton, astronome grec du Ve siècle avant notre ère) ; l'année comportera donc douze ou treize lunaisons. Le premier jour du premier mois qui marque le début de l'année civile correspond à la fête la plus importante du calendrier chinois : celle-ci se situe à une date variable selon les mois lunaires entre le 21 janvier et le 20 février encadrant la date du premier jour du printemps chinois (4 ou 5 février).

LE CALENDRIER ASTROLOGIQUE

Parallèlement au calendrier civil et populaire, a existé dans la plupart des civilisations un calendrier ésotérique et savant, le calendrier solaire, fondement de l'astrologie. Il s'articule sur les solstices et les équinoxes qui déterminent les quatre saisons, qui elles-mêmes se divisent chacune en trois mois. D'après le chemin que le soleil semble parcourir dans le ciel en douze mois, on a choisi douze constellations qui semblent marquer les étapes du parcours depuis le point vernal, début du cycle annuel du soleil. Ce sont les signes du Zodiaque, ainsi nommés d'après leurs appellations traditionnelles. C'est ce qu'on appelle l'année zodiacale ou astrologique. Ceci serait très simple si nous avions là une donnée constante, mais on ne trouve rien de tel en astronomie et, par suite de la précession des équinoxes, la station du soleil au printemps sera successivement, pendant un cycle d'un peu plus de 24 000 ans, présente dans chacun des signes du

Zodiaque. Ce qui fait que les signes zodiacaux utilisés actuellement pour désigner les mois astrologiques sont parfaitement inexacts astronomiquement, le premier mois zodiacal n'étant plus Bélier mais probablement Verseau après avoir été Poissons. Ce qui donne aux rationalistes une occasion facile de se gausser des astrologues.

Le plus important était de définir l'ordre des saisons. Respectueux de l'expérience des Anciens transmise par la Tradition, les Chinois considéraient que toute activité mettant en jeu les forces de la nature devait s'accomplir au moment le plus approprié, faute de quoi l'ordre naturel serait perturbé.

Il importait avant tout de bien tenir compte du moment choisi pour entreprendre une activité importante ou un rite quelconque. C'est avec un « début » correctement choisi que l'on pouvait s'assurer les meilleurs chances de succès. De là l'importance accordée aux devins, aux pratiques divinatoires et au rituel des cérémonies.

Il faut souligner qu'à l'origine en Chine les astres qui servaient au comput calendérique n'étaient pas, contrairement à ce qui existe dans la plupart des civilisations anciennes, considérés comme des déités ou des génies ayant une action sur le cours des événements. Ils étaient seulement des signes pouvant permettre une prévision.

Les éclipses ou les météores étaient à leurs yeux de simples signes annonciateurs et non de véritables cause : ils avaient, en fait, un rôle équivalent à celui des chiffres inscrits sur une pendule ou sur un cadran solaire. Comme l'écriture en Chine, ils étaient respectés pour ce qu'ils représentaient, ici en tant que moyen d'ordonnancer le temps. Certes, au cours des âges, les croyances populaires assignèrent certaines étoiles comme demeures à des génies ou à des personnages immortalisés. Mais ni les lettrés, ni aucun devin sérieux n'en tinrent jamais compte.

Les arts divinatoires s'insèrent dans ce cadre temporel, non pour prévoir ce qui va arriver, mais ce qu'il convient de faire. Ce sont des actes religieux qu'il serait irrespectueux d'accomplir pour un motif d'intérêt personnel ; on ne cherche pas à connaître l'avenir mais à prendre conseil et à recevoir des directives pour que notre rôle d'homme reste toujours en harmonie avec les dictats de la loi naturelle.

Il existait donc en Chine, à côté du calendrier paysan, le calendrier lunaire, un calendrier savant - déterminé par les solstices et équinoxes, marquant quatre saisons de trois mois. Ce calendrier définit donc des mois et des saisons analogues à ceux des signes du Zodiaque, à une différence près, c'est que les Chinois ayant une vision dynamique du temps considèrent les solstices et les équinoxes, ainsi que les signes du Zodiaque, comme le point culminant de la période où ils figurent : c'est pourquoi les saisons commencent en Chine un mois et demi avant les nôtres, le début du Printemps étant, par exemple, astronomiquement calculé le 4 ou 5 avril. D'une façon similaire, chaque mois astrologique chinois commencera deux semaines avant celui de notre zodiaque. Le solstice d'hiver marqua longtemps le début de l'année. Mais la période hivernale ne convenait guère à des festivités marquant le renouveau de la nature ; pour coïncider approximativement avec la fête du Printemps, 春節 *chunjie*, premier jour du mois lunaire, les astronomes ayant défini avec précision le moment du début du printemps solaire, le 4 ou 5 février, c'est cette date de l'établissement du printemps, 立春 *lichun*, qui fut choisie comme début de l'année astrologique.

Pour obtenir une commune mesure entre des mois zodiacaux, de durée variable, le calendrier astrologique se fonde sur une donnée spatiale : les 360 degrés de l'écliptique (30 pour chaque mois). Les mois ainsi définis seront inégaux en durée mais équivalents quant à l'espace parcouru par le soleil. Quelle que soit la méthode pour calculer l'année, les problèmes restent les mêmes dans tous les calendriers solaires, qu'ils soient occidentaux ou orientaux. Tous ont à tenir compte du manque de précision quant à la durée de chacune des unités du comput calendérique (il peut y avoir une différence d'une heure entre deux lunaisons, entre deux mois solaires, entre deux saisons) ; on ne peut tenir compte que d'un temps moyen, donc théorique.

Le sage, quelle que soit la saison, dans la nature trouve l'apaisement.

LES SAISONS ET LES MOIS ZODIACAUX

le printemps :		**93,8 jours**
BÉLIER	20 mars,	30 jrs 23 h 45'
TAUREAU	20 avril,	31 jrs 08 h 21'
GEMEAUX	21 mai,	31 jrs 10 h 56'
l'été :		**92,6 jours**
CANCER	21 juin,	31 jrs 06 h 42'
LION	23 juillet,	30 jrs 21 h 02'
VIERGE	23 août,	30 jrs 08 h 39'
l'automne:		**89,8 jours**
BALANCE	23 septembre,	29 jrs 20 h 56'
SCORPION	23 octobre,	29 jrs 12 h 58'
SAGITTAIRE	22 novembre,	29 jrs 10 h 35'
l'hiver :		**89 jours**
CAPRICORNE	22 décembre,	29 jrs 14 h 29'
VERSEAU	20 janvier,	29 jrs 23 h 35'
POISSONS	18 février,	30 jrs 11 h 45'

N.B. : Etant donné la nécessité d'intercaler tous les 4 ans une année bissextile, la date d'entrée dans les signes zodiacaux peut varier d'un jour (nous prenons ici les dates de 1994), mais la durée du mois astrologique reste fixe, à quelques minutes près.
Ces chiffres valent pour l'hémisphère nord, pour l'hémisphère sud ils doivent être inversés : *il faut lire automne au lieu de printemps, hiver au lieu d'été, printemps au lieu d'automne, été au lieu d'hiver.*

LES SAISONS ET LES MOIS ASTROLOGIQUES EN CHINE

N.B. : Nous avons vu que les solstices et les équinoxes marquant pour les Chinois le point culminant des saisons, celles-ci commencent un mois et demi plus tôt qu'en Occident. De la même manière, les mois astrologiques débutent environ quinze jours plus tôt. Comme pour le calendrier zodiacal occidental, les dates initiales peuvent varier d'un jour, sans changement pour autant dans la durée de chaque terme.

le printemps :		**90 jours 16 h 20'**
1e période	4 février	29J 17 h 55'
2e période	6 mars	30J 04 h 55'
3e période	5 avril	30J 17 h 30'
l'été :		**94 jours 00 h 15'**
4e période	6 mai	31J 04 h 10'
5e période	6 juin	31J 10 h 20'
6e période	7 juillet	31J 09 h 45'
l'automne :		**91 jours 21 h 20'**
7e période	8 août	31J 02 h 50'
8e période	8 septembre	30J 15 h 25'
9e période	9 octobre	30J 03 h 05'
l'hiver :		**88 jours 15 h50'**
10e période	8 novembre	29J 16 h 40'
11e période	7 décembre	29J 11 h 15'
12e période	6 janvier	29J 11 h 55'

Le calendrier solaire en Chine se divise en 24 termes qui, groupés deux par deux, définissent les 12 mois solaires. Le premier des deux termes s'appelle 節 *jie*, noeud ; c'est le point de départ de la courbe énergétique, **moment initial**, concentration de l'énergie. Le second s'appelle 氣 *qi*, souffle, énergie ; c'est le **point culminant**, il coïncide avec nos signes du Zodiaque.

Le calendrier en vigueur actuellement en Occident a été établi quant aux calculs des années et des mois par l'astronome Sosigène à l'époque de Jules César, d'où son nom de calendrier julien. Il a toujours servi à baliser la vie religieuse et, depuis l'époque de Constantin, le calendrier fut dominé par les fêtes chrétiennes. Pâques, étant une fête lunaire (calendrier hébreu), devint une fête mobile mais cette grande fête des Chrétiens dominait l'établissement du calendrier et « l'ordo » fut calculé chaque année pour permettre

L'attente du printemps (bande dessinée chinoise)

d'établir la date du Carême et des diverses fêtes religieuses. Le pape Saint Grégoire Le Grand décida d'une réforme du calendrier pour supprimer dix jours afin de rétablir l'équilibre. Les Russes orthodoxes ont gardé ce calendrier, d'où une différence entre les calendriers liturgiques orthodoxe et catholique. Le pouvoir soviétique avait en 1918 rétabli l'équilibre avec le calendrier occidental, sacrifiant treize jours. A côté de ce calendrier existait un calendrier astrologique calculé d'après les signes du zodiaque. Le calendrier populaire chinois est un calendrier lunaire. C'est le plus important aux yeux du commun peuple, la terminologie est la même que celle utilisée pour le calendrier solaire, établi par l'empereur au Temple du Ciel. Quand on parle de mois, à chacun de comprendre selon le contexte. Contrairement aux indications formelles contenues dans les modes d'emploi du calendrier, ou dans les explications des manuels d'astrologie, chez les soi-disant astrologues chinois (d'inspiration occidentale) règne actuellement la plus entière confusion et la mode s'est établie de baptiser l'horoscope chinois *horoscope lunaire*, non-sens introduit par la tradition vietnamienne qui, ayant perdu l'usage des caractères, base son horoscope sur la tradition populaire.

La divination chinoise est en fait une « chronomancie » fondée sur l'étude des cycles temporels. Le calendrier astrologique était établi par une double méthode de calcul : l'étude du cycle de Jupiter (astronomie nocturne), et la définition des solstices et des équinoxes (astronomie diurne). Laquelle est la plus ancienne ? C'est, en l'absence de documents, une question impossible à trancher. Je suppose que pour un peuple originairement nomade l'observation nocturne fut la première utilisée, d'autant que le comput calendérique est en Chine basé sur une révolution de Jupiter.

La première méthode, l'étude du cycle de Jupiter, permet de définir une *grande année* équivalente à douze ans, moins 1/100e environ. La division en douze de cette grande année nous donne les douze années solaires (que, dès une très haute antiquité, les Chinois calculèrent en 365 jours 1/4). Ce qui est prouvé par le fait que les caractères du cycle duodénaire sont associés en premier lieu au nom des années, ainsi que, à partir du Ve siècle environ, les douze animaux zodiacaux qui, eux, sont employés surtout pour les années et les heures.

LES VINGT-QUATRE TERMES SOLAIRES

Jours			*Noms vulgaires des stations*		*Le Soleil entre dans le*
1	22	décembre	冬至	*Solstice d'hiver*	1° du Capricorne
2	5	janvier	小寒	*Petit froid*	16° du Capricorne
3	20	janvier	大寒	*Grand froid*	1° du Verseau
4	4	février	立春	*Début du printemps*	16° du Verseau
5	19	février	雨水	*Eau de pluie*	1° des Poissons
6	5	mars	驚蟄	*Mouvement des insectes*	16° des Poissons
7	20	mars	春分	*Équinoxe de printemps*	1° du Bélier
8	5	avril	清明	*Clarté sereine*	16° du Bélier
9	20	avril	穀雨	*Pluie des moissons*	1° du Taureau
10	5	mai	立夏	*Début de l'été*	16° du Taureau
11	21	mai	小滿	*Petite réplétion*	1° des Gémeaux
12	6	juin	芒種	*Plantation laborieuse*	16° des Gémeaux
13	21	juin	夏至	*Solstice d'été*	1° du Cancer
14	7	juillet	小暑	*Petite chaleur*	16° du Cancer
15	23	juillet	大暑	*Grande chaleur*	1° du Lion
16	7	août	立秋	*Début de l'automne*	16° du Lion
17	23	août	處暑	*Chaleur cessant*	1° de la Vierge
18	7	septembre	白露	*Rosée blanche*	16° de la Vierge
19	23	septembre	秋分	*Équinoxe d'automne*	1° de la Balance
20	8	octobre	寒露	*Rosée froide*	16° de la Balance
21	23	octobre	霜降	*Descente du verglas*	1° du Scorpion
22	7	novembre	立冬	*Début de l'hiver*	16° du Scorpion
23	22	novembre	小雪	*Petite neige*	1° du Sagittaire
24	7	décembre	大雪	*Grande neige*	16° du Sagittaire

Ce tableau, inspiré du R.P. Havret est donné avec une approximation d'un jour en plus ou en moins.

La deuxième méthode se fonde sur le calcul des équinoxes et des solstices. Les Chinois voyant une analogie entre le cycle journalier (nycthémère) et le cycle annuel, l'année se divisa d'abord en deux (ce qui est d'ailleurs une division naturelle pour un pays de mousson), une période de croissance de l'aspect Yang de l'énergie correspondant à minuit-midi, tandis que celle de l'aspect Yin sera midi-minuit. Le Yang, c'est la fertilité et l'expansion, la lumière devenant victorieuse de l'obscurité, période où le vent du Sud apporte la pluie et la fertilité. Puis le courant se renverse et peu à peu l'aspect Yin (nuit et concentration d'énergie) redevient prédominant, tandis que le vent du Nord apporte progressivement froid et sécheresse.

Ces deux saisons primitives fondées sur les solstices s'appelaient 春 *chun*, progression du Yang, avec un idéogramme représentant le soleil apparaissant dans les branches, et 秋 *qiu*, croissance du Yin, symbolisée par un caractère indiquant le mûrissement des fruits et les moissons. Plus tard, deux autres saisons furent intercalées, 夏 *xia* (l'été) et 冬 *dong* (l'hiver), donnant ainsi les quatre saisons (*chun* devenant le printemps et *qiu* l'automne) dont les équinoxes et les solstices sont les points culminants.

LES VINGT QUATRE TERMES SOLAIRES
définissant les mois zodiacaux

PRINTEMPS	春季	立春, 雨水, 驚蟄, 春分, 清明, 穀雨.
ETE	夏季	立夏, 小滿, 芒種, 夏至, 小署, 大署.
AUTOMNE	秋季	立秋, 處署, 白露, 秋分, 寒露, 霜降.
HIVER	冬季	立冬, 小雪, 大雪, 冬至, 小寒, 大寒.

L'année fut par la suite, comme nous l'avons vu, divisée en 24 termes solaires, groupés par deux. Le calcul de ces douze périodes a varié légèrement au cours des siècles. Ce n'est qu'après que les jésuites eurent imposé leur méthode que chacun de ces mois se définit par 30 degrés de l'écliptique et non par une durée constante, puisque la vitesse de la terre varie au cours d'une révolution.

Ces mois astrologiques indubitablement solaires sont définis au chapitre 月令 *Yue ling*, l'ordre des mois du *Livre des rites*. Il est simplement regrettable que, les Chinois étant indifférents à la confusion produite, ces périodes solaires aient été appelées par le même terme *yue,* lune, mois lunaire (division du calendrier paysan). Pourtant le mois astrologique dépend d'une constellation, ce qui ne peut être le fait d'un mois lunaire.

Il est intéressant de noter que les constellations indiquées se réfèrent, ainsi que l'étoile polaire (α du Dragon), à une configuration du ciel datant de plus de trois mille ans avant notre ère.

Une des grandes sources de confusion est que, dans les livres classiques, aucune explication n'est donnée sur le sens à attribuer au caractère 月 (lunaison ou mois solaire), au lecteur de comprendre, d'après le contexte, celui dont il est question. Beaucoup de traducteurs sont tombés dans le panneau, ainsi dans l'édition française du *Livre des rites*, le 禮記 *li ji*, le traducteur ne semble pas s'être rendu compte qu'il ne s'agit pas des mois lunaires mais solaires, car, au début de chaque mois, on indique la constellation du premier jour et seuls les mois astrologiques peuvent débuter par un signe zodiacal.

Dans le calendrier lunaire ou paysan, le problème pour concilier lunaisons et année solaire n'est certes pas des plus simples, mais les Chinois s'en sont tirés avec élégance. Le mois lunaire synodique, c'est-à-dire le temps compris entre deux nouvelles lunes consécutives, compte en moyenne 29 jours 12 heures 44 minutes (il s'agit bien d'une valeur moyenne, car la combinaison de l'attraction du Soleil, de Jupiter et de Vénus peut en modifier la durée de près d'une heure). Douze lunes (je préfère ce terme à « mois » afin d'éviter toute confusion, et lunaison me parait bien barbare) font donc 354 jours 8 heures 48 minutes, soit 10 jours 21 heures de moins que l'année solaire. Comme une lune doit avoir un compte exact de jours, il y aura des « grandes » lunes de 30 jours et des « petites » lunes de 29 jours. Les « années communes » auront donc soit 354 jours (avec 6 grandes lunes), soit 355 jours (avec 7 grandes lunes). Pour rétablir l'équilibre avec l'année solaire, il faudra de temps en temps, nous l'avons vu, ajouter une lune intercalaire ou « embolisme » et on a calculé qu'il

Le cycle sexagésimal

Ce cycle est supposé remonter à l'empereur mythique *Huang Di*, 2699 ans avant notre ère, ce qui fait que les années paires pour les Chinois (donc *yang*), correspondent à la numérotation impaire dans le calendrier grégorien. La date de début de chaque année chinoise est en février, à un jour variable qui est donné dans le tableau suivant. On notera que l'année 1900 n'était pas bissextile mais que l'an 2000 le sera.

		甲子	乙丑	丙寅	丁卯	戊辰	己巳	庚午	辛未	壬申	癸酉	甲戌	乙亥
中元	**4561.**	1864.	1865..	1866.	1867.	1868.	1869.	1870.	1871.	1872.	1873.	1874.	1875.
下元	**4621.**	1924.	1925.	1926.	1927.	1928.	1929.	1930.	1931.	1932.	1933.	1934.	1935.
上元	**4681.**	1984.	1985.	1986.	1987.	1988.	1989.	1990.	1991.	1992.	1993.	1994.	1995.
		丙子	丁丑	戊寅	己卯	庚辰	辛巳	壬午	癸未	甲申	乙酉	丙戌	丁亥
中元	**4573.**	1876.	1877.	1878.	1879.	1880.	1881.	1882.	1883.	1884.	1885.	1886.	1887.
下元	**4633.**	1936.	1937.	1938.	1939.	1940.	1941.	1942.	1943.	1944.	1945.	1946.	1947.
上元	**4693.**	1996.	1997.	1998.	1999.	***2000.***	2001.	2002.	2003.	2004.	2005.	2006.	2007.
		戊子	己丑	庚寅	辛卯	壬辰	癸巳	甲午	乙未	丙申	丁酉	戊戌	己亥
中元	**4585.**	1888.	1889.	1890.	1891.	1892.	1893.	1894.	1895.	1896.	1897.	1898.	1899.
下元	**4625.**	1948.	1949.	1950.	1951.	1952.	1853.	1954.	1955.	1956.	1957.	1958.	1959.
上元	**4705.**	2008.	2009.	2010.	2011.	2012.	2013.	2014.	2015.	2016.	2017.	2018.	2019.
		庚子	辛丑	壬寅	癸卯	甲辰	乙巳	丙午	丁未	戊申	己酉	庚戌	辛亥
中元	**4597.**	*1900.*	1901.	1902.	1903.	1904.	1905.	1906.	1907.	1908.	1909.	1910.	1911.
下元	**4657.**	1960.	1961.	1962.	1963.	1964.	1965.	1966.	1967.	1968.	1969.	1970.	1971.
上元	**4717.**	2020..	2021.	2022.	2023.	2024.	2025.	2026.	2027.	2028.	2029.	2030.	2031.
		壬子	癸丑	甲寅	乙卯	丙辰	丁巳	戊午	己未	庚申	辛酉	壬戌	癸亥
中元	**4609.**	1912.	1913.	1914..	1915.	1916.	1917.	1918.	1919.	1920.	1921.	1922.	1923.
下元	**4669.**	1972.	1973.	1974.	1975.	1976.	1977.	1978.	1979.	1980.	1981.	1982.	1983.
上元	**4729.**	2032.	2033.	2034.	2035.	2036.	2037.	2038.	2039.	2040.	2041.	2042.	2043.

1900	4	1915	5	1930	4	1945	4	1960*	5	1975	4	1990	4	2005	4
1901	4	1916*	5	1931	5	1946	4	1961	4	1976*	5	1991	4	2006	4
1902	5	1917	4	1932*	5	1947	4	1962	4	1977	4	1992*	4	2007	4
1903	5	1918	4	1933	4	1948*	5	1963	4	1978	4	1993	4	2008*	4
1904*	5	1919	5	1934	4	1949	4	1964*	5	1979	4	1994	4	2009	4
1905	4	1920	5	1935	5	1950	4	1965	4	1980*	5	1995	4	2010	4
1906	5	1921	4	1936*	5	1951	4	1966	4	1981	4	1996*	4	2011	4
1907	5	1922	4	1937	4	1952*	5	1967	4	1982	4	1997	4	2012*	4
1908*	5	1923	5	1938	4	1953	4	1968*	5	1983	4	1998	4	2013	4
1909	4	1924*	5	1939	5	1954	4	1969	4	1984*	4	1999	4	2014	4
1910	5	1925	4	1940*	5	1955	4	1970	4	1985	4	2000*	4	2015	4
1911	5	1926	4	1941	4	1956*	5	1971	4	1986	4	2001	4	2016*	4
1912*	5	1927	5	1942	4	1957	4	1972*	5	1987	4	2002	4	2017	3
1913	4	1928*	5	1943	5	1958	4	1973	4	1988*	4	2003	4	2018	4
1914	5	1929	4	1944*	5	1959	4	1974	4	1989	4	2004*	4	2019	4

devait y avoir 7 embolismes en 19 ans. En Chine, les années embolismiques sont la 3e, la 6e, la 9e, la 11e la 14e, la 17e et la 19e du cycle. Les cycles de 19 ans des XXe et XXIe siècle débutent en 1890, 1909, 1928, 1947, 1966, 1985, 2004, 2023, etc.

Les années embolismiques comptent, suivant les cas, 6 grandes lunes (384 jours), 7 grandes lunes (385 jours), 8 grandes lunes (386 jours). Pas plus que notre calendrier grégorien, le calendrier lunaire ne définit les mois astrologiques. Cela est si vrai que l'almanach annuel édité par ordre de l'empereur comporte chaque jour en bas de page une concordance, à l'usage des devins, entre les calendriers lunaire et astrologique. Elle permet aux devins d'établir leurs calculs. De plus, un mode d'emploi de l'almanach précise en termes clairs que les huit signes du destin, base de l'horoscope, doivent se calculer en fonction des 24 termes solaires et des mois astrologiques et non du calendrier lunaire.

Chapitre septième

MISE EN PLACE DU CALENDRIER

LES ALMANACHS

Bien que les données soient constantes, la mise en pratique du calendrier a beaucoup varié au cours des siècles, elle dépendait du bon vouloir de l'empereur et de ses conseillers. Le très érudit jésuite chinois, le Père Hoang, a relevé 164 calendriers différents au cours des millénaires. La date du début de l'année a de même changé de nombreuses fois, comme ce fut le cas dans le calendrier occidental. Il a été décidé à diverses époques que l'année commencerait au mois du solstice d'hiver, premier mois cyclique ; l'année est alors dite 建子 (*fondée sous le caractère cyclique zi*), l'année commença aussi au deuxième 建丑, puis au troisième mois cyclique 建寅 (***ce qui est le cas actuellement***), enfin au douzième mois 建亥. Le calcul des mois embolismiques présente des variations encore plus nombreuses.

Deux calendriers différents étaient édités. L'un, le 萬年書 *Wanianshu*, *Livre des dix mille ans,* publié en 1624, comprenait la concordance pratique pour 397 ans (jusqu'en 2020) entre les cycles lunaires et les cycles solaires qui sont encore à la base des calculs actuels. Chacun pouvait utiliser librement le contenu de cet ouvrage. L'autre, l'almanach proprement dit, à l'établissement duquel participèrent les jésuites, et notamment le Père Adam SCHALL, donnait la concordance entre les mois lunaires du calendrier paysan et les mois solaires. Ce calendrier était présenté au début de chaque année par décret impérial et s'appelait 時憲書 *Shixianshu*, *Livre de mise en ordre des différents temps* (computs).

L'édition actuelle de l'almanach

Cet aspect de **concordance** est encore actuel. Depuis la disparition de l'empereur et la révolution communiste, le calendrier, publié à Taiwan et à Hong Kong, est devenu une sorte d'almanach Vermot. Il contient, au gré des éditeurs et selon la demande des clients, de nombreux suppléments utiles à la vie familiale : notamment de nombreuses méthodes de divination et quelques données de géomancie. On y trouve en plus une concordance avec le calendrier occidental (indispensable aux affaires internationales), ce qui fait qu'actuellement l'almanach établit une triple concordance entre le calendrier occidental (grégorien), le calendrier lunaire - dit paysan - et le calendrier solaire des savants et des astrologues.

Cet almanach permet d'évaluer au jour le jour les activités fastes ou néfastes et fournit, pour chacun, les indications permettant de réaliser dans les meilleures conditions le destin de l'individu ainsi que celui de sa famille ou de son entreprise.

Sur la page de garde de l'almanach figure une amusante image représentant imprimé en rouge un bouvier tenant par la longe un buffle. Ceci rappelle qu'au début du printemps, le 4 ou le 5 février, une cérémonie rituelle continuait de survivre dans de nombreuses provinces de Chine. Il s'agissait de la cérémonie nommée 打牛 *Da niu*, battre le buffle, cérémonie faisant probablement référence à un sacrifice du buffle, rituellement accompli à l'orée de l'année nouvelle. Un tel sacrifice se retrouve chez tous les aborigènes, tant au Vietnam que dans les provinces autonomes de Chine, ou à Taiwan ; on en retrouve même des traces à Madagascar. A la fin de l'almanach, une figurine analogue augurant de l'année suivante apparait imprimée en version noire, comme pour marquer la continuité entre deux années successives. Des détails du dessin, on peut tirer un présage sur l'état du climat de l'année à venir. Si le bouvier porte des chaussures, il y aura beaucoup de pluie ; si ses pieds sont nus, l'année sera plutôt sèche; s'il porte un chapeau, ce sera une année très ensoleillée ; si sa coiffure est dans son dos, l'année sera plus fraîche. Notons que ces présages valent pour le climat de la Chine centrale et du Sud, plus varié, plutôt que pour celui de la Chine du Nord où il est remarquablement constant.

Ceux qui appellent lunaire l'astrologie chinoise ignorent donc les textes les plus élémentaires. C'est le cas, hélas, de la plupart des Vietnamiens qui ne savent plus lire le chinois. Dans ces almanachs (comme dans la plupart des ouvrages d'astrologie chinoise), aucune mention n'est faite des animaux. Sans doute s'agit-il aux yeux des experts d'une innovation trop récente puisqu'elle ne remonte qu'au début de notre ère !

Le calendrier privé de l'empereur

Au début de chaque année, un calendrier personnalisé et entièrement secret était probablement établi à l'usage particulier de l'empereur dont il devait guider les principales actions car de sa «Vertu» dépendait la prospérité de tout l'Empire. Nous n'avons à ce sujet que des conjectures, mais les historiographes de la cour devaient y avoir accès. Avec la liste des rites à accomplir, des actes à éviter et des précautions à prendre tout au long de l'année, il devait indiquer minutieusement les heures fastes ainsi que le nombre des rapports que l'empereur devait avoir avec ses épouses et concubines, ainsi que la liste des aliments à consommer à chaque saison. Un régime *diététique* en fonction des saisons a existé en Chine depuis la plus haute antiquité comme en témoigne *Le Livre des Rites*.

Le calendrier d'acupuncture

En plus des calendriers précédents, définissant les rythmes ponctuant la vie humaine, il existe un autre cycle, surtout utilisé par les acupuncteurs, indiquant les influences célestes sur les méridiens d'acupuncture. Ce cycle est fondé sur l'alternance des cinq mouvements terrestres 五運 *wuyun* et des six énergies célestes 六氣 *liuqi*. Il semble avoir eu d'abord une valeur météorologique car il donne de nombreuses informations sur l'évolution climatique des saisons, tâche qui est simplifiée en Chine en raison de l'alternance régulière des moussons. L'étude de ce cycle est capitale pour la pratique de l'acupuncture, malheureusement nos saisons ne connaissent pas l'extrême régularité qu'ont les saisons dans l'Asie du Sud-Est. Aussi, bien que ce cycle contienne de précieuses indications pour le praticien, son exploitation généralisée requèrerait un travail de recherches qui n'a jamais encore été réalisé en Occident, faute d'une somme d'expérience suffisante et également par manque de coordination entre les différentes écoles d'acupuncture.

LA DÉFINITION DU TEMPS - LE SYSTÈME COURANT DE DATATION

En pratique, chaque année civile recevait un numéro d'ordre par rapport à une ère (celle du règne d'un empereur) ; il en était de même pour le mois par rapport à l'année, pour le jour par rapport au mois, pour l'heure par rapport au jour.

Cycle cosmique yin-yang A			少陰 YIN –	太陰 YIN +	少陽 YANG –	陽明 YANG =	太陽 YANG +	厥陰 YIN =	少陰 YIN –	太陰 YIN +	少陽 YANG –	陽明 YANG =	太陽 YANG +	厥陰 YIN =
Cycle cos-mique B			相火 Feu minis.	土 Terre	君火 Feu impé.	金 Métal	水 Eau	木 Bois	相火 Feu minis.	土 Terre	君火 Feu impé.	金 Métal	水 Eau	木 Bois
Cycle cosmique		D	水 Eau	土 Terre	木 Bois	木 Bois	土 Terre	火 Feu	火 Feu	土 Terre	金 Métal	金 Métal	土 Terre	水 Eau
		E	子 I	丑 II	寅 III	卯 IV	辰 V	巳 VI	午 VII	未 VIII	申 IX	酉 X	戌 XI	亥 XII
C	F	G												
土 Terre	木 Bois	甲 1	1864 **1924** 1984 1		1914 **1974** 2034 51		1904 **1964** 2024 41		1894 **1954** 2014 31		1884 **1944** 2004 21		1874 **1934** 1994 11	
金 Métal	木 Bois	乙 2		1865 **1925** 1985 2		1915 **1975** 2035 52		1905 **1965** 2025 42		1895 **1955** 2015 32		1885 **1945** 2005 22		1875 **1935** 1995 12
水 Eau	火 Feu	丙 3	1876 **1936** 1996 13		1866 **1926** 1986 3		1916 **1976** 2036 53		1906 **1966** 2026 23		1896 **1956** 2016 33		1886 **1946** 2006 23	
木 Bois	火 Feu	丁 4		1877 **1937** 1997 14		1867 **1927** 1987 4		1917 **1977** 2037 54		1907 **1967** 2027 44		1897 **1957** 2017 34		1887 **1947** 2007 24
火 Feu	土 Terre	戊 5	1888 **1948** 2008 25		1878 **1938** 1998 15		1868 **1928** 1988 5		1918 **1978** 2038 55		1908 **1968** 2028 45		1898 **1958** 2018 35	

土 Terre	土 Terre	己 6		1889 **1949** 2009 26		1879 **1939** 1999 16		1869 **1929** 1989 6		1919 **1979** 2039 56		1909 **1969** 2029 46		1899 **1959** 2019 36
金 Métal	金 Métal	庚 7	1900 **1960** 2020 37		1890 **1950** 2010 27		1860 **1940** 2000 17		1870 **1930** 1990 7		1920 **1980** 2040 57		1910 **1970** 2030 47	
水 Eau	金 Métal	辛 8		1901 **1961** 2021 38		1891 **1951** 2011 28		1881 **1941** 2001 18		1871 **1931** 1991 8		1921 **1981** 2041 58		1911 **1971** 2031 48
木 Bois	水 Eau	壬 9	1912 **1972** 2032 49		1902 **1962** 2022 39		1892 **1952** 2012 29		1882 **1942** 2002 19		1872 **1932** 1992 9		1922 **1982** 2042 59	
火 Feu	水 Eau	癸 10		1913 **1973** 2033 50		1903 **1963** 2023 40		1893 **1953** 2013 30		1883 **1943** 2003 20		1873 **1933** 1993 10		1923 **1983** 2043 60
J	I	H animal	鼠 Rat	牛 Buffle	虎 Tigre	兔 Lièvre	龍 Dragon	蛇 Serpent	馬 Cheval	羊 Chèvre	猴 Singe	雞 Coq	犬 Chien	猪 Cochon
	Heures		23 — 01	01 — 03	03 — 05	05 — 07	07 — 09	09 — 11	11 — 13	13 — 15	15 — 17	17 — 19	19 — 21	21 — 23
Périodes			11e P	12e P	1re P	2e P	3e P	4e P	5e P	6e P	7e P	8e P	9e P	10e P

TABLEAU RÉCAPITULATIF indiquant les concordances existant entre le cycle cosmique et le cycle astrologique utilisé dans cet ouvrage.

Dans le langage courant, une date s'énonce de la façon la plus simple en indiquant - les Chinois allant toujours du général au particulier - l'année, puis le numéro d'ordre du mois (lunaire), du jour et de l'heure. Du temps de l'empereur, l'année était identifiée par un numéro d'ordre à l'intérieur de l'ère que constituait un règne : troisième année de l'ère K'ang Hsi, cinquième année de l'ère K'ien Long, etc. Depuis 1911, année de la chute de l'empire mandchou, l'usage fut de remplacer le nom de l'ère impériale par le mot "République", usage que Taiwan a gardé, 1977 étant pour eux la soixante-sixième année de la République. C'est à cette époque que fut adopté le calendrier universel et que les mois solaires remplacèrent dans le vocabulaire officiel les mois lunaires : le 15 du deuxième mois de l'an X de la République étant le 15 février 1921. Des dénominations furent également utilisées pour les jours de la semaine mais, comme le repos hebdomadaire était pratiquement inconnu, cette innovation n'eut aucune incidence dans la vie quotidienne, les Chinois continuant à suivre le calendrier lunaire habituel.

Malgré leur désir d'abolir les anciennes coutumes, les communistes n'ont pas voulu créer (du moins sur le plan calendérique) d'ère nouvelle, aussi adoptèrent-ils le calendrier universel. Ils instituèrent le repos hebdomadaire, dominical pour les écoles et administrations, par roulement pour les usines. Mais ils n'ont pu parvenir, en dépit de leurs efforts, à faire disparaître le système antique et, après quelques tentatives pour supprimer les dates traditionnelles dans les titres des journaux (comme ce fut le cas au début de 1977), ils durent en revenir à la solution consistant à mentionner concurremment les deux calendriers, le calendrier « commun » et le calendrier « paysan ».

TROISIÈME PARTIE

Les techniques divinatoires

Chapitre Huitième

LES PILIERS, LES TRONCS ET LES RAMEAUX

LE CYCLE SEXAGÉSIMAL

Insensible aux événements et aux fluctuations de la politique, le temps continue immuablement son cours. Indépendamment des fluctuations du calendrier officiel, grâce au cycle sexagésimal, chaque instant conserve une individualité propre et est ainsi personnalisé. Le mécanisme de ce cycle s'applique respectivement aux années, aux mois, aux jours et aux heures. J'ai eu déjà l'occasion de le signaler, la grande difficulté du calcul calendérique est de traduire en discontinu la durée qui est essentiellement continue. Tout effort d'analyse du temps est artificiel, comme nous l'avons vu dans le chapitre sur le calendrier, car il s'agit de traduire en données quantitatives la continuité du devenir ; d'autant qu'il est vain de vouloir concilier des données correspondant à des éléments hétérogènes (mouvements des planètes, du soleil et de la lune, durée des mois et des jours) sans aucun facteur de calcul qui soit applicable à tous.

Le cycle sexagésimal est une des meilleures tentatives permettant de se servir simultanément des deux cycles élémentaires de calcul adaptés à notre nature humaine : le cycle dénaire, les dix doigts de la main, et le cycle duodénaire, deux fois six, les douze mois de l'année. Il est important de souligner fortement que tout essai de définition du temps ne peut être qu'approximatif mais que, tout en gardant la fidélité au principe, l'utilisation peut être de plus en plus précise ; ce qui fait que les Chinois acceptent toute influence permettant d'améliorer le comput calendérique : astrologie bouddhique, astrologie arabe, données occidentales apportées par les jésuites.

Ce cycle sexagésimal, qui aurait été inventé par l'empereur semi-légendaire 黄帝 *Houang Di*, « l'Empereur Jaune », le sage organisateur de l'empire, remonte à 2697 ans avant Jésus-Christ. Son élément de base est une ère de soixante ans, ces ères étant groupées par trois en une période plus longue de cent quatre-vingt ans. Les trois cycles constituant cette période sont nommés les trois

元 Yuan, c'est-à-dire les trois «commencements », respectivement appelés *commencement supérieur, commencement médian* et *commencement inférieur*. Nous sommes actuellement dans le vingt-sixième groupe depuis l'origine et dans le troisième cycle de ce groupe, cycle commencé en 1924 et qui se termine en 1983. On peut noter que les chiffres annuels pairs pour nous correspondent à une année impaire chinoise (yang) : 1924, an I du cycle ; et les chiffres impairs à une année paire chinoise (yin) : 1983, an LX du cycle.

Ce cycle formant l'essentiel moyen de calcul du calendrier était soumis à la commission impériale du ministère des rites qui en définissait l'usage pour l'espace comme pour le temps. On comprendra facilement qu'il soit l'élément de base de la chronomancie puisque c'est le fondement du calendrier.

LA DÉCOUVERTE DES QUATRE PILIERS OU HUIT SIGNES DU DESTIN

Ces quatre piliers ou binômes sont appelés par les Chinois 四柱 *si zhou*, les « quatre colonnes du Destin », chacun étant composé d'un caractère provenant d'une série dénaire, les 天干 *Tian Gan* (Troncs célestes), et d'un caractère d'une série duodénaire, les 地支 *Di Zhe* (Rameaux terrestres). Ces huit signes, répartis dans les quatre binômes, sont populairement appelés les 八字 *Ba Zi*, les « huit caractères » (par excellence) : les huit signes de notre destin, ou associés deux par deux, par les lettrés, les 天柱 *Tian Zhu*, les quatre piliers du destin. Grâce à ces huit signes, chaque instant se voit ainsi attribuer une identité puisqu'il porte un nom.

Les binômes d'ordre impairs sont *yang*, c'est-à-dire en expansion, tandis que ceux d'ordre pair sont à l'inverse *yin*, c'est-à-dire réceptifs. Il en va de même de leurs composants. Etant donné que les deux séries, dénaire et duodénaire, ont le même point de départ, il s'ensuit que chaque terme d'ordre impair d'une série s'associera *nécessairement* et *exclusivement* avec un terme d'ordre impair de la série parallèle, et vice versa. La série duodénaire ayant deux termes de plus que l'autre, tous les termes de rang impair rencontreront nécessairement tous les termes d'ordre impair de l'autre série, ce qui donne trente combinaisons impaires (*yang* par conséquent), et de la même manière, il y aura trente combinaisons paires (*yin*).

Comme nous le verrons par la suite (mais je tiens à grouper ici toutes ces remarques, même prématurées, pour ne pas avoir à revenir sur ces « vérités premières »), chaque pilier, formé par un couple de deux signes, constitue une entité et, comme tel, est lié avec l'un des cinq « Agents » (**Bois, Feu, Terre, Métal, Eau**) qui sont les forces actives dans l'Univers. Chaque signe qùi le compose est également lié de façon individuelle avec un des mêmes Agents, mais d'une manière différente : chaque binôme est donc en relation avec trois Agents, un en tant que pilier, et un pour chaque Agent (deux de plus par conséquent).

Deux binômes successifs (impair et pair) sont liés au même agent qui deviendra alternativement *yang* et *yin*, passant en somme du positif au négatif. Les binômes 1 et 2 sont ainsi liés au Métal, 3 et 4 à la Terre, etc. Foncièrement opposés à toutes vision manichéenne de l'Univers, les Chinois ne penseront jamais que l'aspect *yin* ou *yang* est bon ou mauvais en soi. Tout est une question de dosage, et l'excès seul est un défaut. Certes, une prédominance de *Yin* est bonne chez une femme, comme de *Yang* chez un homme, mais il serait presque aussi inquiétant pour elle d'être exclusivement *yin* qu'exclusivement *yang*. Cette défiance envers tout excès est telle que les Chinois n'apprécieraient guère un thème où tous les éléments seraient en harmonie parfaite : un tel thème, trop statique, manquerait de vitalité et de dynamisme.

LES CARACTÈRES CYCLIQUES ET LEUR HISTOIRE

Il peut paraître surprenant pour nos esprits occidentaux que la tradition ait oublié de nous transmettre l'explication de termes aussi importants. Cela vient surtout, je crois, du fait que ces caractères, troncs célestes et rameaux terrestres, ne sont jamais considérés isolément, mais toujours dans leurs relations, ou en fonction de leurs affinités entre eux. Il ne vient donc plus guère à l'esprit de chercher à percer le symbolisme de ces graphismes familiers, de même que nous ne chercherions pas à percer le mystère de l'écriture d'un chiffre ou d'un symbole algébrique. Ceci est d'ailleurs conforme à la mentalité des Chinois actuels qui, très occupés à en chercher les applications et l'utilité pratique, ne s'attardent pas à scruter leur nature.

Les deux séries de caractères qui forment le cycle sexagésimal sont appelées respectivement, d'une manière poétique, les dix Troncs célestes 天干 *Tian Gan* et les douze Rameaux terrestres 地支 *Di zhe*. Mais la tradition est formelle, et le 内經 *Nei Jing* l'a bien précisé, **6** est le chiffre du Ciel et **5** celui de la Terre : ce sont donc les Troncs célestes (5 x 2) qui conditionnent la Terre et les Rameaux terrestres (6 x 2), le Ciel. Granet estime que cette « inversion significative atteste l'interdépendance des deux cycles ». On peut évidemment penser que le Ciel régit la Terre et que la Terre en retour influence le Ciel : explication qui, sans être pleinement satisfaisante, est conforme à la notion de l'interdépendance des phases Yin et Yang. Je reste cependant très réservé lorsqu'il s'agit de donner à un fait de ce genre une interprétation philosophique.

Les dix Troncs célestes

Ils semblent tirer leur origine des mois lunaires (la révolution moyenne de la lune étant de 29 jours 12 heures 44 mn). Dans le calendrier de la dynastie 商 *Shang*, 1500 ans avant notre ère, la décade 旬 *xun*, « décadie » de nos sans-culotte, équivalait à notre semaine. Ces caractères semblent avoir été les plus anciennement utilisés dans le calcul du temps, ce que paraît prouver leur emploi pour nommer les rois de la dynastie qui étaient ainsi désignés d'après leur jour de naissance. Ils sont d'une manière très simple associés deux par deux (alternativement Yang et Yin) à un Agent, ce qui a fait croire à certains, notamment à Saussure, qu'ils ne constituaient qu'un simple développement de la « théorie des cinq Eléments » (à cette traduction je préfère celle de cinq agents) ; cela semble improbable car on trouve leur mention dans les textes bien antérieurement à celle des cinq Agents.

Granet voit dans le fait que depuis des temps immémoriaux ces signes dénaires ont figuré dans le nom des souverains la raison qui leur a fait attribuer une valeur divinatoire d'où serait née la méthode de divination par les huit signes du Destin. Les dix Troncs célestes sont donc essentiellement liés au jour, ce qui constitue une raison supplémentaire de mettre en doute les étymologies traditionnellement proposées, toutes liées aux mois et aux saisons. A moins qu'ils ne soient d'abord dévolus aux cinq points cardinaux ou orients (les Chinois en comptent en effet cinq, le centre étant le point de référence commune), ils sont d'ailleurs indifféremment utilisés pour l'espace ou pour le temps.

Quoi qu'il en soit, les Troncs célestes, associés par couples, alternativement yang (de valeur impaire) et yin (de valeur paire), à un des cinq Agents, sont également associés par les commentateurs aux saisons et à leur cycle évolutif, ainsi qu'aux points cardinaux.

En voici la liste (dont les graphies anciennes figurent plus bas) :

- associés au **Bois** (et donc à l'Est et au Printemps, début du cycle saisonnier)

1/ 甲 *jia*, **yang**, l'écriture indique un bourgeon dans sa coque protectrice, sur le point ou en train d'éclater.

2/ 乙 *yi*, **yin**, représentation d'une pousse sortant du bourgeon, symbole d'éclosion.

D'après le 月令 *Yue Ling*, il est faste de naître au printemps, un jour dont les signes comportent l'un de ces deux caractères.

- associés au **Feu** (et donc à la maturité, à l'Eté)

3/ 丙 *bing*, **yang**, feu dans la maison, concentration et domestication de la force du feu.

4/ 丁 *ding*, **yin**, clou, aiguillon de l'abeille. En été (c'est la période de la récolte du miel,), dit une glose, sa piqûre brûle comme le feu - ou bien c'est le résultat de l'action du feu à l'aide duquel le clou est en effet fabriqué. Notons que ce caractère a bien aujourd'hui le sens de robuste, solide.

En été, les jours marqués de ces signes sont spécialement fastes.

- associés à la **Terre** (et donc à la pleine maturité, à la canicule)

5/ 戊 *wu*, **yang**, représentation d'une main tenant un instrument tranchant dans l'action de couper quelque chose : idée de récolte. D'autres commentateurs pensent que ce caractère est mis à la place d'un autre signifiant *florissant*, *épanouissement*.

6/ 己 *ji*, **yin**, ce caractère représente à l'origine le fil de trame et le fil de chaîne. D'après la glose, il signifierait le plein épanouissement.

La présence d'un de ces deux caractères dans les signes du jour est spécialement faste pendant la canicule.

- associés au **Métal** (et donc au vieillissement et à l'Automne)

7/ 庚 *geng*, **yang**, le caractère représente nettement deux mains à gauche et à droite portant quelque chose, ou le brandissant d'où l'action de piler le riz, dit Wieger ; récolte et engrangement, dit un autre commentateur.

8/ 辛 x*in*, **yin,** idée d'offense et de châtiment (l'automne est, indique-t-on, l'époque des exécutions capitales). Actuellement, il signifie l'amertume et donc, souligne un commentateur, « la tristesse qui s'empare de l'âme à l'approche de l'hiver ».

Si le pilier d'un jour d'automne comporte l'un de ces caractères, ce jour sera spécialement faste.

- associés à l' **Eau** (et donc à la vieillesse, à la mort, à l'Hiver)

9/ 壬 *ren*, **yang**, image d'un homme portant un fardeau à la manière chinoise aux deux extrémités d'un bâton. Fatigue de l'homme qui a porté un fardeau, dit-on ; un commentateur y voit le symbole d'une créature fécondée.

10/ 癸 *gui*, **yin**, nattes ou décorations faites avec des herbes sur lesquelles étaient disposés les sacrifices offerts aux ancêtres en action de grâce.

Durant l'hiver, les jours les plus fastes sont ceux où l'un de ces deux signes figure dans les signes du jour.

Graphies anciennes :

1 2 3 4 5 6 7 8 9 10

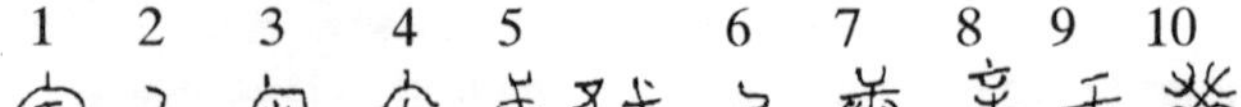

Ils sont les facteurs principaux quand il s'agit d'étudier les jours. Ces interprétations sont traditionnelles et comme telles méritent d'être signalées, bien que je persiste à croire qu'elles sont assez éloignées du sens qui, à l'origine, devait être attribué à des caractères choisis pour désigner les jours d'une décade, tiers d'un mois.

Le cycle dénaire

Ainsi que le montre le diagramme des affinités entre les Troncs célestes, certains signes dénaires présentent entre eux de très vives affinités. Comme il s'agit de la relation entre un signe yang et un signe yin, d'aucuns n'hésitent pas à interpréter : « amour ».

Les signes opposés (voir diagramme) ayant une spéciale affinité, il est faste de les trouver associés dans deux ou trois binômes d'un horoscope. Surtout s'ils marquent une relation entre l'année et l'heure de naissance, ou entre le jour et l'heure. L'existence d'une telle relation dans les horoscopes comparés d'un couple est des plus prometteuse, lorsqu'il s'agit de l'heure de naissance.

La relation entre les signes 1 et 6 produit l'Agent Terre, 2 et 7 l'Agent Métal, 3 et 8 l'Agent Eau, 4 et 9 l'Agent Bois, 5 et 10 l'Agent Feu.

Il est faste pour quelqu'un né :

au printemps	d'avoir les signes	1 ou 2	dans le binôme horaire
en été	-	3 ou 4	-
pendant la canicule	-	5 ou 6	-
en automne	-	7 ou 8	-
en hiver	-	9 ou 10	-

En revanche, il serait quelque peu néfaste d'avoir les signes fastes en automne si l'on naît au printemps, ou en hiver si l'on naît en été, et vice versa. Dans de tel cas, les personnes concernées auraient quelques difficultés à s'adapter à leur conditions d'existence. Rappelons qu'il s'agit ici des saisons considérées à la manière chinoise et commençant par conséquent un mois et demi avant les nôtres.

Les signes dénaires n'ont en propre aucune animosité à l'encontre d'autres signes dénaires, nous verrons néanmoins qu'ils partagent les antipathies des signes duodénaires dont ils sont les plus proches.

Les affinités entre Troncs célestes

Leur ordre, en partant du sommet, et dans l'ordre des aiguilles d'une montre

1 甲 2 乙 3 丙 4 丁
5 戊 6 巳 7 庚 8 辛
9 壬 10(0)癸

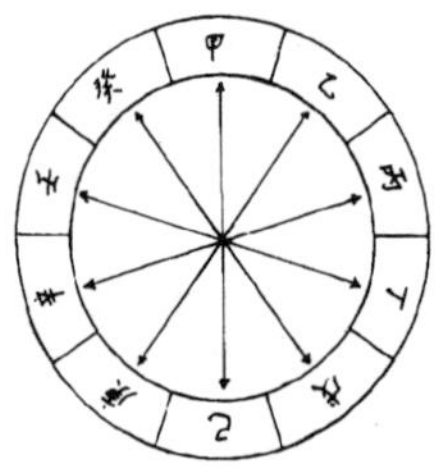

Cycle dénaire
Les traits unissant deux signes indiquent les affinités

Les douze Rameaux terrestres

Associés au ciel, ils représentent essentiellement les douze mois de l'année et les douze heures du jour. Ils ont d'abord désigné les douze heures du jour (l'heure chinoise vaut en effet deux des nôtres), puis les douze mois de l'année et chacune des douze années du cycle du Jupiter. Leurs relations avec les cinq Agents ne furent pas aussi faciles à établir que pour les dix Troncs ; de toute évidence le rapport 5/10 est plus facile à former que le rapport 5/12. Il n'est donc pas étonnant que plusieurs systèmes aient été proposés.

D'aucuns, parmi les acupuncteurs notamment, se contentent d'associer par groupes de trois les douze Rameaux aux saisons et aux Orients, et donc au Bois, au Feu, au Métal et à l'Eau. Il reste pour compte le Centre et l'Agent Terre, omniprésent et intemporel. Mais, dans leur ensemble, les astrologues se rallient à une solution différente : le Bois, le Feu, le Métal, et l'Eau reçoivent chacun en partage deux rameaux se succédant, les quatre Rameaux restants, intercalés un par un entre chaque groupe, étant dévolus à la Terre.

On remarquera que, contrairement aux Troncs célestes, les signes ne sont plus associés aux Agents dans une belle alternance *yang* et *yin*. Mais le retour au Centre à la troisième période de chaque saison me semble d'une parfaite logique.

Ceci nous donne les apparentements suivants :

寅 *yin* (impair donc **yang**) et 卯 *mao* (**yin**) associés au Bois, au Printemps, à l'Est.
辰 *chen* (**yang**) associé à la Terre, marque le retour au Centre.
巳 *si* (**yin**) et 午 *wu* (**yang**) associés au Feu, à l'Est, au Sud.
未 *wei* (**yin**) associé à la Terre, retour au Centre.
申 *chen* (**yang**) et 酉 *you* (**yin**) associés au Métal, à l'Automne, à l'Ouest.
戌 *xu* (**yang**) associé à la Terre, retour au Centre.
亥 hai (**yin**) et 子 *zi* (**yang**)associés à l'Eau, à l'Hiver, au Nord.
丑 *chou* (**yin**) associé à la Terre, retour au Centre.

Ce sont les facteurs principaux quand il s'agit d'étudier l'année, le mois et l'heure.

Affinités et antipathies entre Rameaux terrestres

Leur ordre, en partant du sommet, et dans l'ordre des aiguilles d'une montre :

I 子 II 丑 III 寅 IV 卯
V 辰 VI 己 VII 午 VIII 未
IX 申 X 酉 XI 戌 XII 亥

Harmonie : trait plein (- yang, -yin).
Affinités : pointillé.

Leur ordre, en partant du sommet, et dans l'ordre des aiguilles d'une montre :

I 子 II 丑 III 寅 IV 卯
V 辰 VI 己 VII 午 VIII 未
IX 申 X 酉 XI 戌 XII 亥

Incompatibilités : trait plein.
Antipathies : pointillé.

Les douze Rameaux terrestres

I 子 *zi*, image d'un tout petit enfant ; naissance, semence, germe, début.

II 丑 *chou*, main liée, idée de lier, suggère-t-on, pour aider à la croissance à ses débuts et soutenir la jeune plante.

III 寅 *yin*, sous un toit deux mains jointes pour une salutation, d'où révérence, respect : les visites et salutations jointes à la célébration du Printemps et de l'An neuf.

IV 卯 *mao*, porte ouverte : accueil du Printemps (?).

V 辰 *chen*, image d'une femme qui, des mains, cache son ventre : enceinte et tout intimidée.

VI 巳 *si*, embryon pleinement formé, si l'on rapproche ce sens de celui du douzième signe, en est au septième mois de la gestation.

VII 午 *wu*, opposition, lutte, c'est le moment où le Yang culminant suscite l'opposition du Yin.

VIII 未 *wei*, grand arbre avec ses branches, plénitude de la croissance.

IX 申 *shen*, deux mains tenant une corde, expansion, nous dit-on (?), une autre graphie suggère la lutte des deux principes alternés qui engendrent l'Univers, ou peut-être l'image de la foudre (?).

X 酉 *you*, vase où fermente le grain qui donnera la boisson alcoolisée.

XI 戌 *xu*, blessure avec une arme tranchante, idée de destruction : débroussaillement avant les semailles.

XII 亥 *hai*, un homme et une femme sous un toit, le temps le plus propice à la fécondation.

Graphies anciennes :

I II III IV V VI

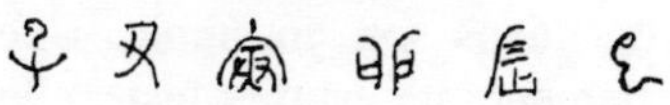

VII VIII IX X XI XII

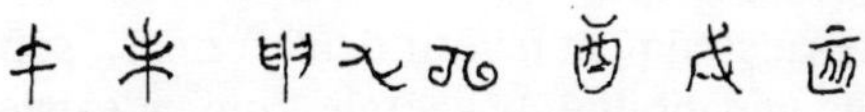

Ces indications sont, je le reconnais, trop succinctes et peu convaincantes, mais ce qui compte, ce ne sont pas ces signes considérés isolément, ce sont leurs relations avec les autres signes et avec les Agents.

Le cycle duodénaire

Les signes duodénaires sont les plus parlants d'un thème : leurs affinités et leurs accords sont très affirmés. Dans la perspective chinoise, l'harmonie est la qualité suprême, aussi la relation des trois signes marquant les trois sommets d'un triangle équilatéral est-elle extrêmement bénéfique. Si ces trois signes se retrouvent dans trois des binômes, c'est le meilleure auspice possible.

Par « affinités », j'entends de sérieuses possibilités de bonne entente. Elle peut être de deux sortes : soit une sympathie, affaire de sentiment, soit parfois, hors de tout sentiment, une compatibilité, c'est-à-dire une relation réciproque bénéfique. L'affinité consiste essentiellement entre deux signes de valeurs contraire, *yin* et *yang*.

En revanche, l'harmonie, « l'amitié trine » n'existe qu'entre signes de même valeur, yang ou yin. Les triangles équilatéraux ainsi formés sont appelés respectivement :

la relation de l'Eau	yang	I	V	IX
la relation du Métal	yin	II	VI	X

la relation du Feu	yang	III	VII	XI
la relation du Bois	yin	IV	VIII	XII

Si l'un de ces triangles se trouve dans un horoscope, il faut de toute évidence tenir compte de l'Agent qui le domine et qui, d'une manière occulte, influence l'horoscope dans son ensemble. Une relation carrée ou de quadrature extrêmement rare est très faste, elle existe entre les signes II, V, VIII, XI.

Les antipathies et oppositions sont également très affirmées. De même que l'accord, le désaccord peut revêtir deux formes : soit le franc antagonisme, l'incompatibilité viscérale, qui n'existe qu'entre des signes de même valeur *yang* ou *yin*, soit l'antipathie qui est une question de sentiment et existe entre deux signes de valeur opposée, *yang* et *yin*.

RELATION ENTRE SIGNES DES CYCLES DÉNAIRES ET DUODÉNAIRES.

Les signes dénaires n'ont pas de sentiments d'inimitié à titre personnel, mais quand ils ont des relations d'amitié avec un signe duodénaire, ils ont tendance à partager son aversion envers d'autres signes duodénaires. La table suivante indique les relations d'affinité existant entre les signes de chacun des deux cycles :

duodénaire	I	II	III	IV	V	VI	VII	VIII	IX	X	XI	XII
	↓	↓	↓	↓	↓	↓	↓	↓	↓	↓	↓	↓
dénaire	9	6	1	2	5	4	3	6	7	8	5	10

Nous avons vu que le signe duodénaire I 子 est opposé au signe VII 午, en conséquence, les binômes 3 I (13) et 9 VII (19) sont un peu instables. 3 丙 a une affinité pour VII 午 et partage son hostilité envers I 子; réciproquement, 9 壬 proche de I 子 est ennemi de VII 午. Sans donner trop d'importance à ces indications (car l'étude d'un thème permet d'apporter bien des correctifs à ces données), notons que cela permet de dégager quelques aspects de la « personnalité » des binômes en fonction de leurs constituants. Sans aller jusqu'à parler de binômes fastes ou néfastes, disons qu'en fonction de leurs éléments constituants les binômes seront plus ou moins forts ou faibles. Chacun pourra être considéré comme ayant une qualité de cohésion, une force plus ou moins grande.

Voici la liste des piliers accompagnés de notations tenant compte de ces données et classés en valeur décroissante de A à D*.

1	C	11	B	21	D	31	B	41	C	51	A
2	C	12	B	22	D	32	B	42	C	52	A
3	B	13	D	23	B	33	C	43	A	53	C
4	C	14	B	24	D	34	C	44	C	54	A
5	A	15	B	25	B	35	A	45	B	55	B
6	B	16	B	26	A	36	B	46	B	56	A
7	C	17	B	27	D	37	B	47	C	57	A
8	C	18	B	28	D	38	B	48	C	58	A
9	B	19	D	29	B	39	C	49	A	59	B
10	C	20	C	30	D	40	C	50	B	60	A

* A, fort ; B, satisfaisant ; C, neutre ; D, faible

Les indications que nous venons de donner nous permettent de trouver, grâce aux binômes et aux signes, les aspects de notre thème, c'est-à-dire les qualités plus ou moins favorables de l'ensemble ; mais pour l'interpréter vraiment, il nous faut maintenant étudier les relations des piliers et des signes avec les cinq Agents.

LES RELATIONS SECRÈTES ENTRE RAMEAUX TERRESTRES ET TRONCS CÉLESTES

Les trois principes

Relations des rameaux terrestres qui cachent des troncs célestes, appelés dans ce cas troncs cachés ou encore 人元 *ren yuan* : les troncs célestes s'appellant principes du ciel, les rameaux terrestres sont les principes de la terre, le rameau caché est le principe de l'homme ; les trois s'appellent les trois *yuan*. Ce qui veut dire que, à l'intérieur des rameaux célestes, il y a, cachées, des énergies des troncs célestes, c'est la source des dix mille choses.

On ne peut pas considérer isolément le caractère Yin de la Terre, car elle reçoit les énergies du Ciel, ce qui fait que le corps, Yin, et le souffle, Yang, créent un nouveau destin et on s'aperçoit alors qu'il y a, à l'intérieur des rameaux terrestres, une importante influence cachée, secrète, des troncs célestes.

Dans le 子 *zi*, se cache le 癸 *gui*, l'eau
Dans le 丑 *chou*, se cachent le 癸 *gui*, le 辛 *xin* et le 己 *ji*
Dans le 寅 *yin*, se cachent le 甲 *jia*, le 丙 *bing* et le 戊 *wu*
Dans le 卯 *mao*, se cache le 乙 *yi*, le bois
Dans le 辰 *chen* se cachent le 乙 *yi*, le 戊 *wu* et le 癸 *gui*
Dans le 巳 *si*, se cachent le 庚 *geng*, le 丙 *bing* et le 戊 *wu*
Dans le 午 *wu* se cachent le 丁 *ding* et le 己 *ji*
Dans le 未 *wei* se cachent le 丁 *ding*, le 乙 *yi* et le 己 *ji*
Dans le 申 *chen* se cachent le 庚 *geng*, le 壬 *ren* et le 戊 *wu*
Dans le 酉 *you* se cache le 辛 *xin* , le métal
Dans le 戌 *xu*, se cachent le 辛 *xin*, le 丁 *ding* et le 戊 *wu*
Dans le 亥 *hai*, se cachent le 壬 *ren* et le 甲 *jia*

Il nous a été nécessaire d'anticiper un peu sur le chapitre suivant traitant des relations avec les Agents. Les caractères cycliques donnent la structure, l'ossature de l'horoscope ; les Agents ajouteront, pour continuer la comparaison, la chair et les muscles et permettront un tableau plus complet. Tout est relation, aucune des relations de l'horoscope ne doit être considérée isolément.

Chapitre Neuvième

LES CINQ AGENTS

Communément appelés les cinq « éléments », les cinq agents expriment les forces essentielles de l'univers ; ils sont le fondement de tout horoscope. Cependant, en dépit d'un consensus quasi universel, je me refuse à employer l'appellation « élément »: d'abord, parce que ce serait purement et simplement un contresens, le caractère 行 *xing* qui désigne ces forces signifie proprement marcher, agir (essentiellement dynamique, il marque le devenir) ; ensuite, n'en déplaise à Empédocle (qui réduit les composants de toute chose à quatre éléments fondamentaux : Eau, Air, Terre et Feu, — réunis par l'amour et divisés par la haine), parce que les Agents ne sont certainement pas, pour les Chinois (qui ne croient pas à la substance), des éléments constituant l'Univers, mais des forces constamment en action et interaction, perpétuellement mouvantes et fluctuantes. Les mêmes traducteurs utilisent le mot «énergie» quand ils rencontrent ce caractère dans un contexte différent. En considérant le Bois, le Feu, la Terre, le Métal et l'Eau dans leur réalité matérielle, on fausse leur interprétation car il ne s'agit que de symboles, fort bien choisis certes, mais qu'il ne faut surtout pas prendre à la lettre.

NATURE DES CINQ AGENTS

Dans une seconde phase, l'énergie se subdivise en cinq forces (on devrait plutôt dire quatre plus une, la Terre étant avant tout un point de référence qui s'identifie avec le Centre).

C'est ainsi que l'Agent que je pourrais appeler la **vertu de l'Eau** représente une action infiltrante et dissolvante, tendant vers le bas; pour la **vertu du Feu**, l'action est chauffante, brûlante, tendant vers le haut; la **vertu du Bois** est vivante et accepte la forme que lui donne l'outil, tandis que la **vertu du Métal** est inertie, mais épousera la forme que lui impose le moule ; la **vertu de la Terre** est à part car elle est l'élément producteur. Ceci à titre d'indication, car il ne faudrait pas, en prenant les termes au pied de la lettre, attribuer une réalité à ce qui n'est que symbole.

癸 壬	辛 庚	己 戊	丁 丙	乙 甲
酉 申	未 午	巳 辰	卯 寅	丑 子
金鋒劍	土傍路	木森大	火中爐	金中海
癸 壬	辛 庚	巳 戊	丁 丙	乙 甲
末 午	巳 辰	卯 寅	丑 子	亥 戌
木柳楊	金蠟白	土頭城	水下澗	火頭山
癸 壬	辛 庚	己 戊	丁 丙	乙 甲
巳 辰	卯 寅	丑 子	亥 戌	酉 申
水流長	木柏松	火靂霹	土上屋	水泉井
癸 壬	辛 庚	巳 戊	丁 丙	乙 甲
卯 寅	丑 子	亥 戌	酉 申	未 午
金泊金	土上壁	木地平	火下山	金中沙
癸 壬	辛 庚	巳 戊	丁 丙	乙 甲
丑 子	亥 戌	酉 申	未 午	巳 辰
木柘桑	金釧劍	土驛大	水河天	火燈覆
癸 壬	辛 庚	巳 戊	丁 丙	乙 甲
亥 戌	酉 申	未 午	巳 辰	卯 寅
水海大	木榴柘	火上天	土中沙	水溪大

Cette comptine sera traduite et expliquée dans le chapitre treizième.

Jacques Lavier qui, de tous les acupuncteurs français, me semble être celui qui est le plus en prise directe avec la mentalité et les textes chinois, a donné une excellente explication tirée du *Nei Jing* que je résume ici. Constatant, lui aussi, qu'il s'agit avant tout de dynamismes, il choisit la traduction « les cinq potentiels » et il décrit ainsi leur action : le Feu, lié à l'Eté et au Sud. symbolise le **grand Yang**, 太陽 *tai yang*, dans sa valeur extrême, tandis que l'Eau, lié à l'Hiver et au Nord, symbolise au contraire le **grand Yin**, 太陰 *tai yin* ; le Bois, lié au Printemps et à l'Est est le **petit Yin**, 少陰 *shao yin*, le Yin en diminution, en perte de vitesse, par rapport au Yang dynamique qui s'accroît comme le fait la végétation. Le Métal est le **petit Yang**, 少陽*shao yang*, le Yang en voie de régression, il est lié à l'Automne et à l'Ouest. Le Yang va céder la place à un Yin destructif. La Terre enfin, située au Centre, est en relation directe avec les autres *potentiels* qu'en fait elle contient tous. Cette explication traditionnelle a l'avantage de bien montrer la relation existant entre les cinq Agents.

Ces cinq Agents constituent la clef la plus importante pour l'interprétation des piliers du Destin avec lesquels ils sont intimement associés. Beaucoup de manuels chinois de divination s'en contentent et ne font entrer en ligne de compte ni les douze Animaux, ni les vingt-huit Constellations.

Alternativement **yin** et **yang**, les cinq Agents ne doivent pas être considérés isolément ; aux yeux des Chinois, tout être naît de leur constante interaction. Il existe plusieurs manières de classer les cinq Agents, suivant que l'on veut souligner telle ou telle de leurs relations mutuelles. Nous suivrons l'ordre qui se conforme à la succession des saisons, appelé ordre de « production mutuelle », qui est celui qui sert le mieux notre propos.

Voici cet ordre et sa représentation figurée :

	木 *mu*,	le Bois
engendre	火 *huo*,	le Feu
qui engendre	土 *tu*,	la Terre
qui engendre	金 *jin*,	le Métal
qui engendre	水 *shui*,	l' Eau.

Illustrations des relations entre Agents

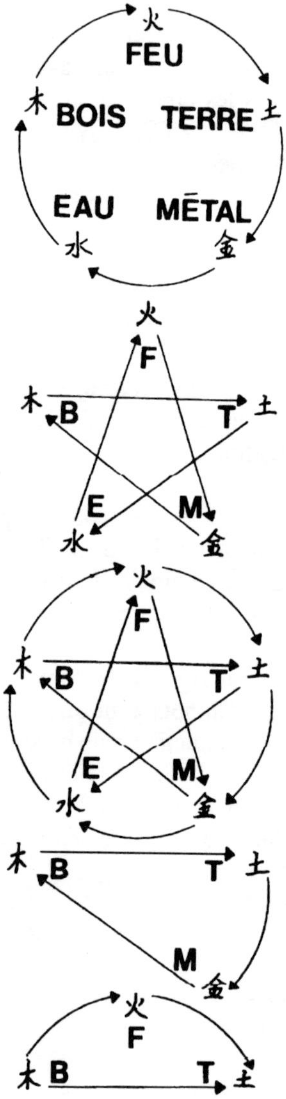

Action spéciale de l'Agent Terre

pour en comprendre le rôle,
il faut de la géométrie dans l'espace

Est = Bois
Sud = Feu
Zénith = Terre
Ouest = Métal
Nord = Eau

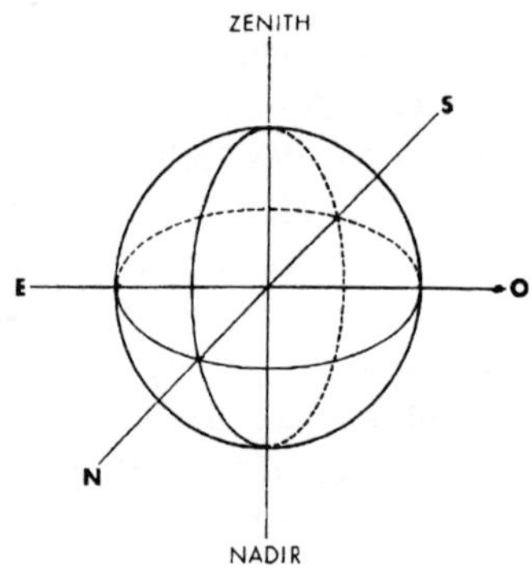

L'Agent qui engendre et protège entretient naturellement l'Agent qu'il produit. *Et cela vaut également pour tout ce qui est en relation avec eux.*

Le deuxième type de relation est appelé : « ordre de *conquête* (ou destruction) mutuelle » :

le Bois	conquiert	la Terre
le Feu	-	le Métal
la Terre	-	l'Eau
le Métal	-	le Bois
l'Eau	-	le Feu.

En combinant ces deux ordres, on peut en déduire deux principes :

Principe de « contrôle »

Le Bois conquiert la Terre, mais le Métal contrôle l'opération, car il vient au secours de la Terre en attaquant le Bois. De la même manière, le Feu conquiert le Métal, mais l'Eau contrôle l'opération. La Terre conquiert l'Eau, mais le Bois contrôle l'opération. Le Métal conquiert le Bois, mais le Feu contrôle l'opération. Enfin, l'Eau conquiert le Feu, mais la Terre contrôle l'opération.

Principe de « correction »

Le Bois conquiert la Terre, mais le Feu interrompt le processus car il produit la Terre et donc la secourt, et comme le Bois produit le Feu, il ne peut rien contre lui. Le Feu conquiert le Métal, mais la Terre interrompt le processus. La Terre conquiert l'Eau, mais le Métal interrompt le processus. Le Métal conquiert le Bois, mais l'Eau interrompt le processus. L'Eau conquiert le Feu, mais le Bois interrompt le processus.

Pour qu'un tempérament soit équilibré, il est important que les cinq Agents figurent dans l'horoscope. C'est ainsi que lorsque, dans un horoscope, un des cinq Agents vient à manquer, on essaie d'y remédier en mettant dans le prénom un caractère dans la graphie duquel apparaît l'élément manquant. Ce qui est facile, car

Affinités des cinq agents

Agents	Bois	Feu	Terre	Métal	Eau
Orients	Est	Sud	Centre	Ouest	Nord
Saisons	Printemps	Été	Canicule	Automne	Hiver
Signes dénaires	1, 2	3, 4	5, 6	7, 8	9, 10
Signes duodénaires	III, IV	VI, VII	II, V VIII, XI	IX, X	XII, I
Planètes	Jupiter	Mars	Saturne	Vénus	Mercure
Organes	Foie	Cœur	Rate	Poumons	Reins
Saveurs	Acide	Amer	Doux	Acre	Salé
Nombres	8	7	5	9	6
Notes	*kiao* 3e note	*tcheng* 4e note	*kong* 1re note	*chang* 2e note	*yü* 5e note
Couleurs	vert	rouge	jaune	blanc	noir
Style de Gouvernement	détendu	éclairé	prudent	énergique	calme
Vertus	bienveillance	sagesse	foi	rectitude	respectabilité
États affectifs	colère	joie	désir	tristesse	crainte

Troncs : 2, 3, 4. 天干 1	Directions : 1, 3. 五樞 2	Temps. 四時 3	Éléments : 1, 2. 五行 4	Couleurs simples. (2, 3, 4.) 五色 5	Coul. composées. (2, 3, 4.) 五色 6	Goûts : 3, 4. 五味 7	Odeurs : 3, 4. 五臭 8	Viscères : 4. 五臟 9	Vertus : 4. 五常 10
甲乙	東	春	木	青	綠	酸	羶	肝	仁
丙丁	南	夏	火	赤	紅	苦	焦	心	禮
戊己	中央		土	黃	騮	甘	香	脾	信
庚辛	西	秋	金	白	碧	辛	腥	肺	義
壬癸	北	冬	水	黑	紫	鹹	朽	腎	智

les cinq Agents figurent dans l'écriture de très nombreux caractères.

Il faut signaler qu'en acupuncture les cinq Agents sont appelés : **Mouvements**, et sont apparentés d'une manière différente. Enfin, comme nous le verrons plus loin, ces mêmes appellations désignent aussi les cinq planètes.

AFFINITÉS ET RELATIONS DES CINQ AGENTS

Couleur des agents

Les cinq agents sont en relation, non seulement avec le temps, mais aussi avec l'espace ; ce sont des aspects de l'énergie liés aux cinq orients :

l'Est, glauque (couleur de la mer), communément représenté par le vert, mais parfois le bleu foncé
le Sud, vermillon
l'Ouest, blanc
le Nord, noir
le Centre (le nadir, opposé au zénith), jaune (couleur de la terre), c'est le point d'où l'homme peut contrôler l'univers, c'est la couleur de l'empereur.

Au cours des siècles, les astrologues et acupuncteurs ont établi une multiplicité de catalogues des êtres ou des états qui leur paraissaient avoir des relations privilégiées avec l'un ou l'autre des cinq Agents. Je préfère me contenter de la liste du 内經 *Nei Jing*, complétée par celle du 月令 *Yue Ling*.

L'Est Dans le Ciel, produit le vent qui s'exprime sur terre par l'Agent Bois, dont la saison est le Printemps.

Le Bois Régit le Foie, les yeux, les muscles. Sa couleur est le vert, sa saveur l'acide. Nourriture qui convient : le mouton et le blé. Planète Jupiter. Chiffre 8 (symbole numérique)

Le Sud Dans le Ciel, produit la chaleur qui s'exprime sur terre par l'Agent Feu, dont la saison est l'Eté.

Le Feu Régit le Coeur, la langue, le sang. Sa couleur est le rouge, sa saveur l'amer. Nourriture qui convient : les volailles et les pois. Planète Mars. Chiffre 7.

Le Centre Dans le Ciel, produit l'humidité, qui s'exprime sur terre par l'Agent Terre, dont la saison est la Canicule.

La Terre Régit la Rate, la bouche et la chair. Sa couleur est le jaune. Sa saveur est le doux, le sucré. Nourriture qui convient : le boeuf et le millet. Planète Saturne. Chiffre 5.

L'Ouest Dans le Ciel, produit la sécheresse, qui s'exprime sur terre par l'Agent Métal, dont la saison est l'Automne.

Le Métal Régit le Poumon, le nez, la peau et le système pileux. Sa couleur est le blanc. Sa saveur l'âcre. Nourriture qui convient : le chien et les graines oléagineuses. Planète Vénus. Chiffre 9.

Le Nord Dans le Ciel, produit le froid, qui s'exprime sur terre par l'Agent Eau, dont la saison est l'Hiver.

L'Eau Régit les Reins, l'oreille et les os. Sa couleur est le noir. Sa saveur est le salé. Nourriture qui convient : le porc et le sorgho. Planète Mercure. Chiffre 6.

On pourrait continuer à l'infini les énumérations contenues dans ce tableau et les commentateurs chinois ne s'en sont pas privés, mais j'ai cru devoir limiter cet exposé aux termes qui sont utiles à notre propos : c'est ainsi que des termes comme *style de Gouvernement*, *vertus*, etc. peuvent facilement être transposés au cours d'une étude de caractère.

Tableau récapitulatif donnant l'indication de toutes les relations existantes entre les signes et les agents.

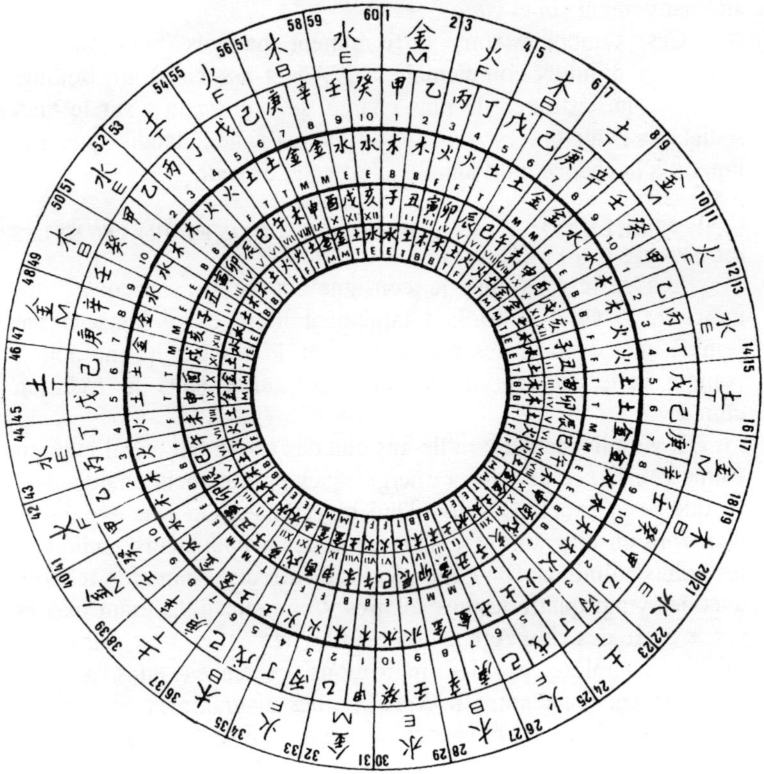

N.B. : Ne pas oublier que les binômes et les signes d'ordre impair sont yang, ceux d'ordre pair, yin. Les binômes sont associés par deux, un impair avec un pair. Symboles : B, Bois, F, Feu, T, Terre, M, Métal, E, Eau.

RELATIONS ENTRE LES PILIERS ET LES AGENTS

Il faut, dans un premier temps, définir les relations existant entre les soixante binômes et les cinq Agents. Chaque binôme est associé, « apparenté » dit le texte chinois, avec un Agent défini ; rappelons à ce propos que deux piliers impair et pair qui se succèdent sont associés avec un même Agent qui sera alternativement *yin* et *yang*.

Ces symboles sont suffisamment parlants pour ne pas nécessiter d'autres commentaires. L'Agent associé à un binôme préfigure la destinée ; le plus chargé de signification sur le plan social est celui qui est en rapport avec l'année, tandis que, par rapport à la chance individuelle, c'est celui du jour.

LE RYTHME DU TEMPS, LES ALTERNANCES DU *YIN* ET DU *YANG* ET LES PHASES DES CINQ AGENTS

Les réflexions que je consigne ici ne le sont qu'à titre indicatif, le sujet débordant largement notre cadre, mais il me semble utile d'ouvrir des perspectives et de montrer qu'une notion comme celle du biorythme était préfigurée dans la tradition chinoise.

Il y a plus de deux mille ans que des textes ont mentionné en Chine l'existence de cycles énergétiques parfaitement analogues à ce que nous appelons aujourd'hui biorythmes. On trouve dans le *Nan Jing* un diagramme, à l'intention des acupuncteurs, indiquant les points culminants de l'énergie des différents organes en relation avec les vingt-quatre termes solaires. Ces indications étant basées sur le cycle des cinq Agents, on peut facilement en tirer, surtout si on les complète par les indications contenues dans d'autres ouvrages anciens comme le *Nei Jing*, des diagrammes qui sont en fait les biorythmes les plus anciennement connus.

Dans le cercle extérieur du diagramme ci-contre, se trouvent les vingt-quatre termes solaires ; dans le cercle suivant, les caractères cycliques, puis les méridiens (alignements des points d'acupuncture) ; au centre les organes concernés.

Diagramme tiré du 難經 *Nan Jing*.

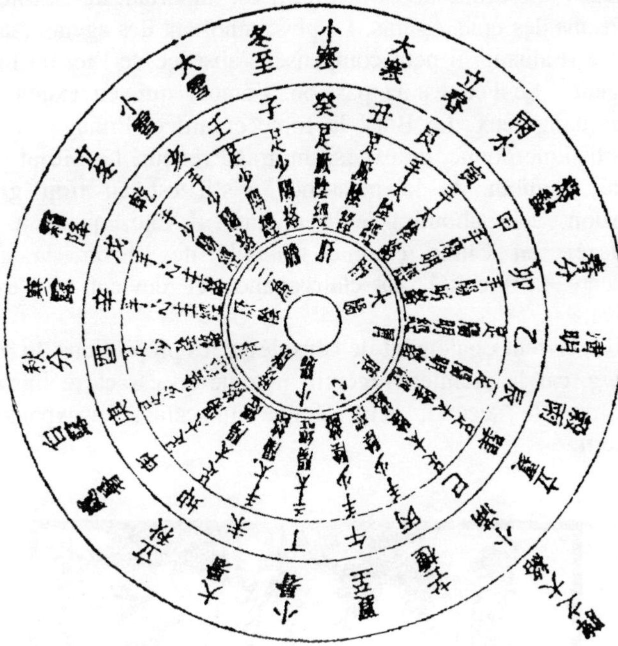

Les phases de la Lune dont la lumière passe, dans une durée constante, de l'annihilation à la plénitude sont un parfait exemple de ces cycles naturels qu'un peu d'attention pourrait nous faire découvrir en grand nombre. C'est dans cette perspective que les Chinois considèrent les saisons, les mois, les jours, les heures... qui tous passent alternativement par un point minimal et un point maximal d'intensité. C'est aussi dans cette perspective qu'ils considèrent solstices et équinoxes, ainsi que ce qui correspond au début de nos signes du Zodiaque, comme les points culminants des saisons et des mois ; et que, au cours des douze heures (doubles) journalières, le point maximal d'intensité horaire intervient alors que sonnent pour nous les heures paires.

INFLUENCE DE LA RELATION DES AGENTS SUR LE CARACTÈRE

Dans une étude de caractère, il est important de calculer les proportions des cinq Agents. Le plus important des agents étant la Terre, le réalisme, il peut compenser l'absence de l'un ou l'autre des agents. Le Feu est la passion, l'amour qui, en excès, peut devenir dangereux. Le Bois, la force créatrice, l'imagination, le sens artistique, donne, en excès, un grand rêveur. Le Métal est la volonté, l'amour de la puissance ; s'il est en trop grande proportion, cela aboutira à la cruauté. L'Eau, quant à elle, considérée en Chine comme symbole de l'hiver, la glace, représente la lucidité, la clairvoyance et devient, en excès, négative.

Il convient également de considérer les proportions du *Yin* et du *Yang*, car le premier, réceptif, marque un caractère introverti tandis que le second, actif, donne un caractère expansif et extraverti.

Les loisirs et les heures.

Les douze heures chinoises

十 二 時

1	子	初	23 heures	1/ début	1A	**7**	午	初	11 heures	7/ début	7A
	子	正	***minuit***	1/ pleine	1B		午	正	***midi***	7/ pleine	7B
2	丑	初	01 heure	2/ début	2A	**8**	未	初	13 heures	8/ début	8A
	丑	正	**02 heures**	2/ pleine	2B		未	正	**14 heures**	8/ pleine	8B
3	寅	初	03 heures	3/ début	3A	**9**	申	初	15 heures	9/ début	9A
	寅	正	**04 heures**	3/ pleine	3B		申	正	**16 heures**	9/ pleine	9B
4	卯	初	05 heures	4/ début	4A	**10**	酉	初	17 heures	10/ début	10A
	卯	正	**06 heures**	4/ pleine	4B		酉	正	**18 heures**	10/ pleine	10B
5	辰	初	07 heures	5/ début	5A	**11**	戌	初	19 heures	11/ début	11A
	辰	正	**08 heures**	5/ pleine	5B		戌	正	**20 heures**	11/ pleine	11B
6	巳	初	09 heures	6/ début	6A	**12**	亥	初	21 heures	12/ début	12A
	巳	正	**10 heures**	6/ pleine	6B		亥	正	**22 heures**	12/ pleine	12B

Directement inspirés des textes chinois, les diagrammes que je donne ici sont très instructifs et peuvent utilement inspirer notre réflexion, mais ils sont encore trop sommaires pour être considérés autrement que comme d'intéressants points de départ pour des recherches ultérieures. Je pense que ces tableaux peuvent être très utilement médités avant d'entreprendre l'interprétation d'un thème astral.

Les cinq Agents et les quatre saisons

Les cinq Agents ont une influence tout au cours de l'année, mais ils ont tous un maximum et un minimum. Suivant le *Nei Jing* complété par le 抱扑子*Bao pu zi*, le Bois est au maximum à l'équinoxe de Printemps et au minimum à équinoxe d'Automne, tandis que le Métal est au maximum à l'équinoxe d'Automne et au minimum à l'équinoxe de Printemps. De la même manière, le Feu est au maximum au solstice d'Eté et au minimum au solstice d'Hiver, tandis que réciproquement l'Eau est au maximum au solstice d'Hiver et au minimum au solstice d'Eté. En revanche, la Terre semble suivre des phases très différentes et est à son maximum au dernier mois de chaque saison figurant un retour au Centre.

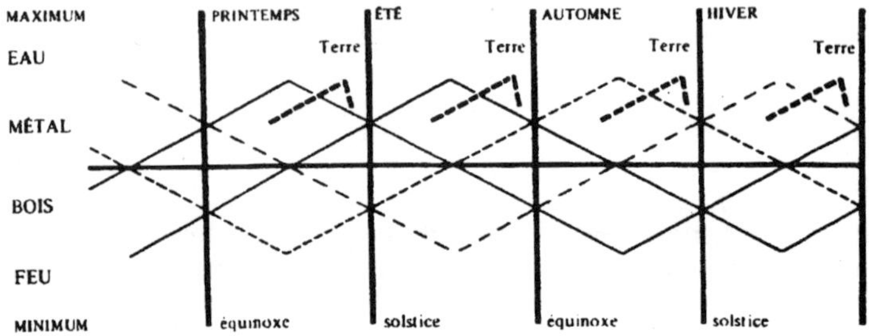

Les cinq Agents, le Yin et le Yang, et les mois

Si nous suivons la règle des numéros d'ordre pair et impair, nous voyons que le deuxième mois astrologique (ou période) est *yin*, c'est la période qui contient l'équinoxe de Printemps, tandis que la cinquième période, qui contient le solstice d'Eté, est *yang*; la huitième période, qui contient l'équinoxe d'Automne, est *yin*, la onzième période, qui contient le solstice d'Hiver, est *yang*. Si nous regardons le tableau suivant, nous comprenons pourquoi le cinquième et le onzième mois sont appelés « Yang entre deux Yin ». Ceci explique en partie l'affirmation assez extraordinaire faite par quelques auteurs ésotériques selon laquelle les cinquième et onzième mois seraient *yin*. Cet exemple montre bien qu'il ne faut pas conclure trop hâtivement quand on étudie des aspects *yang* et *yin*, dont la valeur n'est pas toujours aussi évidente qu'il le semblerait à première vue.

Le tableau suivant est un développement du précédent, complété par l'alternance *yang* et *yin* :

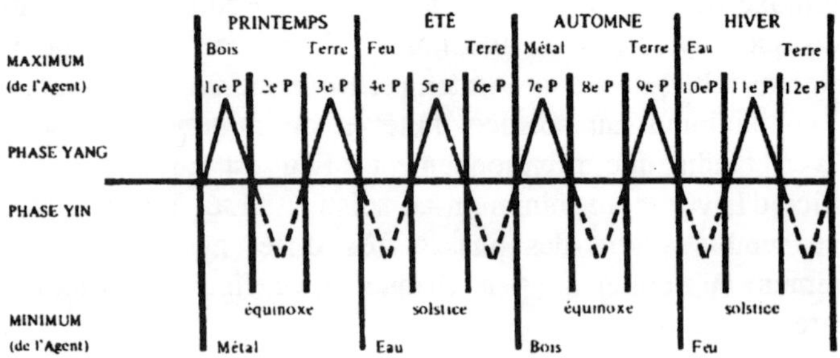

Les cinq Agents, le Yin et le Yang, et les heures

On peut, d'une manière analogue, dresser pour les heures un tableau équivalent mais, comme l'ordre des signes duodénaires est légèrement différent (le premier mois lunaire ou astrologique commence au troisième signe duodénaire, la première heure au premier), l'ordre des Agents est également différent.

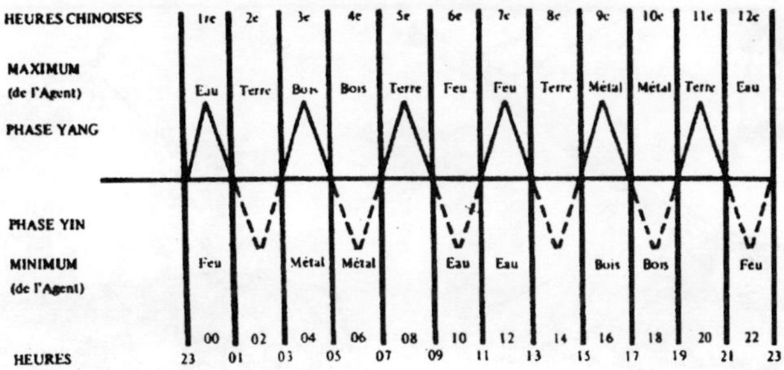

Les cinq Agents et le langage des sociétés secrètes

Les cinq Agents sont souvent utilisés dans les rites initiatiques et dans le langage codé des sociétés secrètes. Je suis tombé récemment sur un document très intéressant traitant des rites des sociétés secrètes. C'est ainsi que les cinq Agents sont utilisés pour indiquer les relations entre les membres : le Métal par exemple représente la Terre, le Chef, et l'Eau, la fraternité. Cette illustration montre les gestes utilisés pour exprimer les cinq Agents ; nous avons de gauche à droite : le Métal, le Bois, la Terre, le Feu et l'Eau : le choix, pour le rang donné aux Agents, de l'ordre de *conquê*te *mutuelle*, est assez significatif de l'attitude belliqueuse des sociétés secrètes.

陈登听了计策，愿为内应，先回城去了。当夜三更，关羽令兵士们打起曹军的旗号，来到城边叫门，说是张辽奉曹丞相命令，带人马前来接应。

Chapitre Dixième

LE BESTIAIRE EMBLÉMATIQUE

LES DOUZE ANIMAUX

Une tradition vietnamienne voudrait que la liste des animaux et leur ordre de préséance aient été définis par le Bouddha, ce qui ferait remonter leur origine vers le quatrième siècle, époque où l'influence du bouddhisme commença à se faire sentir en Chine, mais la pratique d'associer un emblème animal à un caractère duodécimal est attestée par des écrits bien antérieurs à cette époque. Il semble que ces symboles aient été utilisés d'abord pour les heures et la rose des vents, avant d'être associés aux années.

Les douze animaux sont dans l'ordre : le Rat, le Buffle, le Tigre, le Lièvre, le Dragon, le Serpent, le Cheval, le Bélier, le Singe, le Coq, le Chien, et le Cochon. Ce n'est pas exactement la liste habituellement donnée en France, mais je me base sur des documents anciens, notamment des sculptures coréennes datant des IIIe et IVe siècles. Les animaux utilisés d'une manière emblématique en Chine proviennent d'un bestiaire exclusivement chinois. Nous verrons d'ailleurs que chacune des vingt-huit constellations est associée à un animal totémique, certains de ces animaux existaient en Chine il y a plus de quatre millénaires et ont complètement disparu aujourd'hui. L'usage de ces symboles se fonde donc sur un folklore et un bestiaire dont l'origine se perd dans la nuit des temps. Que les voyages des bonzes en Inde ou en Perse aient remis à la mode le cycle animal, temporaire ou spatial, n'implique pas une complète dépendance dans le domaine de l'imaginaire. Ce ne serait pas la seule fois que les Chinois transposent à leur manière des acquis étrangers

L'INTERPRÉTATION NATURALISTE

Plus populaires en Chine et au Vietnam que les signes duodénaires auxquels ils sont associés, ils sont certainement beaucoup plus connus en Occident où de nombreux ouvrages ont été consacrés aux horoscopes chinois des douze animaux. Ils

1. Rat
2. Buffle
3. Tigre
4. Lièvre
5. Dragon
6. Serpent

contiennent d'ailleurs un symbolisme plus parlant pour l'imagination que des signes abstraits. Mais c'est justement pourquoi les interprètes les plus sérieux des signes du Destin s'en méfient à juste titre et ne leur accordent qu'une attention amusée. De même que pour les cinq Agents, a fortiori pour les douze Animaux, il ne faut pas se laisser entrainer à un symbolisme trop facile.

L'exemple du bélier est tout à fait caractéristique d'une déviation de l'imagination populaire. Le mot chinois, 羊 *yang*, désigne en chinois toutes sortes d'ovins : chèvres, chamois, mouflons, isards et moutons. Les plus connus sont les moutons qui vivent grégairement sous la domination du mâle, le bélier, aux cornes arrondies, dévoué au troupeau et prêt à le défendre en toutes circonstances. Les Vietnamiens, n'ayant pas de pâturage, ne connaissent que la chèvre, rendue populaire par Alphonse Daudet dans les *Lettres de mon moulin*. C'est ainsi que la chèvre des Vietnamiens est la copie conforme de celle de monsieur Seguin, bien éloignée de l'image qu'elle incarne d'un général pacifique et courageux.

De la même manière, les Vietnamiens ont remplacé le Lièvre par le Chat. Comme le Lièvre, animal impur, n'est pas considéré comme comestible par les Extrême-Orientaux, il ne peut s'agir d'une substitution comme celle dont nous accusons parfois certains gargotiers. Remarquons seulement que, dans le langage populaire de Chine du Nord, le terme « lapin » est considéré comme une injure et que l'on emploie à sa place le vocable moins malsonnant de « chat sauvage ». Le remplacement au Vietnam du lièvre par le chat a peut-être là son origine.

Le tigre n'a pas parmi les paysans, surtout s'ils vivent près de montagnes boisées, l'aspect bénéfique de protecteur des enfants, de terreur des génies malfaisants que lui attribue la tradition folklorique chinoise. Les enfants de ce signe sont souvent mal accueillis surtout s'il s'agit d'une fille, qui a de grandes chances d'être abandonnée. Il en va de même pour une fille née sous le signe du cheval surtout s'il s'agit d'un cheval de feu.

7. Cheval

8. Bélier

9. Singe

10. Coq

11. Cheval

12. Cochon

L'usage de ces symboles donne parfois lieu à des interprétations naturalistes qui en faussent l'usage au point que plusieurs empereurs ont essayé, sans y parvenir, de les interdire. Il faut reconnaître que ces emblèmes donnent à l'horoscope un aspect folklorique dont le public peut difficilement se passer. Il reste qu'en Chine aucun praticien n'utilise les animaux quand il monte un thème. Sur près de deux cents livres d'astrologie chinoise que je possède, deux ou trois seulement en font mention.

L'INTERPRÉTATION TRADITIONNELLE

Pourtant si on les étudie en fonction de la tradition folklorique chinoise, on s'aperçoit que le choix de ces emblèmes est judicieux et qu'ils illustrent fort bien un thème horoscopique, sans qu'il soit possible de les confondre avec les signes duodénaires. De même les tentatives faites pour les assimiler aux signes du Zodiaque ne me semblent pas convaincantes.

Les douze Animaux sont essentiellement liés au cycle annuel et aux douze demeures de Jupiter, dans sa révolution de douze années. Ils ont été, à l'origine, utilisés également pour représenter les orients comme le confirme l'iconographie que j'emploie ici.

LE RAT est *yin* car c'est une créature qui vit surtout la nuit. Censé vivre trois cents ans, il devient blanc après sa centième année. Très faste pour ceux qu'il apprécie, c'est un symbole de richesse et de prospérité, le Rat ne séjournant pas dans les maisons mal pourvues. Il est très utilement doué du don de double vue.

LE BUFFLE est né de l'essence d'un pin millénaire. Il est *yin* parce qu'il semble surgir du sol détrempé de la rizière. Il aide à la culture et ne doit pas (comme le cheval pour nous) servir de viande de boucherie. Signe de longévité, Lao tseu, le philosophe, chevauchait un buffle lors de ses voyages dans les montagnes en quête de l'immortalité. Le Buffle transcendant peut vivre des millénaires.

LE TIGRE est *yang* car il est né le septième mois, période de formation du *Yang* céleste. Mais ses rayures sont un faste mélange de *Yin* et de *Yang*. C'est le chef de tous les animaux. Terreur des démons et des créatures de l'au-delà qu'il dévore sans pitié. Il est chargé de la protection des enfants contre les mauvais génies. Les jeunes garçons sont souvent voués au Tigre et portent un chapeau en forme de tête de Tigre pour repousser les esprits jaloux qui voudraient les ravir. J'ai pu me rendre compte personnellement que cet usage est, aujourd'hui encore, très largement suivi en Chine Populaire.

LE LIÈVRE est *yin* car il est formé de l'essence *yin* ; il aurait même élu domicile, sous sa forme transcendante, dans la Lune. Il vit un millier d'années et devient blanc après cinq cents ans. Sage conseiller par sa prévoyance et son art de découvrir les occasions.

LE DRAGON. Créature *yang*, c'est le meilleur de tous les symboles (mais attention, il est si faste qu'il pourrait changer de signe et devenir dangereux). C'est le roi de toutes choses. Symbole de l'empereur, il dirige la pluie et les nuages, mais c'est surtout lorsqu'il a choisi l'Eau pour demeure qu'il acquiert les cinq couleurs de l'Aurore et devient bienfaisant.

Dans un royaume, le Dragon Vert se manifeste lorsque le souverain est vertueux. En revanche, son collègue le Dragon Bleu ne se montre qu'en cas de calamité. Pourtant, s'ils choisissent d'apparaître simultanément, c'est un symptôme d'extrêmement bon augure. Malheureusement, les vieux textes sont muets sur les signes qui accompagnent leur manifestation.

LE SERPENT, de même nature que le Dragon, est *yang*. Sa présence dans les fondations d'une demeure est signe de richesse si l'on sait comment le « nommer » et surtout s'il ne se montre pas. Sa subite apparition constitue un avertissement et un très mauvais présage.

LE CHEVAL est le symbole même de la masculinité, aussi est-il associé à midi et au trigramme masculin (fig.page117). Les huit Chevaux, selon une très ancienne tradition, sont les symboles de tous les bonheurs. C'est l'image de la force secourable.

LE BÉLIER, participant aux forces de la végétation, est *yang*. Cinq magiciens habillés des cinq couleurs associées aux cinq agents (bleu, rouge, jaune, blanc et noir), et chevauchant chacun un bélier portant en gueule un épi feuillu auraient traversé la ville de Canton en souhaitant aux habitants de ne jamais connaître la disette. Après quoi ils disparurent tandis que leurs montures se muaient en rochers.

Le mouton est un animal grégaire, dont le troupeau est guidé par un bélier pacifique et courageux. Aussi symbolise-t-il les vraies qualités militaires plus appréciées en Chine que l'ardeur du tigre. Très faste, il est le symbole de l'ascension sociale et d'une carrière distinguée.

LE SINGE est considéré par certains à la fois comme *yin* et *yang*. C'est le symbole de l'intelligence et de la débrouillardise, parfois un tant soit peu malhonnête. Le Dieu-Singe ne doit-il pas son immortalité à la pêche qu'il a volée dans le jardin de la Souveraine Mère de l'Ouest ? Sa durée de vie est de plusieurs millénaires. Depuis sa jeunesse jusqu'à huit cents ans, il n'est pas toujours bienveillant, mais il s'améliore avec l'âge et, quand il se transforme en babouin, il devient charmant et secourable.

LE COQ est *yang* car il est né d'un bois exposé au Soleil. Sa voix réveille et encourage, il chasse les démons que la vue de sa crête (les Chinois croient que le rouge est un « démonifuge ») met en fuite.

LE CHIEN est *yin*. Bien que peu apprécié en Chine sinon comme gibelotte, il est faste, sage et loyal. C'est un ami sûr et très utile, car son flair lui fait deviner les embûches et les dangers cachés.

LE COCHON est *yin*. C'est le symbole de l'aisance et de la prospérité familiale (le caractère qui signifie « famille » représente un cochon paisiblement installé sous un toit). Signe de richesse, il est toujours d'un heureux augure, sa présence attirant le bonheur et la fortune.

On le voit, comme les animaux, aigles, moutons, abeilles, qui figurent dans notre iconographie, ces emblèmes sont choisis parce que fastes, aussi ne faut-il pas les interpréter d'une façon littérale, mais s'en tenir à leur symbolisme.

RELATIONS ENTRE LES DOUZE ANIMAUX

La comparaison entre les animaux est en fait, dans la plupart des cas, une illustration des harmonies et oppositions existant entre les signes duodénaires. La tradition populaire chinoise se plait à observer entre eux des phénomènes d'attirance ou de rejet, indiqués dans ces textes brefs. Il convient de les interpréter avec un sourire, tout en reconnaissant qu'ils sont le fruit d'une longue expérience.

RAT : S'entend très bien avec le dragon, qui est même le meilleur partenaire de ses amours et qui le dominera s'il n'y prend garde. Bon rapport également avec le singe ; il ne peut s'entendre avec le cheval (bien que la femme cheval puisse le séduire) ; difficultés avec le bélier et le lièvre.

BUFFLE : Entente idéale avec le coq, bon climat avec le serpent, des joies avec un rat vraiment amoureux. Le singe le séduit, mais il doit l'éviter ; difficultés avec le bélier et le tigre. Avec le cheval, les relations seront moroses.

TIGRE : Entente difficile mais profitable avec le dragon. Cheval et chien lui sont bons compagnons. Difficultés avec le serpent et le buffle. Le lièvre lui échappe et le singe l'abuse. Deux tigres ne peuvent vivre ensemble en bonne harmonie.

LIÈVRE : Bon climat avec le bélier et le chien. Le cochon a une bonne influence sur son sens moral ; des difficultés avec le coq et le rat, animosité avec le tigre. Le dragon l'attire mais risque de le dominer.

DRAGON : Bonne entente avec le coq et le singe (il est le plus fort des deux). Le rat recherche sa compagnie, le serpent l'attire. Il ne s'entend ni avec le tigre, ni avec le lièvre. Le chien et lui ne peuvent cohabiter.

SERPENT : Il est heureux avec le coq, le buffle l'équilibre. Des difficultés, voire des orages, avec le tigre. Des complications avec le cochon. Deux serpents ne peuvent se supporter mutuellement.

CHEVAL : Il aime la complicité du bélier. Tout va bien avec le tigre. Il se plait avec le chien, difficultés avec le rat, le singe et le buffle ; ruades avec les autres chevaux. Le coq le surprendra toujours.

BÉLIER : Très bonne entente avec le lièvre, le cochon et le cheval. Sérieuse mésentente avec le rat, il exaspère le buffle et le chien.

SINGE : Le dragon s'entend avec lui, bon climat avec le rat. Grand tumulte avec le tigre, problèmes avec le cheval. Avec tous les autres animaux, les rapports ne sont jamais simples.

COQ : Climat serein avec le buffle, bonne entente avec le serpent. Le dragon lui est une compagnie idéale. Le lièvre et lui s'ignorent, divergences avec le chien. Deux coqs auront tendance à se chercher querelle.

CHIEN : Bon rapport avec le cheval, climat agréable avec le lièvre. Le tigre a sur lui une bonne influence, le dragon l'ignore. Animosité avec le rat. Avec le bélier, relations en dents de scie.

COCHON : Il connait la paix avec le lièvre, le bélier peut le conduire au bonheur, le tigre le soutient. Nul accord n'est possible avec le dragon. Le coq et lui font mauvais ménage, le serpent n'est pas son ami.

Notons que seront fastes les années dont les Animaux sont en accord avec celui de notre année de naissance, ou lui sont identiques (à l'exception du Cheval et peut-être du Coq, pour lesquels l'année de leur Animal zodiacal n'est pas favorable) ; néfastes celles marqués par un Animal antagoniste ; neutres les autres.

De la même manière, on estimera plus fastes les années régies par l'Agent lié à notre binôme annuel, ou celui qui le précède (car il l'engendre), néfastes celles régies par l'Agent qui domine le nôtre ; neutres les autres.

Chapitre Onzième

LES VINGT-HUIT CONSTELLATIONS, DEMEURES DE LA LUNE

Avec l'introduction du Zodiaque chinois, le lecteur peut penser être en terrain connu et retrouver véritablement l'Astrologie telle que nous l'entendons en Occident, les mois Zodiacaux étant en Chine les mêmes que pour nous. Bien au contraire, car en premier lieu un mois lunaire de vingt-neuf ou trente jours est réduit à un cycle de vingt-huit jours, les astres fournissant un système de calcul utilisé ensuite sans aucune référence aux données de leur lointaine origine. De plus, comme tous les autres cycles de la chronomancie, celui-ci se déroule au long des jours avec une régularité d'horloge, et cela confirme ce que j'ai déjà eu l'occasion d'indiquer, c'est-à-dire que les astres ont permis d'ordonner le temps, sans qu'aucun influx particulier ne leur soit attribuable. Les seuls éléments d'astronomie utilisés, imposés par la nature même, sont solaires pour déterminer les saisons et les mois par le calcul des solstices et équinoxes, par le *gnomon*, ainsi que les heures fixées par le *cadran solaire*.

L'astronomie permettant de définir l'ordre temporel fut de tout temps pratiquée en Chine. Ici deux experts calculent, suivant une méthode très ancienne, l'équinoxe de printemps à l'aide d'un gnomon.

Voici la **liste des Constellations** telle, à une ou deux corrections près, qu'elle est donnée par Havret. Needham pense qu'elles correspondaient à l'équateur tel qu'il se présentait 2400 ans avant Jésus-Christ.

TABLEAU DES 28 CONSTELLATIONS ET DE LEURS ÉQUIVALENTS.

	Orientales (蒼龍) 79°			Boréales (玄武) 92°			Occidentales (白虎) 83°			Australes (朱鳥) 111°		
木	1	角	蛟	8	斗	獬	15	奎	狼	22	井	犴
金	2	亢	龍	9	牛	牛	16	婁	狗	23	鬼	羊
土	3	氐	貉	10	女	蝠	17	胃	雉	24	柳	獐
日	4	房	兎	11	虛	鼠	18	昴	雞	25	星	馬
月	5	心	狐	12	危	燕	19	畢	烏	26	張	鹿
火	6	尾	虎	13	室	豬	20	觜	猴	27	翼	蛇
水	7	箕	豹	14	壁	貐	21	參	猨	28	軫	蚓

Voici la liste de ces Constellations, d'après A. Wylie dans J. Doolittle, *Handbook of the Chinese language,* Tom. II, p. 617.

1.. 角 α et ζ de la Vierge.
2. 亢 κ, ι, ϕ, λ de la Vierge.
3. 氐 α^2, ι^1, γ, β de la Balance.
4. 房 π, ρ, δ, β du Scorpion.
5. 心 σ, α, τ du Scorpion.
6. 尾 μ, ϵ, ζ, η, θ, ι, κ, λ, υ du Scorpion.
7. 箕 γ, δ, ϵ du Sagittaire; β du Télescope.
8. 斗 ϕ, λ, μ^1, σ, τ, ζ du Sagittaire.
9. 牛 β, α^2, ξ^2, π, o, ρ du Capricorne.
10. 女 ϵ^2 et μ du Verseau.
11. 虛 β du Verseau et α du Petit Cheval.
12. 危 x du Verseau; θ et ϵ de Pégase.
13. 室 α et β de Pégase.
14. 壁 γ de Pégase et α d'Andromède.
15. 奎 η, ζ, i, ϵ, δ, π, ν, μ, β d'Andromède; σ^2 des Poissons; avec onze autres étoiles de ces deux Constellations.
16. 婁 β, γ, α du Bélier.
17. 胃 35, 39, 41 de la Mouche (Numéros du catalogue de Flamsteed).
18. 昴 17, 16, 19, 20, 23, η, 28, 27 du Taureau = les Pléïades.
19. 畢 ϵ, δ^3, δ^1, γ, α, θ^1, 71, λ du Taureau = Aldebaran et les Hyades.
20. 觜 λ, ϕ^1, ϕ^2 d'Orion.

東	**dong**	secteur EST	蒼龍	**cang long**	**"le Dragon glauque (vert)"**
角	jiao	la corne	Jupiter	木星	*muxing , agent BOIS*
亢	kang	le cou	Venus	金星	*jinxing, agent METAL*
氐	di	la racine	Saturne	土星	*tuxing, agent TERRE*
房	fang	la chambre	Soleil	日太陽	*ri, taiyang*
心	xin	le coeur	Lune	月亮	*yue , yueliang*
尾	wei	la queue	Mars	火星	*huoxing, agent FEU*
箕	ji	le panier	Mercure	水星	*shuixing, agent EAU*
北	**bei**	sect. NORD	玄武	**xuan wu**	**"le Guerrier (tortue) noir"**
斗	dou	la louche	Jupiter	木星	*歲星 suixing,(astronomie)*
牛	niu	le buffle	Venus	金星	*太白星 taibai xing*
女	nu	la femme	Saturne	土星	
虛	xu	le vide	Soleil	日	
危	wei	le toit	Lune	月	
室	shi	la maison	Mars	火星	
壁	bi	le mur	Mercure	水星	
西	**xi**	sect. OUEST	白虎	**bai hu**	**"le Tigre blanc"**
奎	kui	les jambes	Jupiter	木星	**五行星 wuxingxing**
婁	lou	le lien	Venus	金星	les cinq planètes
胃	wei	l'estomac	Saturne	土星	**七曜 qiyao**
昴	ang	les lumineux	Soleil	日	les sept luminaires
畢	bi	le filet	Lune	月	
觜	zi	la tortue	Mars	火星	
叄	san	3 associés	Mercure	水星	
南	**nan**	secteurSUD	朱鳥	**zhu niao**	**"l'Oiseau vermillon"**
井	jing	le puits	Jupiter	木星	
鬼	gui	le genie	Venus	金星	
柳	liu	le saule	Saturne	土星	
星	xing	l'etoile	Soleil	日	
張	zhang	le carrelet	Lune	月	
翼	yi	les ailes	Mars	火星	
軫	zhen	le chariot	Mercure	水星	
	ANIMAUX ASSOCIES				
東	1.crocodile 2.dragon 3.mangouste 4.lièvre 5.renard 6.tigre 7.léopard				
北	8.licorne 9. buffle 10.chauve-souris 11.rat 12.hirondelle 13.cochon 14.éléphant				
西	15.loup 16.chien 17.faisan 18.coq 19.corbeau 20.singe 21.atèle				
南	22.cheval 23.bélier 24.chevrotain 25.cheval 26.cerf 27.serpent 28.ver de terre				

Ceci atteste l'ancienneté du bestiaire chinois car cette liste contient plusieurs animaux disparus de Chine depuis des millénaires. On notera que, comme les constellations dans le ciel, celles-ci tournent dans le sens inverse des aiguilles d'une montre et se succèdent à partir de l'Est, au Nord, en Ouest et au Sud.

	EST		**Le DRAGON Glauque (vert)**
1-	角 :龍 角	*long jiao*	Les cornes du dragon
2-	亢 :龍 頸	*long jing*	Le cou du dragon
3-	氐 ::龍胸	*long xiong*	La poitrine du dragon
4-	房 :龍 腹	*long fu*	Le ventre du dragon
5-	心 :龍 心	*long xin*	Le coeur du dragon
6-	尾 :龍 尾	*long wei*	La queue du dragon
7-	箕 :龍 尾	*long wei*	L'extrémité de la queue du dragon
	NORD		**La TORTUE Sombre (noire)**
8-	斗 :蛇 身	*she shen*	Le corps du serpent
9-	牛 :蛇 身	*she shen*	Le corps du serpent
10-	女 :蛇 身	*she shen*	Le corps du serpent (ou tortue)
11-	虛 :龜 身	*gui shen*	Le corps de la tortue
12-	危 :龜 身	*gui shen*	Le corps de la tortue
13-	室 : 龜 身	*gui shen*	Le corps de la tortue
14-	壁 :龜 身	*guishen*	Le corps de la tortue
	OUEST		**Le TIGRE Blanc**
15-	奎 :虎 尾	*hu wei*	La queue du tigre
16-	婁 :虎 身	*hu shen*	Le corps du tigre
17-	胃 :虎 身	*hu shen*	Le corps du tigre
18-	昴 :虎 身	*hu shen*	Le corps du tigre
19-	畢 ;虎 身	*hu shen*	Le corps du tigre
20-	觜 :虎 頭	*hu tou*	La tête du tigre
21-	叁 :虎 前 肢	*hu qianzhi*	les pattes de devant du tigre
	SUD		**L'OISEAU Cinabre (vermillon)**
22-	井:鳥 首	*niao shou*	la tête (le visage) de l'oiseau
23-	鬼 :鳥 目	*niao mu*	L'oeil de l'oiseau
24-	柳 :鳥 頭	*niao tou*	La tête de l'oiseau
25-	星 :鳥 心	*niao xin*	Le coeur de l'oiseau
26-	張 :鳥 胃	*niao wei*	L'estomac de l'oiseau
27-	翼 :鳥 翼	*niao yi*	Les ailes de l'oiseau
28-	軫 :鳥 尾	*niao wei*	La queue de l'oiseau

Les animaux symboles des points cardinaux s'éparpillent à travers les constellations. La tortue est la véritable appellation du guerrier noir.

Calcul de la constellation

C'est une opération complémentaire du calcul du binôme du jour. Une fois obtenu le nombre à diviser par 60 pour obtenir ce binôme, on le reprend en y ajoutant le chiffre correcteur (cf.tableau ci-dessous) et on le divise par 28.

1887		1943	1965	1988	1
1893	1921	1944	1966		2
1899	1922		1967	1989	3
1900	1923	1945	1968	1990	4
1901	1924	1946		1991	5
1902		1947	1969	1992	6
1903	1925	1948	1970		7
1904	1926		1971	1993	8
	1927	1949	1972	1994	9
1905	1928	1950		1995	10
1906		1951	1973	1996	11
1907	1929	1952	1974		12
1908	1930		1975	1997	13
	1931	1953	1976	1998	14
1909	1932	1954		1999	15
1910		1955	1977	2000	16
1911	1933	1956	1978		17
1912	1934		1979	2001	18
	1935	1957	1980	2002	19
1913	1936	1958		2003	20
1914		1959	1981	2004	21
1915	1937	1960	1982		22
1916	1938		1983	2005	23
	1939	1961	1984	2006	24
1917	1940	1962		2007	25
1918		1963	1985	2008	26
1919	1941	1964	1986		27
1920	1942		1987	2009	28

LES VINGT-HUIT CONSTELLATIONS ET LA SEMAINE

Ce n'est donc pas dû au seul effet du hasard si, dans les almanachs chinois, on trouve les « sept lumières » (le Soleil, la Lune et les cinq Planètes) associées aux Constellations dans un ordre qui est identiquement celui de nos jours de la semaine :

Constellations				Luminaires associés	Jours de la semaine
1	8	15	22	Jupiter	jeudi
2	9	16	23	Vénus	vendredi
3	10	17	24	Saturne	samedi
4	11	18	25	le Soleil	dimanche
5	12	19	26	la Lune	lundi
6	13	20	27	Mars	mardi
7	14	21	28	Mercure	mercredi

Ces cycles de vingt-huit jours qui se succèdent concurremment aux signes du cycle sexagésimal (associés à l'Agent qui régit le groupe journalier du Destin) constituent le facteur déterminant pour découvrir le coefficient de chance imparti à chacun d'entre nous. Les almanachs chinois les indiquent également avec soin, car c'est surtout d'eux que dépendent les interdits ou les recommandations pour chaque jour.

Bien que les Planètes soient indiquées dans la liste ci-dessus par référence à l'Agent auquel elles sont traditionnellement associées, cette série de sept n'a pas de rapport direct avec celle des cinq Agents utilisée en relation avec les binômes. La présence du Soleil et de la Lune compliquerait d'ailleurs le problème et, à ma connaissance, les astrologues chinois ne s'en servent guère. D'ailleurs, le langage courant n'a pas retenu cette appellation pour les jours de la semaine qui, lorsque les Chinois les utilisent, sont simplement désignés par un numéro d'ordre (exception faite toutefois du dimanche appelé *jour du Soleil*).

POSITIONS DES ETOILES SIGNIFICATIVES DES VINGT-HUIT CONSTELLATIONS

α	of Virgo	13h19m55s	11°49'48"	
κ	of Virgo	14h07m34s	8°52'12"	
α 2	of Libra	14h45m21s	14°46'48"	
π	of Scorpio	15h52m48s	4°55'48	
σ	of Scorpio	16h15m07s	4°55'48"	
μ 1	of Scorpio	16h45m06s	17°44'24"	
γ	of Sagittarius	17h59m23s	11°00'00"	
φ	of Sagittarius	18h39m25s	25°48'	
β	of Capricorn	20h15m24s	7°53'24"	
σ	of Aquarius	20h42m16s	11°49'48"	
β	of Aquarius	21h26m18s	9°51'36"	
α	of Aquarius	22h00m39s	16°45'36"	
α	of Pegasus	22h59m47s	15°46'12"	
γ	of Pegasus	00h05m05s	8°52'12"	
η	of Andromeda	00h42m02s	15°46'12"	
β	of Aries	01h49m07s	11°49'48"	
41	of Aries	02h44m06s	13°48'	
η	of Taurus	03h41m36s	10°50'24"	
ε	of Taurus	04h22m47s	15°46'12"	
λ	of Orion	05h29m38s	1°58'12"	
ζ	of Orion	05h35m43s	8°52'12"	
μ	of Gemini	06h16m55s	32°31'48"	
θ	of Cancer	08h25m54s	3°56'24"	
δ	of Hydra	08h32m40s	14°46'48"	
α	of Hydra	09h22m40s	6°54"	
μ	of Hydra	10h21m15s	17°44'24"	
α	of Crater	10h54m54s	17°44'24"	
γ	of Corvus	12h10m40s	16°45'26"	
	determining star	*right ascen.*	**extension**	

J'utilise ici le tableau que j'ai établi avec l'aide de mon ami **Derek Poulsen** qui est responsable de l'édition anglaise des *HUIT SIGNES* parue sous le titre *THE FOUR PILLARS OF DESTINY.* J'espère que les lecteurs comprendront ce geste de gratitude à son égard et ne seront pas trop gênés par la langue anglaise utilisée couramment dans les livres d'astrologie.

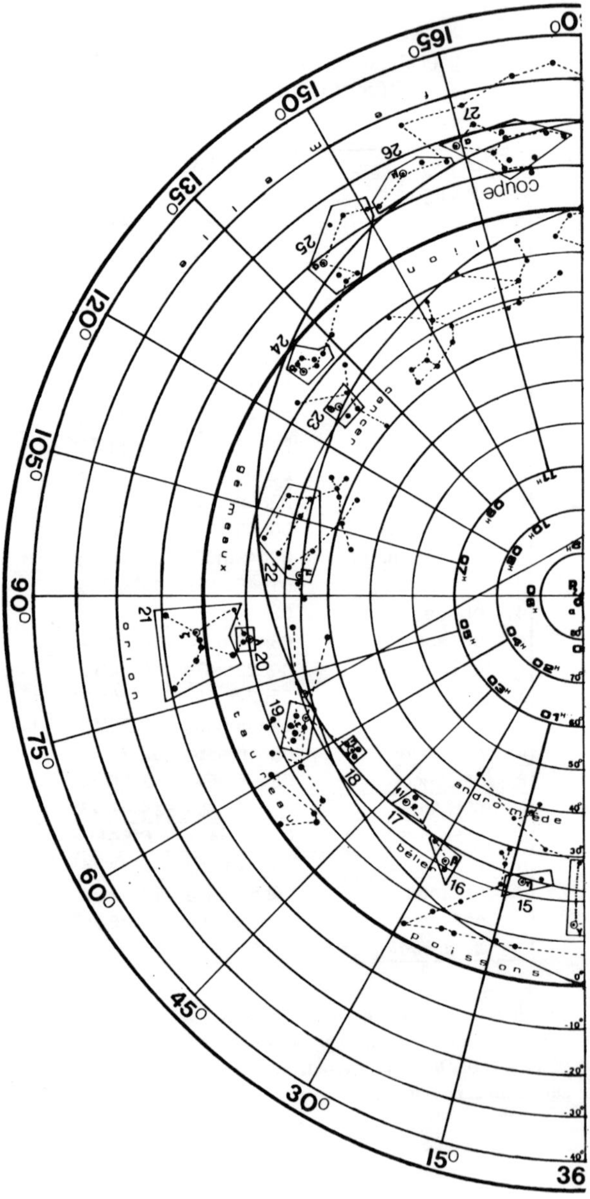
165°
150°
135°
120°
105°
90°
75°
60°
45°
30°
15°
coupe
lion
cancer
gémeaux
orion
taureau
andromède
bélier
poissons
15
16
17
18
19
20
21
22
23
24
25
26
27

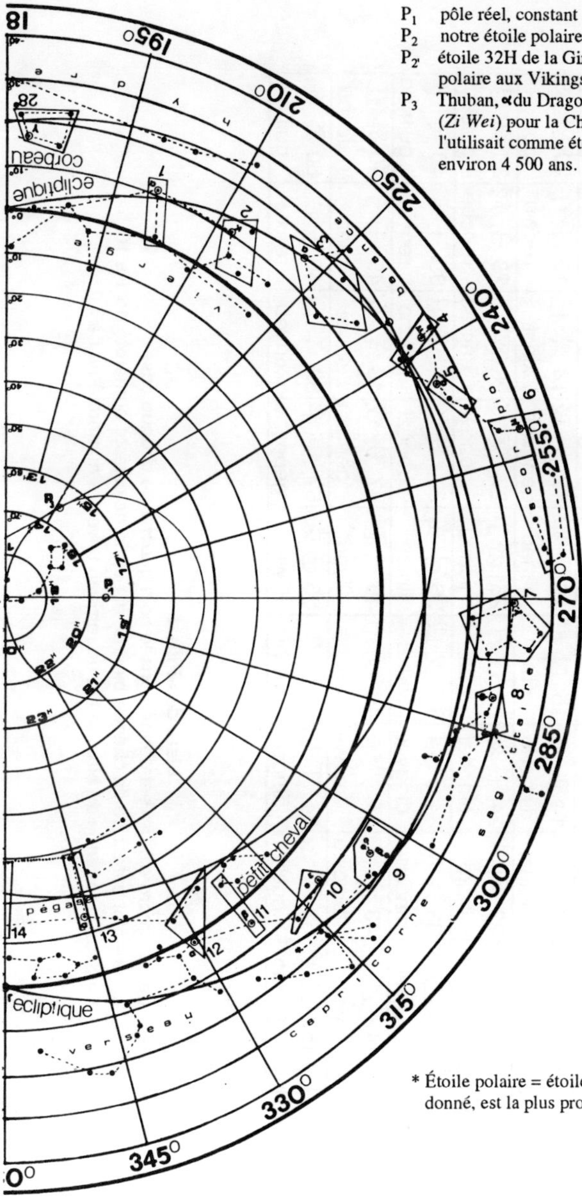

P_1 pôle réel, constant ; étoile centrale.

P_2 notre étoile polaire*.

$P_{2'}$ étoile 32H de la Girafe ; servait d'étoile polaire aux Vikings, vers l'an 800.

P_3 Thuban, α du Dragon, Étoile pourpre (*Zi Wei*) pour la Chine ancienne qui l'utilisait comme étoile polaire, il y a environ 4 500 ans.

* Étoile polaire = étoile qui, à un moment donné, est la plus proche du pôle.

1 甲子 jiazi	2 乙丑 yichou	3 丙寅 bingyin	4 丁卯 dingma	5 戊辰 wuche	6 己巳 jisi	7 庚午 gengwu	8 辛未 xinwei	9 壬申 renshen	10 癸酉 guiyou
11 甲戌 jiaxu	12 乙亥 yihai	13 丙子 bingzi	14 丁丑 dingcho	15 戊寅 wuyin	16 己卯 jimao	17 庚辰 gengche	18 辛巳 xinsi	19 壬午 renwu	20 癸未 guiwei
21 甲申 jiashen	22 乙酉 yiyou	23 丙戌 bingxu	24 丁亥 dinghai	25 戊子 wuzi	26 己丑 jichou	27 庚寅 gengyi	28 辛卯 xinmao	29 壬辰 renche	30 癸巳 guisi"
31 甲午 jiawu	32 乙未 yiwei	33 丙申 bingshe	34 丁酉 dingyou	35 戊戌 wuxu	36 己亥 jihai	37 庚子 gengzi	38 辛丑 xincho	39 壬寅 renyin	40 癸卯 guimao
41 甲辰 jiachen	42 乙巳 yisi	43 丙午 bingwu	44 丁未 dingwei	45 戊申 wushe	46 己酉 jiyou	47 庚戌 gengxu	48 辛亥 xinhai	49 壬子 renzi	50 癸丑 guichou
51 甲寅 jiayin	52 乙卯 yimao	53 丙辰 bingchen	54 丁巳 dingsi	55 戊午 wuwu	56 己未 jiwei	57 庚申 gengshe	58 辛酉 xinyou	49 壬戌 renxu	60 癸亥 guihai

Liste des Piliers

Leur numéro d'ordre est donné dans le coin gauche de chaque case.
Le premier caractère de chaque binôme est un tronc céleste numéroté de 1 à 10.
Le deuxième terme du binôme est un rameau terrestre numéroté de I à XII.

Chapitre Douzième

HOROSCOPE DES QUATRE PILIERS

Le grand problème que nous trouvons dans l'établissement des piliers du destin est celui que nous avons déjà évoqué dans le chapitre sur le calendrier, c'est-à-dire la conversion d'un devenir continu en des éléments calculables. Cette opération se fait pour que l'homme puisse utiliser le temps, mais à toutes les époques, on a compris que c'était artificiel et que notre mode de calcul ne saurait en aucun cas modifier la nature des choses. Sentant confusément les données du problème, toutes les civilisations ont voulu chercher un moyen de calculer au plus juste la valeur de la durée. Dans l'impossibilité d'avoir par la raison un mode de calcul objectif, on a dévolu la responsabilité de ce calcul à des autorités supposées capables de définir la meilleure méthode possible. En Chine et au Japon, cette autorité était l'Empereur, et le peuple pouvait suivre les calendriers qu'il établissait. A Babylone, c'était un collège de scribes prêtres, puis en Occident, ce rôle fut confié à l'Eglise, tandis que pour les juifs il s'agissait des rabbins, et pour les musulmans, des imams, chargés par exemple de définir à la minute le début et la fin du Ramadan. Le même besoin d'universaliser le calendrier est démontré par les technocrates de Bruxelles qui, sans réfléchir aux conséquences, légifèrent sur l'heure d'été, ce qui fait que nos aoûtiens qui sortent de déjeuner à deux heures de l'après-midi, promènent leur nudité sur les plages et font rôtir leurs petits enfants au soleil le plus chaud, faute de réaliser que quatorze heures est en réalité midi, l'époque d'extrême nocivité du soleil. Les experts en la matière, les habitants des pays chauds, quant à eux font la méridienne.

Le seul calendrier qui serait parfaitement valable est le calendrier biologique dont le calcul devrait changer suivant les saisons, sauf pour les pays proches de l'équateur qui connaissent une très faible variation de la durée du jour et de la nuit. On comprendra que, faute d'ordinateur hautement perfectionné, le calcul du temps deviendrait dans ces conditions une oeuvre de titan, variant selon chaque latitude et longitude. Aucune comparaison

Etablissement traditionnel d'un horoscope

dont le binôme annuel est 8, le binôme mensuel 22, le binôme du mois 51 et celui du jour 2.

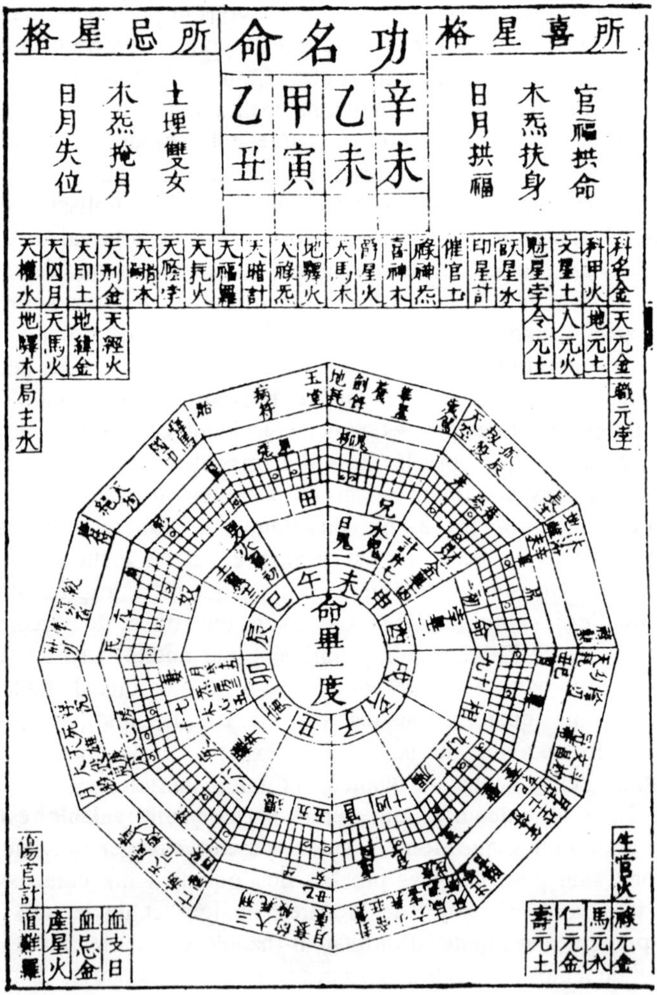

n'est possible entre les couchers de soleil des pays nordiques et ceux de l'Afrique équatoriale où la nuit tombe comme une chape de plomb. On comprendra que tout calcul de la durée est conventionnel donc artificiel et approximatif. On ne peut donner qu'une appréciation moyenne. Il ne faut pas succomber à l'erreur, à mon sens, de beaucoup d'astrologues qui veulent donner à leur calcul une précision qu'il ne saurait comporter.

Comme le disent les commentaires du *Yi jing* : « *Le Ciel donne naissance aux choses divines, les Sages les prennent comme critère. Le Ciel et la Terre connaissent des changements et des transformations, les Sages les reproduisent. Dans le Ciel sont suspendues des images qui manifestent la fortune et l'infortune, les Sages les imitent.* ***Du Fleuve (jaune) sort le Plan, de la (rivière)*** **Luo** ***sort l'Ecrit, les Sages les prennent comme modèles*** ». (traduction de WANG Dongliang).

La chronomancie nous fournit des méthodes d'analyse de notre personnalité qui nous permettent son approximative saisie, mais il ne s'agit pas d'une image toute faite. Elle permet de constituer une sorte de *mandala* (image divinatoire des Tibétains) qui, par la réflexion, peut nous aider à mieux définir notre profil, nous permettant ainsi de l'améliorer. Comme les hexagrammes du *Yijing*, seule une réflexion peut vous permettre d'en définir la portée.

La difficulté majeure en ce domaine c'est de définir le point Γ ou point zéro. Les seuls évidents sont *midi* ou l'*équinoxe* et, moins nettement, le solstice. Le calcul du jour serait probablement plus facile et plus exact si on le comptait de midi (solaire) à midi du jour suivant. Dans l'impossibilité d'atteindre un calcul précis, force est bien de se contenter d'une moyenne, mais il me paraît absolument chimérique d'espérer qu'on trouvera une solution de valeur universelle. Suivant le lieu, le début du jour ou de l'année change. C'est ainsi que les Japonais attaquèrent Pearl Harbor le 7 décembre 1941, calendrier japonais, et le 8, calendrier d'Hawaii, et que Philéas Fogg réussit son tour du monde en 80 jours car il voyageait en sens inverse du soleil, ce qui lui permit de gagner un jour. Je ne vois aucune raison décisive d'adopter, pour calculer l'horoscope, l'heure de Pékin ou l'heure du lieu. Dans le doute, à la chinoise, la disquette de calcul horoscopique sur informatique que nous avons réalisée, un ami technicien et moi, offre les deux possibilités. D'ailleurs, tout me porte à croire que trop de minutie aboutit à l'absurde. Aucun cycle énergétique ne finit d'une manière précise, et il faut admettre un temps de rémanence pour l'énergie déclinante où elle se mélange avec l'énergie nouvelle. C'est ainsi qu'un de mes petits-fils étant né le trois février, fin de l'année astrologique du cochon, je l'ai appelé « cochon d'Inde », car l'année du rat commence le jour suivant. D'ailleurs, les déclarations d'état civil étant imprécises bien souvent, il faut tenir compte d'une certaine phase intermédiaire pour le début et la fin de chaque période. Le pragmatisme chinois étudie les signes d'une manière très souple et, à mon avis, il a fait ses preuves.

L'ANNÉE

L'observation du cycle de Jupiter, qui effectue en douze ans environ sa révolution autour du Soleil, a servi à définir l'année, ce qui fait qu'on lui a donné le nom de 太歲 *Tai Sui*, « grande année », celle-ci correspondant à peu près à une révolution de la planète et définissant donc une période privilégiée de douze année, fondement du cycle duodénaire. Ce cycle intéressera peut-être les astrologues occidentaux car il permet d'établir un rapprochement avec celui du Zodiaque si les étapes en sont considérées comme demeures de Jupiter. Les Chinois n'ont jamais expressément fait le rapprochement. Les caractères de l'année définissent le mois en relation avec les autres, il peuvent donc être révélés facilement.

Le cycle de Jupiter

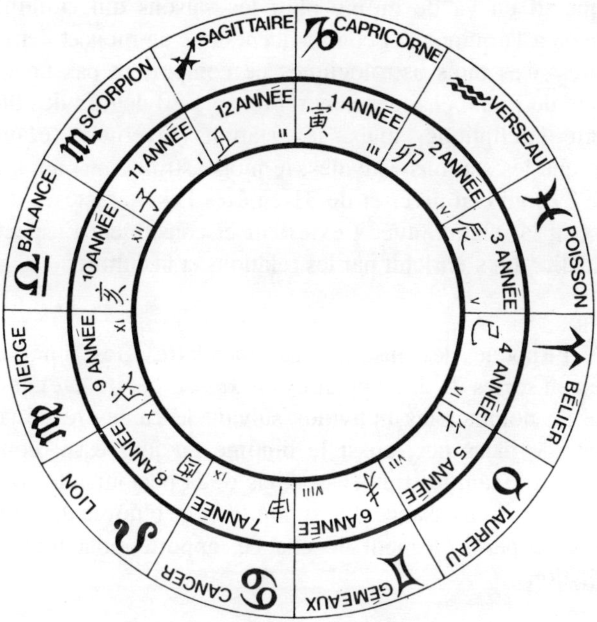

Ce tableau donne les relations essentielles entre la grande année et les signes du zodiaque et de ce chef il peut inciter la réflexion sur leur origine.

LE MOIS

Le calendrier astrologique est basé sur le même système que notre Zodiaque, à la différence que le jour du changement de signe pour notre mois astrologique n'est plus dans le calendrier chinois le début mais le point culminant du mois d'où le mois astrologique en Chine commence à un point intermédiaire entre deux signes du Zodiaque. Il en va de même pour les saisons qui culminent au solstice ou à l'équinoxe et commencent donc un mois et demi avant les nôtres. Ces mois astrologiques ne comportent pas un nombre identique de jours, chaque mois représente 30 degrés des 360 que comporte l'écliptique, mais, les stations hivernales étant plus courtes que les stations estivales, le mois astrologique aura un peu plus de 29 jours en hiver et de 31 en été. Les caractères du mois établissent la relation avec l'extérieur et constituent l'aspect de la personnalité qui s'enrichit par les relations et la culture.

LE JOUR

A l'époque des inscriptions oraculaires, les jours étaient groupés en séries de dix, appelées 旬 *xun*. L'habitude était à cette époque de nommer les individus suivant le caractère dénaire de leur jour de naissance, aussi le binôme du jour est-il considéré comme définissant les traits essentiels de la personnalité, ceux qui apparaissent à la naissance. C'est pourquoi ce binôme du jour est le plus affecté par l'élément de chance, apporté notament par les constellations.

L'HEURE

Tous les Chinois s'accordent à attacher une extrême importance à l'heure qui nous vit naître, instant où les fées se penchèrent sur notre berceau, pour mêler les folklores orientaux et occidentaux ! Un horoscope est incomplet s'il ne contient pas cet élément qui met en quelque sorte la dernière touche à notre personnalité. C'est d'ailleurs essentiellement sur cette heure que les augures jugent si un nouveau-né est le bienvenu dans la famille où il voit le jour. L'heure correspond à la partie la plus intime du moi, qui est en fait inviolable ; on peut, je pense, l'associer au subconscient.

Une heure chinoise équivaut à deux de nos heures et se divise en deux parties, l'une appelée début, l'autre exacte. Le jour débutant à minuit, la première heure chinoise, *tseu*, est à cheval sur deux jours, tandis que les signes qui lui sont impartis sont déjà à partir de minuit liés à ceux du jour suivant.

Les heures d'ordre impair sont yang, celles d'ordre pair sont yin. Chaque heure chinoise connaît son point optimal au moment qui correspond pour nous à une heure d'ordre pair.

Les heures du jour étant au nombre de douze, c'est le cycle des douze Rameaux terrestres qui revêt le plus d'importance ; ils sont chargés, ne l'oublions pas, des influences célestes !

Primitivement, le jour était divisé en dix périodes (moment 時 *shi*), elles-mêmes divisées en dix 刻 *ke*. Ce n'est qu'à l'époque des *Han*, probablement au deuxième siècle de notre ère, que les douze heures furent adoptées. Mais la division en cent fractions demeura, la première et la septième heure comptant chacune dix divisions. C'est à l'ère *Kang Xi*, en 1670, que l'empereur, sur les conseils du Révérend Père Verbiest, réduit le nombre de ces divisions à quatre-vingt-seize, dès lors analogues à notre quart d'heure. Elles sont divisées en 15 minutes, elles-mêmes divisées en 60 secondes parfaitement identiques aux nôtres.

LES BINÔMES

Généralités

Un binôme du cycle sexagésimal (composé de deux signes l'un dénaire, l'autre duodénaire) personnalise chaque année, chaque mois, chaque jour, chaque heure. Chaque instant est donc personnalisé par quatre binômes, regroupant les huit signes.

Ce qui est important surtout dans l'exploitation des piliers ou binômes, c'est d'établir leurs relations. Leurs sympathies et antipathies sont directement marquées par la qualité du rameau céleste. La structure se lit horizontalement par l'analyse de la valeur de chaque binôme ce qui en définit la force. La lecture verticale définit la structure de la personnalité. Ce rapport peut être illustré par l'image utilisée par les alchimistes : **les trois champs de cinabre**.

La tête est un élément extérieur, elle correspond au **binôme de l'année**, lequel ne ressort pas du secret de l'horoscope et sert à l'établissement des relations sociales. C'est pour cela que l'on vous demande fréquemment quel est votre animal.

Les trois champs de cinabre sont plus intimes et définissent votre personnalité. Au champ supérieur, le poumon, **binôme du mois**, correspond l'élément réceptif aux influences extérieures. Le deuxième champ de cinabre, **binôme du jour**, correspond à l'appareil digestif, celui qui autrefois servait par son tronc céleste de nom personnel, c'est la fonction de nutrition ; enfin le troisième champ de cinabre, **binôme de l'heure**, constitue l'intimité de la personne (le subconscient, la sexualité et l'évacuation par les reins et la vessie).

Au binôme de l'heure, comme à celui de l'année, est associé un animal emblématique. J'ai classé les trois champs de cinabre dans un ordre de plus en plus intime. On notera cependant que les alchimistes utilisent un ordre inverse et commencent par le subconscient.

Les signes ou piliers

Chaque division du temps (année, mois, jour et heure) est définie par la combinaison de deux séries de signes : l'une de dix (série dénaire), l'autre de douze (série duodénaire), qui se déroulent parallèlement et sont chaque fois associés deux à deux. Comme les deux séries ont un même point de départ, chaque signe d'ordre pair rencontrera toujours un signe d'ordre pair de l'autre série ; il en va de même pour ceux d'ordre impair. Par suite de la différence de deux unités existant entre les deux séries, chaque signe d'ordre pair rencontrera successivement tous les signes d'ordre pair de l'autre série, et un signe impair tous les signes impairs. C'est là le cycle sexagésimal qui revient à son point de départ après soixante combinaisons et constitue la clé essentielle de tout le calendrier chinois.

Un cycle pour les années dure soixante ans, pour les mois cinq ans (60 : 12), pour les jours soixante jours (approximativement deux mois) et pour les heures cinq jours (l'heure chinoise comportant deux de nos heures).

Les Chinois appellent ces binômes les *colonnes du Destin.* Notez que pour eux, ils sont connus dès la naissance et faciles à retenir par leur dénomination chinoise, puisque les deux séries dénaire et duodénaire sont utilisées couramment en Chine comme liste ordinale, un peu comme nous faisons avec les lettres de l'alphabet. ***Les quatre colonnes du Destin*** ou, ***les huit signes du Destin***, sont donc deux expressions synonymes et s'emploient indifféremment, la première désignant les binômes, la seconde les huit caractères pris individuellement.

Trouver ces quatre binômes est la seule opération que requiert l'établissement d'un thème horoscopique (voir chapitre suivant). Ils constituent une sorte de fiche signalétique immuable, à laquelle il faut se référer pour toute étude sommaire ou approfondie d'un horoscope. Cette carte d'identité établie une fois pour toute, il ne reste plus qu'à se reporter aux explications données dans le reste de l'ouvrage.

L'interprétation des éléments du thème peut se faire également à différents niveaux, chaque partie de l'horoscope pouvant à volonté être utilisée simultanément ou séparément. C'est ainsi que, si l'on cherche à connaître les possibilités d'entente entre deux époux ou deux fiancés, on peut dans un premier temps se contenter d'une approximation grossière en recherchant l'harmonie existant entre les Animaux de leur année de naissance et, ensuite, entre les Agents dominants. Il est par exemple facile d'établir qu'un jeune homme Rat a toutes les chances de s'entendre avec une aimable Dragon, pourtant si l'on trouve que leur année de naissance est pour tous les deux l'Agent Bois, il sera également clair que leur accord profond n'ira pas sans tempêtes ni querelles, qui pourtant ne mettront jamais en danger ce couple. Si l'on avance encore dans l'étude des éléments des deux horoscopes, on arrivera à une approximation de plus en plus fouillée et précise.

Un acupuncteur tiendra compte, pour l'exercice de son art, de l'horoscope, puisque chaque Agent est lié à un organe donné, aussi bien que de l'heure qui sera la plus favorable pour l'organe à soigner, et des relations entre les organes que lui révèle l'étude des pouls. Un joueur pourra tenter sa chance sur le chiffre lié à celui de son Agent dominant, ou à celui de son jour de naissance, du jour où il joue, etc., ou d'une combinaison entre eux. La couleur faste pourra être celle de l'Agent dominant ou de tout autre qui vous paraît devoir exercer au jour dit une influence favorable.

Il existe donc un très grand nombre d'utilisations possibles, et d'innombrables écoles et méthodes d'interprétation. Il vous est parfaitement loisible de vous forger votre méthode personnelle, l'usage seul pouvant en établir la valeur et la crédibilité.

CALCUL DES BINÔMES

Faisant partie d'un cycle de soixante qui se répète indéfiniment, les binômes peuvent être calculés à partir de n'importe quelle référence calendérique. Nous utilisons simplement ici comme référence la date du calendrier occidental.

Calcul du binôme annuel

Il suffit d'ajouter au chiffre dizaine et unité représentant chaque année : 57 de 1800 à 1899, 37 de 1900 à 1999, 17 à partir de 2000.

L'année chinoise astrologique débutant vers le 4 février, c'est à cette date qu'intervient le changement de signe. Les jours compris entre le 1er janvier et le 3 février inclus font donc partie en fait du signe précédent.

Prenons trois cas que nous retiendrons comme exemple de calcul : 6 juillet 1982 12 h 00 ; 29 avril 1960 08 h 00 ; 15 janvier 1932 11 h 00.

Cela donnera pour le binôme annuel :

- *1982 : 82 + 37 = 119*
- *1960 : 60 + 37 = 97*
- *1932 : 32 + 37 = 69*

Le cycle recommençant après 60, je soustrais du résultat obtenu 60 (ou le multiple de 60) ce qui donne : pour 1982 comme binôme annuel 119 - 60 = 59 ; pour 1960 97 - 60 = 37 ; pour l'année 1932, la date étant antérieure au 4 février, je compte comme pour l'année précédente, ce qui donne 69 - 60 - 1 = 8.

Tous les binômes se comptent donc en soustrayant 60 (ou son multiple) de tout nombre supérieur à 60.

Calcul du binôme mensuel

Il suffit de se rappeler le chiffre par lequel se termine chacune de nos années ; si c'est 4 ou 9, ajouter 1 au chiffre désignant le mois,
si c'est 5 ou 0 ajouter 13
si c'est 6 ou 1 ajouter 25
si c'est 7 ou 2 ajouter 37
si c'est 8 ou 3 ajouter 49.

Une correction reste cependant à faire comme dans le cas de l'année, car le mois astrologique correspondant à janvier commence le 6 janvier, à février le 4 février, nous aurons ensuite le 5 mars, le 5 avril, le 5 mai, le 6 juin, le 7 juillet, le 8 août, le 8 septembre, le 8 octobre, le 7 novembre, enfin le 7 décembre. Les jours antérieurs à chaque date comptent comme faisant partie du mois précédent.

Reprenons nos exemples :

- 6 juillet 1982 : 7 + 37 = 44 mais en réalité le mois astrologique débutant le 7 juillet le binôme sera 43 ;

- 29 avril 1960 : 4 + 13 = 17 ;

- 15 janvier 1932 : 1 + 37 = 38.

Calcul du binôme journalier

Pour obtenir le binôme du jour, il suffit d'additionner trois chiffres : noter d'abord la date, y ajouter un chiffre, valable pour l'année, et qui figure dans le tableau ci-dessous :

CHIFFRE DES UNITÉS

CHIFFRE DES DIZAINES	0	1	2	3	4	5	6	7	8	9
190	10	15	20	25	30	36	41	46	51	57
191	2	7	12	18	23	28	33	39	44	49
192	54	0	5	10	15	21	26	31	36	42
193	47	52	57	3	8	13	18	24	29	34
194	39	45	50	55	0	6	11	16	21	27
195	32	37	42	48	53	58	3	9	14	19
196	24	30	35	40	45	51	56	1	6	12
197	17	22	27	33	38	43	48	54	59	4
198	9	15	20	25	30	36	41	46	51	57
199	2	7	12	18	23	28	33	39	44	49
200	54	0	5	10	15	21	26	31	36	42

Enfin, il faut ajouter un troisième chiffre qui varie chaque mois en tenant compte du fait que l'année est bissextile ou non.

	JAN.	FÉV.	MARS	AVRIL	MAI	JUIN
année normale	0	31	59	30	0	31
bissextile	0	31	0	31	1	32

	JUIL.	AOÛT	SEPT.	OCT.	NOV.	DÉC.
année normale	1	32	3	33	4	34
bissextile	2	33	4	34	5	35

ce qui donne comme binôme journalier :
- pour le 6 juillet 1982 : 6 + 20 + 1 = 28
- 29 avril 1960 : 29 + 24 + 31 = 84 - 60 = 24 (1960 est bissextile)
- 15 janvier 1932 : 15 + 57 + 0 = 72 - 60 = 12

Calcul du binôme de l'heure

Il faut se rappeler qu'une heure chinoise vaut deux de nos heures, et que la première heure culminant à minuit est à cheval sur deux jours.

Pour trouver le numéro du binôme, se rappeler d'abord le binôme du jour. Si le numéro d'ordre du jour désignant le binôme du jour se termine

par 1 ou 6 : le chiffre du binôme horaire est le même que celui désignant l'heure chinoise ;
par 2 ou 7, ajouter 12 au numéro désignant l'heure chinoise ;
par 3 ou 8, ajouter 24 au numéro désignant l'heure chinoise ;
par 4 ou 9, ajouter 36 au numéro désignant l'heure chinoise ;
par 5 ou 0, ajouter 48 au numéro désignant l'heure chinoise ;

Reprenons nos exemples :
- 6 juillet 1982 à 12 h 00 (7e heure chinoise, binôme journalier 28) 7 + 24 = 31;
- 29 avril 1960 à 08 h 00 (5e heure chinoise, binôme journalier 24) 5 + 36 = 41;
- 15 janvier 1932 à 11 h 00 (7e heure chinoise, binôme journalier 12) 7 + 12 = 19.

Il faut toujours définir l'heure par rapport à l'heure G.M.T. Notons que l'usage constant des devins chinois est de calculer l'heure par rapport au méridien de Pékin, si l'on suit leur exemple il faut donc alors ajouter 8 à l'heure G.M.T (7heures, 872 et des poussières pour les amateurs de précision)., ce qui peut avoir pour conséquence d'avancer d'un jour (donc d'un binôme) la date G.M.T. Prenons l'exemple d'un individu né le 6 mai 1923, à 20 h 00 à Paris. L'heure légale française était alors l'heure G.M.T. : 20 h 00 + 8 h 00 = 28 h00, donc 4 heures du matin le jour suivant, il faut aussi vérifier quel était, au moment et au lieu de sa naissance, le décalage entre l'heure légale et l'heure G.M.T. Mon ami Guy Knerr vient de terminer un petit programme informatique de calcul qui pourra aider ceux qui comme moi sont brouillés avec les chiffres. *Les deux possibilités de calcul y sont données, soit en fonction de l'heure de Pékin soit de l'heure locale.*

Récapitulatif des éléments d'un horoscope

	10.	*troncs*	agents		12.	*rameaux*	agents	12.	*animaux*
1.	甲	*jia*	木 陽 BOIS	I	子	*zi*	水 陽 EAU	鼠	*shu*, -
2.	乙	*yi*	木 陰 BOIS	II	丑	*chou*	土 陰 TERRE	牛	*niu*, -
3.	丙	*bing*	火 陽 FEU	III	寅	*yin*	木 陽 BOIS	虎	*hu*, +
4.	丁	*ding*	火 陰 FEU	IV	卯	*mao*	木 陰 BOIS	兔	*tu*, -
5.	戊	*wu*	木 陽 TERRE	V	辰	*chen*	土 陽 TERRE	龍	*shen*, +
6.	己	*ji*	木 陰 TERRE	VI	巳	*si*	火 陰 FEU	蛇	*shi*, +
7.	庚	*geng*	金 陽 MÉTAL	VII	午	*wu*	火 陽 FEU	馬	*ma*, +
8.	辛	*xin*	金 陰 MÉTAL	VII	未	*wei*	土 陰 TERRE	羊	*yang*, +
9.	壬	*ren*	水 陽 EAU	IX	申	*shen*	金 陽 MÉTAL	猴	*hou*, +, -
10.	癸	*gui*	水 陰 EAU	X	酉	*you*	金 陰 MÉTAL	鷄	*ji*, +
				XI	戌	*xu*	土 陽 TERRE	犬	*quan*, -
				XII	亥	*hai*	水 陰 EAU	豬	*zhu*, -

Relations des troncs et des agents, des rameaux et des agents.
Les animaux doublent les rameaux, on notera cependant qu'ils n'ont pas la même valeur *yin* et *yang*.

QUATRIÈME PARTIE

La chronomancie

Chapitre treizième

LA CHRONOMANCIE ET LES SOIXANTE PILIERS

LES SOIXANTE BINÔMES

Ils sont traditionnellement décrits dans la tradition orale à l'aide de comptines traditionnelles : les 納音 *nayin*, dont j'ai eu l'occasion d'indiquer plus haut l'extrême constance dans l'expression, et cela à travers toute la Chine.

Chant des soixante binômes

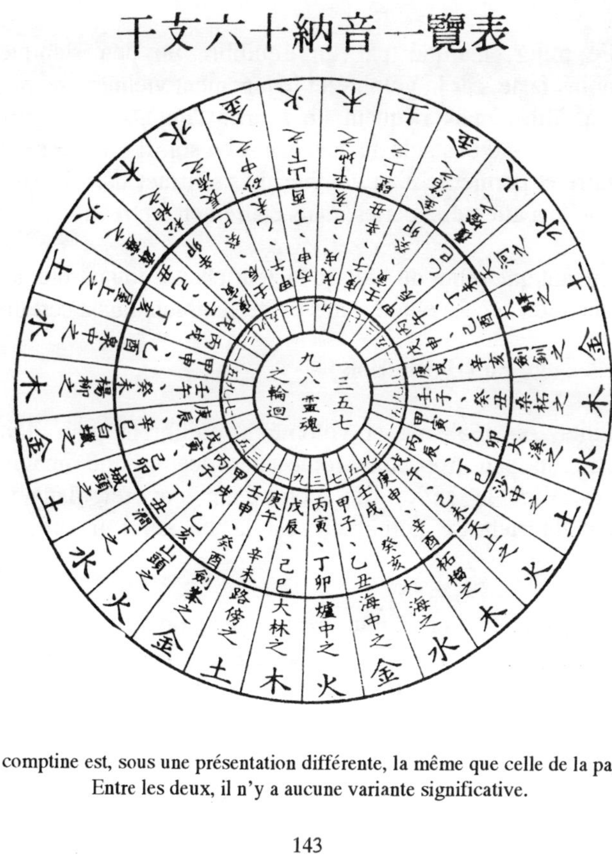

Cette comptine est, sous une présentation différente, la même que celle de la page 94. Entre les deux, il n'y a aucune variante significative.

PREMIER ET DEUXIÈME PILIERS

Planète associée : Vénus
Symbole : « L'or du fond de la mer »

Faste certes, l'or étant symbole de richesse et de réussite matérielle, mais cependant difficile à atteindre car l'or du fond de l'océan recouvert par l'eau n'est pas, en effet, d'une exploitation facile. Bien que ces deux piliers soient considérés comme porteurs de chance, celle-ci ne peut se réaliser que par beaucoup de ténacité voire d'entêtement.

PREMIER BINÔME (Rat/Bois)

Ce pilier, marqué par un équilibre un peu statique, est néanmoins faste, car la volonté et le jugement viennent seconder la froide lucidité, mais risquent de freiner l'impulsion créatrice et l'action ; le grand obstacle au succès est en soi. Il faut cesser d'être velléitaire et permettre à la volonté de s'affirmer dans la quête du but difficile à atteindre, certes, mais clairement entrevu.

En tant que pilier du jour, le facteur chance jouant pleinement, les chances du succès obtenu sans peine semblent quasi certaines.

DEUXIÈME BINÔME (Buffle/Bois)

Pilier, où réalisme et volonté s'équilibrent pour dominer, peut-être un peu trop, une force créatrice et une imagination tournées vers le rêve, qui pourraient s'avérer dangereuses. Pourtant, la richesse potentielle est là en soi ; il suffit de la découvrir.

En tant que pilier du jour, c'est l'indication de contradictions et de conflits intérieurs difficiles à résoudre, et pourtant la chance est là qu'il faut savoir saisir, mais il faut beaucoup d'obstination !

TROISIÈME ET QUATRIÈME PILIERS

Planète associée : Mars
Symbole : « Le feu du fourneau »

Bien que ce symbole évoque à nos yeux les joies de la vie domestique et les vertus actuellement vilipendées de la femme au foyer, la vision de cette humble réalité est tout autre pour les Chinois car le foyer représente la cellule familiale qui, à leurs yeux, prime en importance sur l'individu. Le foyer représente donc toute la réalité familiale, par la flamme nécessaire qui en incarne la vie et la conservation. Le fourneau, c'est aussi l'athanor sur lequel se cuit la drogue de l'immortalité, ainsi qu'un symbole de sagesse.

TROISIÈME BINÔME (Tigre/Feu)

Marqué par l'esprit créateur et la possibilité des réalisations les plus brillantes, ce pilier est faste. C'est le symbole du guide inspiré qui anime sa famille ou, au sens figuré, la société ou l'entreprise qu'il dirige. Naturellement, il faut que bon sens et volonté accompagnent celui-ci, mais c'est l'affaire des autres binômes... Il s'agit ici du pilier des guides inspirés.

En tant que pilier du jour, il est extrêmement faste, car c'est à ce niveau que le don de vision se trouve le plus marqué.

QUATRIÈME BINÔME (Lièvre/Feu)

Même remarque que pour le binôme précédent, mais plus intériorisé car il est Yin. N'oublions pas que c'est le « lapin de jade » qui, sur la lune, broie dans un mortier les philtres d'immortalité et d'amour, et donc celui qui a l'intuition du caché. Il ne s'agit plus d'un guide éclairé mais d'un conseiller doué d'une vision intuitive et d'un don de compréhension des autres quasi magique.

C'est au niveau du pilier du jour que cette qualité est la plus marquée.

CINQUIÈME ET SIXIÈME PILIERS

Planète associée : Jupiter
Symbole : « L'arbre de la grande forêt »

Très faste car c'est l'emblème d'une force créatrice puissante située dans un milieu favorable, il est associé à la végétation exubérante, à la croissance. Il convient aux gens qui ont une vocation artistique, mais aussi à tous ceux qui vivent en rapport avec la nature : agriculteurs, forestiers, etc.

CINQUIÈME BINÔME (Dragon/Terre)

Ce pilier, très fort et très cohérent, a pourtant un aspect un peu trop statique, la terre (Yin) ne produira rien si elle n'est pas violentée par la végétation et la semence qui croit en elle à ses dépens. C'est cette influence de l'arbre qui rendra fécond un sol stérile ; de même, le pouvoir créateur, l'imagination rendra fécond un bons sens par trop réaliste.

Comme pilier du jour, la résistance passive paraît augmenter ainsi que la difficulté de la fécondation. C'est néanmoins à ce niveau que le facteur chance joue le plus pleinement, apportant tous les facteurs de succès.

SIXIÈME BINÔME (Serpent/Terre)

Ce pilier, assez neutre, est pourtant plutôt favorable car le feu qui y figure est symbole de passion, de réalisation luxuriante. Comme il s'agit d'un binôme Yin, il représente un grand potentiel de richesse, tourné vers l'expression artistique plus que vers une action extérieure.

C'est comme pilier du jour qu'il est le plus faste car il est le symbole d'un « engrangement de richesses » et de stabilité.

Planète associée : Saturne
Symbole : « La terre sur le bord de la route »

Rien de très exaltant dans ce symbole qui, comme les tas de cailloux de nos cantonniers, représente la terre amoncelée sur le bord de la route pour permettre l'entretien du chemin.

SEPTIÈME BINÔME (Cheval/Métal)

D'aspect plutôt neutre, car il semble représenter un équilibre assez statique, il est néanmoins très positif car le réalisme de la terre tempère et modère l'antagonisme existant entre une forte passion et la volonté qui pourrait se laisser entraîner. On voit l'intérêt qu'il présente au niveau des binômes annuels et horaires (associés au cheval/métal) par le réalisme qui en corrigera les excès.

Difficulté accrue au niveau du pilier du jour, car le réalisme ne pourra triompher d'une manière féconde qu'au prix d'une longue patience.

HUITIÈME BINÔME (Bélier/Métal)

Ce pilier manque un peu de panache, car le réalisme et le bon sens semblent borner leur action à étayer la volonté, et comme il s'agit d'un pilier de valeur Yin, donc introverti, il risque de tendre vers l'entêtement et l'obstination. Pourtant, le symbole venant accroître l'importance du réalisme inné, cela peut apporter des résultats concrets dans le domaine de la conception et de la vie intellectuelle.

Si ce pilier se trouve au niveau du jour, la chance agit de plein fouet, et ce pilier peut devenir un maillon capital dans l'assemblage des quatre piliers d'un thème.

NEUVIÈME ET DIXIÈME PILIERS

Planète associée : Vénus
Symbole : « L'acier d'une lame tranchante »

Bien que cette interprétation puisse paraître évidente, il ne s'agit pas évidemment ici d'une allusion à la carrière militaire, mais au tempérament d'un homme d'action qui sait agir et s'engager avec efficacité et décision. L'épée évoque moins les actions d'éclat, la gloire et les faits d'armes qu'une décision rapide et tenace. C'est l'évocation par excellence de l'homme d'action.

NEUVIÈME BINÔME (Singe/Eau)

C'est un pilier très solide où la volonté vient renforcer la lucidité naturelle : toute action entreprise le sera délibérément et sera inébranlablement menée à son terme, peut-être d'ailleurs avec ruse. Celle-ci n'est pas, pour les Chinois, une preuve de lâcheté mais d'intelligence, c'est un élément important de la stratégie. Ce binôme convient admirablement à un chef d'entreprise ou à un général (s'il n'est pas Don Quichotte...).

En tant que pilier journalier, il est encore plus faste. C'est l'image même du succès obtenu par une action raisonnée et tenace, en même temps que prudente.

DIXIÈME BINÔME (Coq/Eau)

Les caractéristiques de ce pilier sont les mêmes que celles du précédent à cela près que c'est un binôme Yin, et donc qu'il s'agit plus d'une réflexion et d'un travail intellectuel que d'une disposition à l'action ; on peut cependant craindre un excès de prudence. Il convient à des conseillers ou à des enseignants.

Il est très faste comme pilier du jour.

ONZIÈME ET DOUZIÈME PILIERS

Planète associée : Mars
Symbole : « Le feu sur la colline »

Il s'agit de la flamme qui sert de phare et qui est allumée sur la colline afin d'être vue de tous. C'est là un esprit lumineux fait pour orienter et pour guider : un de ces brillants deuxièmes rôles tant appréciés dans la tradition chinoise depuis Confucius. Il symbolise l'augure d'actions importantes et fécondes qui serviront à l'humanité.

ONZIÈME BINÔME (Chien/Bois)

Ce pilier serait un peu statique si le feu ne l'animait au point de le transfigurer. Un bon équilibre s'établit alors entre la passion, le réalisme solide et le génie créateur. On peut d'ailleurs estimer que le rôle exalté, qui semble ici préfiguré, tient plus à un concours de circonstances qu'à une décision inébranlable de la volonté.

Au niveau du pilier du jour, le conflit est plus marqué entre le réalisme, le bon sens et le goût des réalisations ; la flamme le résoudra probablement, mais non sans peine.

DOUZIÈME BINÔME (Cochon/Bois)

Bien qu'il soit faste et marque un équilibre certain, ni bon sens ni volonté ne viennent ici tempérer la lucidité. Celle-ci risque de devenir négative et à la limite destructrice mais, si les autres piliers viennent corriger cet aspect dangereux, on obtiendra des résultats brillants dans le domaine des idées ou de l'art.

Par contre, au plan du pilier du jour, ce pilier est du meilleur augure, car la chance peut agir pleinement et permettre d'importantes réalisations.

TREIZIÈME ET QUATORZIÈME PILIERS

Planète associée : Mercure
Symbole : « L'eau qui pénètre et fertilise »

D'une manière assez étonnante, l'eau n'apparaît que rarement dans la symbolique chinoise. Associée à l'hiver, on retient plutôt ses qualités de clarté et de froideur donc de lucidité et d'absence de passion. Il s'agit d'une action longue et constante qui arrive lentement à ses fins, parce qu'elle est clairement délibérée. C'est le symbole d'une personne méthodique et tenace.

TREIZIÈME BINÔME (Rat/Feu)

Ce binôme est faible et la lucidité excessive vient entraver, voire éteindre le développement d'une flamme qui ne demanderait qu'à jaillir, et l'action trop retardée ne sera jamais pleinement satisfaisante. Pour sortir du dilemme, il faut l'aide des autres binômes, alors seulement la patiente lucidité pourra escompter des résultats.

Cette analyse est encore confirmée quand il s'agit du pilier du jour, car il s'agit d'un véritable conflit entre la lucidité et la fièvre d'agir. Il faut que la lucidité parvienne à dominer sans tout détruire.

QUATORZIÈME BINÔME (Buffle/Feu)

Bien qu'en apparence un peu statique, ce pilier est en fait pleinement satisfaisant, l'eau, en venant donner du tonus à l'ensemble, permet d'espérer une vie féconde bien plus dédiée à la contemplation qu'à l'action. Passion et fécondité sont en effet parfaitement équilibrées avec le bon sens.

Mais c'est surtout en tant que pilier du jour qu'il se révèle extrêment faste car il permet, chose rare, un équilibre réaliste, lucide et fécond.

QUINZIÈME ET SEIZIÈME PILIERS

Planète associée : Saturne
Symbole : « La terre sur la muraille d'une ville »

Les enceintes de protection qui défendaient bourgs et villages étaient faites de terre battue et entretenues par les villageois. Il s'agit donc bien ici de la défense contre une agression possible ; la hantise que les Chinois avaient des incursions des nomades leur avait fait construire la Grande Muraille. Il s'agit là d'un destin socialement utile, fondé sur un bon sens qui est bénéfique à tous. Pour les Chinois, la famille primant l'individu, un tel destin est préférable à celui d'un brillant cavalier seul.

QUINZIÈME BINÔME (Tigre/Terre)

Ce n'est pas là un destin romantique pour un tigre valeureux ; mais dans la tradition chinoise, c'est surtout ce rôle de protection qui est dévolu au Tigre. Ce pilier est en fait très satisfaisant, car l'imagination ne vient guère entamer un réalisme têtu et inébranlable. Un défenseur n'est pas toujours glorieux mais son rôle est nécessaire à la paix et à l'harmonie de tous.

Au niveau du pilier du jour, l'action du symbole qui renforce un réalisme inné est encore plus marquée, et cela crée un véritable conflit avec un besoin de création latent et qui ne peut parvenir à s'exprimer. Seuls les autres binômes ou une carrière exigeant une activité intellectuelle permettront de résoudre ce conflit.

SEIZIÈME BINÔME (Lièvre/Terre)

Même analyse que pour le précédent pilier, à cette différence près, que la valeur de ce binôme est Yin, et que ce conflit introverti sera plus difficilement résolu et créera un malaise d'autant plus grave qu'il ne peut s'extérioriser en s'exprimant.

DIX-SEPTIÈME ET DIX-HUITIÈME PILIERS

Planète associée : Vénus
Symbole : « Le bronze moulé »

Symbole extrêmement faste car le bronze moulé est le métal utilisé lorsqu'on fabrique les vases sacrificiels si célèbres en Chine depuis la plus haute antiquité. Il s'agit du métal au stade de perfection auquel le moulage a fait prendre une forme de beauté qui est le signe de l'accomplissement. C'est le symbole même du sage qui a su faire régner l'ordre dans sa vie en dominant ses passions.

DIX-SEPTIÈME BINÔME (Dragon/Métal)

Ce binôme est extrêmement faste, car le symbole vient renforcer une volonté déjà consolidée par le bon sens et l'esprit réaliste. Sans doute manque-t-il un peu de fantaisie et d'esprit créateur. Mais un pilier n'existe pas isolément, aussi celui-ci convient-il à un homme d'action, pourvu que les autres éléments du thème viennent le motiver.

En tant que pilier du jour, il est un important gage de succès dans le cas d'une action mûrement et pleinement délibérée.

DIX-HUITIÈME BINÔME (Serpent/Métal)

C'est un pilier très satisfaisant bien que la passion risque peut-être de venir mettre en échec une volonté sans doute un peu excessive et délibérée, mais trop forte pour succomber. Excellent pilier pour un chercheur si les autres éléments du thème viennent le compléter heureusement.

L'aspect de lutte et de conflit intérieur est plus patent encore lorsqu'il s'agit du pilier du jour et le succès final de la volonté peut être atteint parfois au prix de durs sacrifices.

DIX-NEUVIÈME ET VINGTIÈME PILIERS

Planète associée : Jupiter
Symbole : « Le bois du peuplier et du saule »

Ce symbole évoque la grâce et la séduction féminines, les jeux de l'amour et leurs raffinements. Peuplier et saule sont des symboles érotiques discrets qui émaillent les poèmes classiques mais qui, de même que les symboles « du printemps et de la pluie » qu'ils accompagnent, sont compris de tous.

DIX-NEUVIÈME BINÔME (Cheval/Eau)

Ce binôme est faible bien que faste car la lucidité s'attaque à la passion que le sens artistique, apporté par le symbole, devrait tendre à développer. Il y manque cependant un petit grain de réalisme. C'est un tempérament difficile à satisfaire, ceci est encore plus évident pour les piliers de l'année et de l'heure, car le cheval, être de grâce et de passion, est difficile à dompter, surtout s'il connaît une passion amoureuse.

L'opposition est plus marquée au niveau du pilier du jour, mais tout porte à croire que la passion ou l'amour l'emporteront en définitive.

VINGTIÈME BINÔME (Bélier/Eau)

Tempérament d'artiste un peu faible mais clairvoyant, bien que désintéressé et sans passion. Introverti, il ne se fera pas remarquer par des accomplissements fulgurants, mais par un bon sens solide dominé souvent par un sens créateur.

Cette faiblesse est encore plus nettement marquée à l'échelon du pilier du jour, mais la chance représentée par les sens artistiques triomphera du conflit latent.

VINGT ET UNIÈME ET VINGT-DEUXIÈME PILIERS

Planète associée : Mercure
Symbole : « L'eau des puits et des sources »

Le symbole est le même que celui de l'eau vive de l'Evangile. Il s'agit ici de l'eau qui étanche la soif, celle qui est nécessaire à la vie. C'est également la marque d'un destin qui est plus utile à autrui qu'à lui-même ainsi que celui d'un être dévoué et désintéressé. Cependant, c'est aussi (l'eau étant toujours alliée à la lucidité) le symbole de la clairvoyance.

VINGT ET UNIÈME BINÔME (Singe/Bois)

Ce pilier est faible et présente, même par sa volonté lucide, un malaise fondamental où volonté et lucidité viennent constamment entraver les désirs d'action. Si un tel homme vient aider les autres, ce n'est pas par philanthropie; mais pour se créer des clients ou, à l'image du Singe, pour le plaisir de semer le trouble et la discorde.

L'état de tension se fait encore plus ressentir à l'échelon du pilier du jour, mais le triomphe de « l'utile » sur les difficultés est certain. Presque malgré lui, un tel être jouera un rôle utile aux autres.

VINGT-DEUXIÈME BINÔME (Coq/Bois)

L'analyse de ce pilier est, dans son essence, la même que pour le précédent, à cette différence près que le conflit sera inexprimé mais peut-être beaucoup plus ressenti, d'autant qu'au niveau du binôme annuel ou horaire le Coq est, par nature, souvent inquiet. Le dévouement à autrui, plus par des avis, de l'amitié et des conseils, est la seule manière qui permettra à résoudre ce conflit intime.

VINGT-TROISIÈME ET VINGT-QUATRIÈME PILIERS

Planète associée : Saturne
Symbole : « La terre du toit »

Ici encore, la terre est une protection, mais une protection contre les intempéries, et non contre les déprédations humaines. C'est le symbole d'un homme qui sait pallier les catastrophes naturelles, — qu'il soit à même de les prévoir, ou surtout de les prévenir en aidant au maintien de l'ordre naturel. Le jaune, couleur de la terre, est aussi la couleur impériale ; l'Empereur, en faisant régner l'ordre entre ses sujets, est responsable de l'harmonie du monde.

VINGT-TROISIÈME BINÔME (Chien/Feu)

C'est un pilier pleinement satisfaisant, où la passion alimente le réalisme ; il est un peu statique, mais tout dépend des autres binômes. Il peut convenir à un homme politique à condition qu'il n'ait pas pour but son intérêt propre, ainsi qu'à un avocat défenseur du faible...

Comme pilier du jour, il est extrêmement faste et semble l'indice certain d'une glorieuse carrière philanthropique...

VINGT-QUATRIÈME BINÔME (Cochon/Feu)

Ce binôme est assez faible car la lucidité vient empêcher l'assouvissement des passions. Heureusement le bon sens tempère les excès d'une lucidité trop inquiète. Ce pilier peut permettre une vocation de conseiller, fort utile car il aura ressenti dans sa chair les difficultés que le réalisme lui permet de résoudre.

Ce qui est encore plus évident à l'échelon du pilier du jour, où l'aspect de lutte est plus marqué mais aussi l'influence du réalisme qui permet d'en triompher.

VINGT-CINQUIÈME ET VINGT-SIXIÈME PILIERS

Planète associée : Mars
Symbole : « Le feu de la foudre »

Bien que le panthéon chinois ignore les foudres de Jupiter, il s'agit là d'un symbole éclatant mais non sans danger. L'éclair soudain est brillant et lumineux, il permet de voir au milieu des plus épaisses ténèbres, mais il s'associe à la foudre et à la destruction. Il symbolise la puissance céleste, mais peut aussi être l'emblème d'un justicier armé par le destin ou celui de l'inspiration du génie et du poète.

VINGT-CINQUIÈME BINÔME (Rat/Terre)

Le pilier est en soi très équilibré, entre réalisme et lucidité, aussi peut-il paraître un peu paradoxal que la visite du feu céleste s'adresse (binôme annuel et horaire) à un Rat réaliste et terre à terre, mais peut-être justement le feu céleste n'est-il utile que s'il est banalisé par le quotidien. Bref, bien qu'inattendu, ce pilier est favorable et marque une action réfléchie, n'oublions pas que le Rat a l'intuition des choses cachées.

Pourtant au niveau du pilier du jour, le conflit est plus durement ressenti et la victoire du feu céleste ne se fait pas sans douleur.

VINGT-SIXIÈME BINÔME (Buffle/Terre)

Ce binôme est extrêmement faste. Peut-être pourtant un peu statique, il convient parfaitement à un penseur brillant et parfaitement équilibré avec, à la limite, une possiblité de narcissisme et d'autosatisfaction.

A l'échelon du pilier du jour, la victoire du feu céleste est beaucoup moins évidente et peut même tarder car la résistance du bon sens terre à terre est extrêment forte.

VINGT-SEPTIÈME ET VINGT-HUITIÈME PILIERS

Planète associée : Jupiter
Symbole : « Le bois du cèdre et du pin »

Suivant la tradition allégorique chinoise, il s'agit là d'un symbole extrêmement faste car les conifères des iles des mers du Sud sont pour les taoistes l'emblème des immortels et de la longévité. Mais ce sont surtout les sages qui savent communier à cette source de vitalité que représentent le pin et la méditation solitaire sur la montagne et qui sont en mesure d'obtenir l'immortalité, fruit du « grand oeuvre ». Ce bois source de vitalité est le symbole d'une sagesse dynamique et vivante.

VINGT-SEPTIÈME BINÔME (Tigre/Métal)

Heureusement que la sagesse céleste vient renforcer ce pilier assez faible dans un duel assez terne qui oppose désir de création et volonté. La sagesse ne triomphe pas sans peine, mais elle rétablit un équilibre dynamique et vivant. N'est-il pas constaté que son acquisition demande une longue patience ?

A l'échelon du pilier du jour, la lutte est encore plus marquée mais il faut toute la résistance têtue du cèdre pour triompher. Il peut heureusement compter sur la durée.

VINGT-HUITIÈME BINÔME (Lièvre/Métal)

Même analyse que pour le précédent binôme, mais comme il s'agit d'un pilier ayant un aspect introverti, il convient mieux à l'influence de la sagesse qui, si elle ne se manifeste guère par les actes, est plus une affaire de concentration, de contemplation et de vie intérieure.

VINGT-NEUVIÈME ET TRENTIÈME PILIERS

Planète associée : Mercure
Symbole : « L'eau courante »

C'est l'eau utile, l'eau qui irrigue et sur laquelle on peut faire voguer les embarcations ; les fameux « chemins qui marchent ». Cette eau établit un lien et un moyen d'échange entre les hommes, c'est pourquoi elle me paraît être le symbole des relations humaines lucides, honnêtes et fécondes.

VINGT-NEUVIÈME BINÔME (Dragon/Eau)

Il est à remarquer que ce symbole convient merveilleusement au Dragon/Eau (dans le cas du pilier annuel et horaire) dont il renforce l'action. Ce pilier présente un excellent équilibre malgré une certaine antinomie foncière entre la terre et l'eau. L'eau courante triomphe et irrigue.

C'est à l'échelon du pilier du jour que la lutte est le plus marquée, mais on peut faire confiance à l'eau courante qui arrose et établit les relations.

TRENTIÈME BINÔME (Serpent/Eau)

La même remarque, mais toutefois à un moindre degré s'impose que pour le précédent binôme. Mais il s'agit là d'un conflit entre la lucidité et la passion. Cependant c'est, malgré la faiblesse du binôme, la lucidité qui l'emporte peut-être en fin de compte aux dépens du succès.

L'eau de la chance au niveau du pilier du jour triomphe du duel Eau/Feu, mais il faut se méfier car cette victoire sur la passion et l'amour risque d'être payée cher.

TRENTE ET UNIÈME ET TRENTE-DEUXIEME PILIERS

Planète associée : Vénus
Symbole : « L'or dans le sable »

C'est la richesse, la prestigieuse richesse à portée de la main, l'or dans le sable. Il s'agit donc d'une grande chance qui domine ces deux piliers. Mais attention, dans l'optique chinoise, trop de chance peut avoir une contrepartie et la facilité peut, en excès, devenir dangereuse. Il faut savoir contrôler sa chance et ne pas se laisser dominer par elle.

TRENTE ET UNIÈME BINÔME (Cheval/Bois)

Ce binôme très faste présente un certain équilibre, que l'or de la chance vient bouleverser. Les forces créatrices peuvent s'en trouver annihilées et il faudra beaucoup de caractère pour surmonter sa chance. Midas n'est pas forcément l'image du bonheur.

Au niveau du pilier du jour, c'est un succès triomphal, les dieux sont avec vous et la chance vous sourit. Mais attention à ne pas vous laisser griser par un succès trop facile.

TRENTE-DEUXIÈME BINÔME (Bélier/Bois)

Equilibre satisfaisant au départ entre réalisme, volonté et inspiration créatrice, mais l'or peut, même s'il est facteur de chance, venir annihiler les forces créatrices et créer une sorte de possessivité et d'avarice négatives. Comme il ne s'agit pas ici d'un homme d'action, mais plutôt d'un penseur replié sur lui-même, le risque est d'autant plus grand.

Au niveau du pilier du jour, les difficultés sont encore plus manifestes, et ce n'est pas sans peine que l'on acceptera de laisser triompher la chance.

TRENTE-TROISIÈME ET TRENTE-QUATRIÈME PILIERS

Planète associée : Mars
Symbole : « Le feu au pied de la colline »

C'est le feu du foyer ou de l'auberge, relais du voyageur. Ce feu est l'image d'une famille, d'un refuge. Comme je l'ai indiqué précédemment, le foyer n'a pas, en Chine, ce sens un peu restrictif qu'il acquiert aujourd'hui, symbole de mesquinerie et d'étroitesse d'esprit, mais au contraire celui d'un ensemble qui domine, structure et protège l'individu. Ce feu symbolise donc celui qui, au sein d'une communauté humaine, est le chef de file ou le conseil.

TRENTE-TROISIÈME BINÔME (Singe/Feu)

Sous une apparence terne, ce binôme indique un sujet qui cherche l'efficacité et non l'éclat mais dont la réussite dépend cependant de la possibilité d'assumer un rôle de premier plan. Possessif en amour par excès d'égoïsme, il est ombrageux et soupçonneux envers son entourage. Duel possible entre la passion et la volonté nécessitant le contrôle de son égoïsme.

La chance est au rendez-vous si ce binôme est le pilier du jour et s'il sait l'accepter.

TRENTE-QUATRIÈME BINÔME (Coq/Feu)

L'analyse est la même que pour le pilier précédent à la différence qu'il s'agit ici d'un pilier Yin. Le feu au pied de la colline se présente davantage comme une structuration familiale que comme l'action d'un guide vers une aventure commune.

TRENTE-CINQUIÈME ET TRENTE-SIXIÈME PILIERS

Planète associée : Jupiter
Symbole : « Le bois de la plaine »

C'est un bois qui pousse facilement dans des conditions favorables, qui est aussi facile à couper qu'à utiliser. Le bois est également symbole du pouvoir de la végétation, de la création et de la fécondité.

TRENTE-CINQUIÈME BINÔME (Chien/Terre)

Il s'agit d'un binôme très fort et très solide, fondé sur un solide réalisme ce qui lui donne un aspect un peu trop statique. La chance que représente le bois de la plaine peut secouer son inertie, mais ce sera difficile si les autres constituants du thème ne viennent pas à la rescousse.

Au niveau du pilier du jour, la chance agit plus efficacement et parviendra sans doute à triompher.

TRENTE-SIXIÈME BINÔME (Cochon/Terre)

Bien que le binôme soit moins fort que le précédent, il est beaucoup plus faste d'autant que la lucidité intervient pour fortifier le génie créateur dans son opposition à un réalisme par trop terre à terre. Ce ne sera pas facile, mais le génie créateur - il s'agit ici d'un pilier introverti - triomphera en fin de compte.

Au niveau du pilier du jour, la difficulté sera plus marquée, mais le triomphe est assuré.

TRENTE-SEPTIÈME ET TRENTE-HUITIÈME PILIERS

Planète associée : Saturne
Symbole : « La terre du mur »

Il s'agit ici de la terre qui permet de définir et d'enclore par un mur la propriété familiale. Il n'a jamais existé en Chine de propriété du sol à l'échelon individuel. Il s'agit du réalisme du paysan attaché à son sol qu'il défend contre toute usurpation.

TRENTE-SEPTIÈME BINÔME (Rat/Métal)

Ce pilier du destin est très satisfaisant, il est marqué par une volonté lucide que le réalisme vient contrôler. C'est un pilier favorable indiquant un homme d'action lucide et résolu, défenseur d'une entreprise ou d'une famille. Il conviendrait à un juge ou à un magistrat.

En tant que pilier du jour, il est extrêmement favorable, et l'action du réalisme de la terre se fait sentir en plein ; c'est le fait d'un tempérament exceptionnel, bien que peut-être un peu trop critique.

TRENTE-HUITIÈME BINÔME (Buffle/Métal)

C'est un pilier extrêmement stable, peut-être même un peu trop, qui convient parfaitement à un buffle (pilier annuel et horaire). Il associe harmonieusement réalisme et volonté. Il ne correspond pas au profil d'un personnage de premier plan mais à un personnage de second plan, conseiller prudent, sage et réfléchi. Si les autres piliers ne le complètent pas, il reste au demeurant un peu trop passif.

En tant que pilier du jour, il permet à la chance de s'exercer à plein.

TRENTE-NEUVIÈME ET QUARANTIÈME PILIERS

Planète associée : Vénus
Symbole : « Le métal du miroir »

Dans la Chine ancienne, les miroirs étaient faits d'un disque de bronze patiemment poli ; ils sont donc en premier lieu un symbole de la coquetterie, de l'élégance féminine et du désir de plaire. Mais on peut aussi voir dans le miroir un moyen de se connaître soi-même, et je ne crois pas que ces deux aspects, pour différents qu'ils soient, aient une réelle incompatibilité. Pour plaire et séduire, il faut d'abord se connaître.

TRENTE-NEUVIÈME BINÔME (Tigre/Eau)

Bien que ce pilier soit d'une structure assez neutre, il semble que justement le miroir puisse à plein jouer son rôle de contrôle puisqu'il renforce la lucidité et modère le génie créateur ; c'est donc cet effet du miroir qui lui donne toute sa valeur et effectue un contrôle peut-être un peu trop négatif. Ce binôme convient à un homme dont le métier est de prendre des décisions longuement mûries et réfléchies.

Mais c'est au niveau du pilier du jour qu'il est le plus favorable car il vient contrôler d'une manière précise un mouvement déjà harmonieux.

QUARANTIÈME BINÔME (Lièvre/Eau)

L'analyse du binôme est la même que dans le cas précédent, à ceci près que, comme ce pilier est Yin, il est plutôt l'image d'un conseiller éclairé. Cela dit, il conviendrait à merveille à une femme jolie et séduisante.

QUARANTE ET UNIÈME ET QUARANTE-DEUXIÈME PILIERS

Planète associée : Mars
Symbole : « Le feu de la lampe »

C'est le feu qui éclaire et permet de dominer l'obscurité, qui sert de repère et de guide dans le noir. Il est le symbole de l'utilité sur le plan de la recherche ou de la connaissance ; il convient à un maitre enseignant ou à un maitre de recherches. C'est le symbole de la sagesse lumineuse.

QUARANTE ET UNIÈME BINÔME(Dragon/Bois)

Bien que sur le plan structural ce binôme se présente comme assez faible, le feu de la sagesse vient le structurer et le rendre bénéfique. Mais il faut éviter tout narcissisme si l'on veut accomplir une vocation qui est celle de mener vers la lumière.

QUARANTE-DEUXIÈME BINÔME(Serpent/Bois)

Bien que faible dans sa structure, ce pilier représente une belle image d'un génie créateur que, fort heureusement, la lampe de la sagesse vient éclairer. Il peut s'agir d'un artiste fécond, bien que manquant peut-être un peu trop de réalisme et par trop introverti.

Mais au niveau du pilier du jour, il est extrêmement faste et apporte des possibilités maximales, et de grandes réalisations artistiques sont possibles.

QUARANTE-TROISIÈME ET QUARANTE-QUATRIÈME PILIERS

Planète associée : Mercure
Symbole : « L'eau du Fleuve Céleste »

C'est l'eau du ciel, symbole de lucidité extrême et de clairvoyance. Le Fleuve Céleste, c'est la voie lactée. Tout le monde en Chine connait la légende des amours contrariées entre le bouvier terrestre et l'immortelle tisserande céleste : une fois l'an, ils ne peuvent que s'apercevoir par une soirée d'automne de part et d'autre du Fleuve Céleste, mais les pies complices font de leurs corps un pont suspendu pour que les amants puissent se réunir. C'est donc également un symbole de fidélité amoureuse.

QUARANTE-TROISIÈME BINÔME (Cheval/Feu)

C'est un pilier très fort en soi et très structuré bien qu'orienté vers une action bouillonnante et passionnée à l'excès (le cheval de feu associé au pilier annuel et horaire est souvent considéré comme le symbole même de l'excès) ; pourtant la lucidité de l'Eau Céleste vient opérer un heureux contrôle.

Au niveau du binôme du jour, l'action de l'Eau Céleste est moins évidente, il semble qu'elle ait plus de difficulté à mater la passion.

QUARANTE-QUATRIÈME BINÔME (Bélier/Feu)

Bien que le pilier soit beaucoup moins bien structuré, il s'agit d'un tempérament infiniment plus équilibré, car le réalisme vient contrôler la lucidité qui a une tendance à neutraliser la passion et les réalisations, qui pourraient être brillantes sur le plan intellectuel ou artistique.

Au niveau du pilier du jour, c'est l'explosion de la chance et la marque d'un caractère brillant, réfléchi et solide.

QUARANTE-CINQUIÈME ET QUARANTE-SIXIÈME PILIERS

Planète associée : Saturne
Symbole : « La terre des grands chemins »

C'est l'image d'un réalisme qui n'est pas borné et qui accepte la grande aventure : c'est le symbole des grands voyageurs et des explorateurs.

QUARANTE-CINQUIÈME BINÔME (Singe/Terre)

Ce pilier convient bien au Singe (pilier annuel ou horaire) qui est célèbre dans tout l'Extrême-Orient pour ses longs périples. C'est un pilier bien structuré où le réalisme vient conforter une volonté ferme.

Au niveau du pilier du jour, c'est une combinaison des plus fastes, la chance que comporte le symbole apporte une très grande possibilité de succès.

QUARANTE-SIXIÈME BINÔME (Coq/Terre)

Même remarque que pour le précédent, mais il s'agira plus probablement d'une quête intellectuelle que d'un voyage au long cours.

QUARANTE-SEPTIÈME ET QUARANTE-HUITIÈME PILIERS

Planète associée : Vénus
Symbole : « L'or des parures et des épingles à cheveux » *

Le précieux métal est ici employé pour plaire et séduire. C'est pourquoi ces deux binômes conviennent admirablement bien aux femmes et à tous ceux dont le métier comporte le désir de plaire ou, comme un avocat, de convaincre en séduisant. C'est le symbole des grandes courtisanes, métier qui, aux yeux des Asiatiques, n'a rien de déshonorant, bien au contraire.

QUARANTE-SEPTIÈME BINÔME (Chien/Métal)

Bien que le pilier soit faiblement structuré, le réalisme fortifie la volonté que vient encore supporter le symbole qui marque la volonté de plaire et de séduire. C'est un binôme qui convient admirablement à un acteur, un avocat ou à un homme politique.

Mais c'est au niveau du pilier du jour qu'il est le plus favorable et apporte toutes les chances de succès dans les carrières qui se fondent sur l'art de convaincre en séduisant.

QUARANTE-HUITIÈME BINÔME (Cochon/Métal)

Bien que ce binôme soit également peu structuré, ses traits essentiels sont forts et marquent un effort conscient et pleinement lucide pour convaincre et séduire. Mais comme il s'agit d'un pilier introverti, c'est une tentative d'appropriation de l'autre à son profit, reflet d'un désir de possession. Il convient à un acteur ou à une courtisane.

En tant que pilier du jour, ce binôme est extrêment faste car la chance vient confirmer le succès du plan de séduction délibéré.

* L'idéogramme donné ici est 劍 *jian*, qui signifie « glaive à deux tranchants », je lui préfère l'idéogramme 釵 *chai*, qui signifie « épingle à cheveux », donné dans un ouvrage publié à Taiwan.

QUARANTE-NEUVIÈME ET CINQUANTIÈME PILIERS

Planète associée : Jupiter
Symbole : « Le bois du mûrier »

Le mûrier est l'arbre sur lequel on élève les vers à soie ; cette technique constitue en Chine le sommet d'un art dont le secret est dévolu aux femmes et le mystère qui entoure le culte de la déesse du ver à soie est très semblable en apparence aux mystères réservés aux femmes dans la Grèce ancienne. C'est le symbole de l'art et des réalisations artisanales. Ces deux piliers semblent convenir tout particulièrement aux femmes.

QUARANTE-NEUVIÈME BINÔME (Rat/Eau)

Il s'agit d'un binôme extrêmement structuré qui est marqué par une lucidité extrême, qui serait excessive si la création artistique, souvent sous son aspect un peu matériel, ne venait lui donner un point d'application. C'est souvent la marque d'un sixième sens et d'une intuition, fait d'écrivains et d'artistes plus cultivés que géniaux.

En tant que pilier du jour, la créativité a affaire à une forte résistance et aura du mal à triompher.

CINQUANTIÈME BINÔME (Buffle/Eau)

Ce binôme très bien structuré est marqué par un réalisme un peu excessif, mais le bon sens triomphera et obtiendra d'excellents résultats qui seront pleinement satisfaisants pour le sujet concerné.

Mais au niveau du pilier du jour, le conflit sera très marqué et extrêmement difficile à résoudre, car réalisme et lucidité freinent un peu toute action. Si le sujet sait se dominer, la force créatrice triomphera.

CINQUANTE ET UNIÈME ET CINQUANTE-DEUXIÈME PILIERS

Planète associée : Mercure, symbole : « L'eau des ruisseaux »

C'est essentiellement l'eau qui irrigue, apporte la fécondité à la terre et permet les cultures. C'est le symbole de la fertilité et de la richesse naturelle. Pour tous, ce symbole apporte la prospérité, mais il convient surtout aux agriculteurs et à tous ceux que leur métier met en rapport avec la nature.

CINQUANTE ET UNIÈME BINÔME (Tigre/Bois)

Ce binôme est très fortement structuré au point qu'il resterait statique sans cette action de l'eau qui vient rendre possible la croissance et la fécondité. Il se fonde plus sur l'inspiration lucide que sur la volonté ou la raison, aussi le rôle des trois autres piliers est-il très important pour déterminer l'action.

Au niveau du pilier du jour, l'eau a du mal à discipliner le génie créateur.

CINQUANTE-DEUXIÈME BINÔME (Lièvre/Bois)

Même analyse que pour le binôme précédent, mais comme le pilier est Yin, il convient davantage à la recherche et à l'étude qu'à une action extérieure.

CINQUANTE-TROISIÈME ET CINQUANTE-QUATRIÈME PILIERS

Planète associée : Saturne
Symbole : « La terre enfouie dans le sable »

Il s'agit d'une terre fertile mais que recouvre l'aridité d'un loess desséché. Ce n'est qu'au prix d'un grand effort que le bon sens réaliste parviendra à triompher. Ce symbole n'est ni néfaste ni négatif, il comporte seulement la leçon que le laboureur de La Fontaine voulait léguer à ses enfants : celle de la nécessité de l'effort.

CINQUANTE-TROISIÈME BINÔME (Dragon/Feu)

Bien que le binôme en lui-même soit faible, un réalisme et un bon sens têtus et laborieux permettront d'obtenir des résultats qui pourront être extrêmement brillants.

Mais c'est surtout au niveau du pilier du jour que l'importance et l'éclat du résultat obtenu pourront surprendre.

CINQUANTE-QUATRIÈME BINÔME (Serpent/Feu)

Ce binôme a les mêmes caractéristiques que le précédent, à cela près que les réalisations brillantes sont dans le domaine de la conception et des idées.

CINQUANTE-CINQUIÈME ET CINQUANTE-SIXIÈME PILIERS

Planète associée : Mars
Symbole : « Le feu du haut du ciel »

Il s'agit de la lumière céleste et de son effet bénéfique, mais il ne faut pas oublier que la lumière solaire peut aussi être destructrice, midi roi des étés peut être un symbole de mort. Cela peut aussi être la passion et l'amour mais également l'accomplissement du génie, car le feu est aussi le symbole d'un foisonnement exubérant.

CINQUANTE-CINQUIÈME BINÔME (Cheval/Terre)

Ce pilier est signe d'un excellent équilibre où la passion et le succès s'appuient sur le réalisme. Ce pourrait être banal si la visite du feu céleste n'engendrait pas de grandes et luxuriantes réalisations. Mais si ce pilier n'est pas corrigé par les autres éléments du thème, il peut devenir le signe des pires excès.

En tant que pilier du jour, il est très faste car le réalisme n'arrête pas l'action.

CINQUANTE-SIXIÈME BINÔME (Bélier/Terre)

Binôme présentant un aspect de structure très forte, mais le réalisme domine la passion, sous une forme possessive, butée et têtue. Si l'inspiration du ciel parvient à triompher, on peut espérer les plus brillants résultats.

Par contre, au niveau du pilier du jour, la passion aura bien du mal à triompher du bon sens buté.

CINQUANTE-SEPTIÈME ET CINQUANTE-HUITIÈME PILIERS

Planète associée : Jupiter
Symbole : « Le bois du grenadier »

Dans la symbolique chinoise, le grenadier est le symbole d'une nombreuse descendance physique ou morale. Il représente aussi bien une abondance d'enfants qu'une multitude de disciples. Il s'applique donc aussi bien à un père de famille qu'à un chef d'école.

CINQUANTE-SEPTIÈME BINÔME (Singe/Métal)

Ce binôme est extrêmement solide et fort, il serait absolument statique avec la froide détermination d'une volonté rigide. Si la force créatrice n'était pas présente, ce serait parfaitement négatif, elle aura d'ailleurs bien du mal à triompher.

Au niveau du binôme du jour, la chance a plus de possibilités de s'affirmer et de permettre au génie créateur de faire des réalisations.

CINQUANTE-HUITIÈME BINÔME (Coq/Métal)

Même interprétation du pilier que pour le binôme précédent. Le succès est plus proche d'ailleurs car dans ce cas, il s'agit plus de réflexion que d'action.

CINQUANTE-NEUVIÈME ET SOIXANTIÈME PILIERS

Planète associée : Mercure
Symbole : « L'eau de l'océan »

C'est l'eau, dans sa connotation à une immensité insaisissable, celle que Claudel considérait quand il découvrait le caractère chinois exprimant l'idée d'éternité comme « un point sur l'eau ». Symbole d'une vaste intelligence, extrêmement lucide mais dont la lucidité même peut devenir négative par excès d'analyse critique.

CINQUANTE-NEUVIÈME BINÔME (Chien/Eau)

Ce binôme est bien structuré et marqué par un réalisme qui conditionne une lucidité extrême. C'est la marque d'une grande intelligence mais un peu en retrait et comme en attente ; il faudra le poids des autres parties du thème pour lui trouver un point d'application.

Au niveau du pilier du jour, la chance triomphera mais avec difficulté devant un bon sens étroit qui se laisse difficilement convaincre.

SOIXANTIÈME BINÔME (Cochon/Eau)

Ce binôme très fort est complètement statique, figé dans une immobilité et une lucidité extrêmes. Le seul agent est l'eau et dénote une intelligence sans point d'application. Malgré la poésie de l'océan, ce binôme ne peut se comprendre qu'en fonction de l'ensemble.

C'est encore plus vrai au niveau du binôme du jour où l'immobilité figée est encore plus frappante.

Chapitre quatorzième

LA CHRONOMANCIE

L'INTERPRÉTATION DE L'HOROSCOPE

LE BESTIAIRE CHINOIS

LE RAT
« Lucide et charmeur »

Une légende popularisée par le bouddhisme veut que le Bouddha ayant désiré choisir douze animaux comme symboles des heures, le rat et le buffle se présentèrent les premiers à l'appel. Il fut décidé que la première place serait attribuée au plus important des deux. Le rat persuada le buffle de se promener à ses côtés à travers les rues du village. A ce spectacle inaccoutumé, un villageois s'exclama, stupéfait de voir le buffle en si étrange compagnie : « Quel gros rat ! » Et le buffle céda le pas de bonne grâce à son compagnon plus malin. C'est donc par son intelligence que le rat s'imposa comme premier signe du zodiaque. Associé à minuit et au solstice d'hiver, le rat est par nature Yin, et beaucoup le considèrent comme timide et craintif, cependant le binôme annuel auquel il est associé est Yang, aussi ne faut-il pas considérer comme causée par la peur sa réserve prudente. Le vocable utilisé en chinois est un terme générique qui désigne en fait tous les petits rongeurs, aussi ne trouve-t-on pas dans la tradition chinoise de répulsion marquée envers cet animal bien qu'il soit synonyme de profiteur vivant au dépens du travail des autres ; au contraire, le folklore est unanime à en célébrer la ruse et le charme. En fait le rat, quoiqu'il ne soit pas forcément signe de chance pour les personnes de ce signe, est considéré comme faste envers les tiers. Trop malin pour décider d'élire domicile dans une maison trop dépourvue, « Il n'y a pas plus pauvre qu'une souris d'église » disent les Anglais, le rat est donc considéré comme un signe de richesse et d'affluence de biens, au point que dans certains commerces, dans «les maisons de thé » en particulier, on considère que cela porterait malheur de les chasser, et un modus vivendi s'instaure avec eux. Sans mener à leur endroit d'action directe s'ils pullulent, la présence d'un chat peut-être indiquée, car on n'est pas responsable des actions du chat ! L'intelligence du rat et sa vie nocturne lui ont fait attribuer un don de double vue et un pouvoir de divination. Il est d'ailleurs au début du cycle, et c'est en début de cycle que se décide la réussite d'une action entreprise, car un facteur capital du succès est dans la manière dont on commence une action. C'est la raison de l'importance du Nouvel An, surtout de l'année du rat, d'autant plus que l'année 1984 débutait un nouveau cycle de 180 ans, ce dont le « Quotidien du Peuple », dans son numéro du Nouvel An, n'a pas manqué de faire état en formulant ses souhaits à ses lecteurs. On comprendra pourquoi il est considéré comme avisé de cultiver l'amitié d'un « rat » ! La croyance populaire veut que la durée de vie d'un rat puisse égaler 300 ans, et que lorsqu'il atteint 100 ans, son pelage devienne blanc ; c'est le moment où il est au maximum de sa sagesse et où son don de double vue est le mieux affirmé. Il peut prévoir chance ou malchance pour une année entière et voir à distance (jusqu'à mille lis = 300 km) les événements. L'apparition d'un grand nombre de rats blancs est le présage de la fin d'un régime tyrannique. Quoi qu'il en soit, la sagesse d'un natif d'une année du rat fait de lui un excellent conseiller politique, surtout s'il est né en début de cycle (1924 ou 1984). Un rat est au meilleur de sa forme intellectuelle et divinatoire lorsqu'il vieillit. Les paysans prétendent que les rats (les mulots sans doute) ont le pouvoir de se transformer en cailles durant l'été, pour reprendre leur forme première au huitième mois lunaire, à la mi-automne. Le revers de la médaille dans l'image de marque du rat, c'est qu'il symbolise le fonctionnaire qui vit sur le dos de la population, inutile et avide de richesses. « Gros rats, gros rats, ne mangez pas nos récoltes ! » chante le refrain d'un poème du

« *Livre des Odes* » (cinq siècles avant notre ère). Un poète célèbre de la dynastie des Song écrivit une ode sur la malice des rats. Un soir qu'il écrivait, assis à sa table, il entendit le son d'un grignotement provenant d'un sac de jute abandonné vide dans un coin. Il appela son serviteur qui, ouvrant le sac, y découvrit un rat apparemment crevé. Dégoûté, il secoua le sac et le rat s'enfuit en un éclair. Nous qui nous croyons intelligents, conclut le poète, sommes dépassés par la malice de cet animal ! On conte qu'un lettré lisait un jour paisiblement à sa table de travail lorsque son attention fut attirée par l'étrange comportement d'un rat qui, dressé sur ses pattes de derrière, faisait à son intention de profondes courbettes comme pour le saluer ; n'ayant pas le sens de l'humour (peu de vrais intellectuels en sont doués), il appela un serviteur pour chasser l'intrus ; ce dernier tardant à venir, excédé du manège du rat, il se leva pour le chasser et à l'instant une poutre s'écroula avec fracas au-dessus de l'endroit qu'il venait de quitter. On conte également qu'un autre rat avait (l'histoire ne dit pas par quel truchement) prédit la mort d'un fameux général ; la prédiction se révéla erronée et c'est le rat qui périt... Ce qui n'empêcha pas un autre général d'attribuer le succès de sa carrière à l'auspicieuse présence de cinq rats (cinq est un nombre bénéfique par excellence) qui avaient hiverné dans un four de la cuisine. Pour nous résumer sur la sagesse du rat, rapportons qu'un penseur qui vivait quelques siècles avant notre ère, voyant la manière dont le rat arrivait à déjouer les périls que lui causent les hommes, les chats et les chiens déclara solennellement, car il était homme d'importance : « La perspicacité de l'homme n'est rien comparée à celle du rat. » La patience proverbiale du rat, son habitude de vivre dans l'obscurité, sont sa grande force, d'autant qu'il ne se soucie guère des idées conventionnelles et qu'il se moque éperdument de ce que l'on peut penser de lui. C'est un symbole qui peut être faste aussi bien pour les hommes que pour les femmes.

RAT / BOIS

(Binôme 1, 1864 1924 1984) « un rat créateur »

Le bois lui apporte la créativité, jointe à sa lucidité cela lui assure de belles possibilités d'avenir et de progrès, d'autant qu'il est très clairvoyant et sait se montrer amical. Très déterminé, jusqu'à l'entêtement parfois, il peut, si nécessaire, être diplomate et masquer son égoïsme foncier. Ayant beaucoup de dons naturels, sa facilité peut amener sa perte. Point faible : il est un peu trop sensible à la flatterie.

RAT / FEU

(Binôme 13, 1876 1936 1996) « un rat passionné »

C'est un rat assez mal dans sa peau, car sa lucidité s'oppose à sa passion. Il est en fait plein de contradictions. A la fois ouvert et agressif, toujours prêt à prendre parti, c'est un peu un Don Quichotte, car il est maladroit et peu diplomate. Trop impatient, il risque, malgré sa réelle générosité, de mener une vie assez instable.

RAT / TERRE

(Binôme 25, 1888 1948 2008) « un rat réaliste »

Son réalisme est souvent excessif et son souci des réalités quotidiennes obscurcit parfois sa lucidité. Mais comme il est régulier dans son travail, loyal dans ses amitiés, il saura se faire reconnaître. Il est au fond casanier, bien qu'il aime sortir, ce qui limitera, s'il n'y prend garde, ses possibilités.

RAT / MÉTAL

(Binôme 37, 1900 1960 2020) « un rat financier»

Lucide et volontaire, s'il sait mener sa barque, il a toutes les chances de s'enrichir, l'or coule comme de source. Jaloux et possessif, il sait cacher son jeu. Il est à la fois avare et dépensier (pour lui-même), idéaliste et rusé en affaires, moraliste et sensuel. Il aime paraître, et peut réussir brillamment s'il sait utiliser les appuis qui lui viennent.

RAT / EAU

(Binôme 49, 1912 1972 2032) « un rat à l'état pur »

C'est le plus rat de tous les rats, le plus lucide et le plus intelligent de tous, mais il manque un peu de caractère, ce qu'il corrige par l'entêtement car il sait très bien arriver à ses fins. Il évite soigneusement tout conflit ouvert sauf pour ce qu'il estime vraiment important. Il peut atteindre le succès car il sait plaire et utiliser ses amis, pourtant, il n'a pas compris que « tout flatteur vit aux dépens de celui qui l'écoute » et risque de faire trop confiance à un auditeur complaisant. Il est avide de savoir et ne se lassera jamais d'apprendre.

LE BUFFLE
« Tenace et constant »

Le buffle est le symbole du printemps et l'emblème de l'agriculture. Il est Yin en tant qu'animal et par le binôme auquel il est associé. C'est donc un introverti, un peu renfermé qui ne cherche pas à se mettre en avant. On attribue à cet animal calme et puissant le pouvoir de mater les mauvais génies des eaux (lacs, étangs et rivières). C'est pourquoi, sur le bord du lac artificiel du Palais d'Eté, aux environs de Pékin, on voit la superbe effigie d'un buffle en bronze. Il ne faut pas trop se fonder sur la placidité du buffle, car si un thème est complété par des aspects très masculins il peut ne s'agir que d'une façade. Le buffle était le plus important des animaux domestiques. Son caractère Yin affirmé est considéré comme très faste sur le plan familial. Une des raisons de son caractère Yin est, dit-on, qu'il possède un sabot fendu (le trait séparé en deux parties est la partie Yin dans un hexagramme). Il est étonnant que cette caractéristique n'est pas été retenue pour le bélier. Sans que ce soit pour la même raison qu'en Inde, en vue des services qu'il rend à la culture, le buffle est considéré comme l'est un cheval pour un cavalier. Tuer un buffle pour la boucherie est considéré communément comme un crime. Le côté précieux du buffle en fit la victime toute désignée pour les sacrifices. Le sacrifice rituel d'un buffle avait lieu autrefois chaque année au jour de l'établissement du printemps, remplacé plus tard par la destruction symbolique d'un buffle en terre cuite sous les coups de baguette du préfet local. Un général en chef, avant de partir en campagne, avait autrefois coutume de sacrifier un buffle pour en deviner l'issue. Après le sacrifice, on inspectait soigneusement les sabots de l'animal : si les deux doigts restaient joints, c'était un excellent présage ; mais s'il étaient très écartés, cela devait inciter à la plus extrême prudence. Le buffle, surtout s'il est albinos, est un signe de longévité. Laozi, le patriarche du taoisme, montait un buffle albinos quand il traversa les montagnes, avant d'arriver au pays des immortels. Un boeuf albinos est censé vivre mille ans. On conte que, dans la demeure d'un homme fort charitable, les cornes d'un buffle devinrent subitement blanches ; Confucius consulté y vit un très favorable présage. La grande majorité des Chinois ne mangent que très rarement de la viande, beaucoup à l'occasion du Nouvel An seulement, et se contentent de porc et de volaille. Manger du boeuf est un privilège des musulmans fort peu envié de la majorité des Chinois que cela dégoûtait autant que pour beaucoup de Français manger du cheval ou du chien. Quant au mouton que les musulmans dégustent aussi, un grand nombre de Chinois n'en apprécient guère le goût. Bien qu'il soit Yin, l'emblème du buffle convient aussi bien aux hommes qu'aux femmes.

BUFFLE / BOIS

(Binôme 2, 1865 1925 1985) « un buffle amical »

Il est un peu divisé entre sa profonde tendance réaliste et un génie créateur certain, aussi est-il le moins obstiné et le moins sûr de lui de tous les buffles. Cette faiblesse de caractère est pourtant paradoxalement la raison de sa réussite sur le plan social et dans les contacts humains. Son grand sens moral inspire la confiance. Bien qu'il soit par tempérament attaché à la tradition, il sait être tolérant, il a l'esprit d'équipe et s'adapte aussi bien aux autres qu'aux circonstances.

BUFFLE / FEU

(Binôme 14, 1877 1937 1997) « un buffle passionné »

Il est par nature assez instable, partagé entre son bon sens terre-à-terre et sa passion, ce qui lui vaut d'avoir un caractère plutôt difficile. C'est le plus orgueilleux et arrogant des buffles, aussi pourra-t-il faire preuve d'agressivité. Il reste pourtant essentiellement attaché à ses principes de loyauté envers tous, et ne cherchera jamais à réussir par des moyens déloyaux ou en écrasant les autres. Il recherche surtout la sécurité pour lui et les siens.

BUFFLE / TERRE
(Binôme 26, 1889 1949 2009) « un buffle par excellence»
Ce buffle à l'état pur voit ses qualités et ses défauts poussés à l'extrême. Sa ténacité peut devenir de l'entêtement, son réalisme, un trop grand souci de perfection qui confine au scrupule, et son sens du devoir, un rigorisme excessif. Il manque un peu du sens des proportions et a tendance à exagérer ses défauts et ses limitations. Il est excessivement casanier, attaché à ses habitudes, à ses principes. Il est très fidèle à ses amis peu nombreux. Envers sa famille, il est aimant mais par trop possessif... Pas brillant mais solide, il fait son petit bonhomme de chemin. Il accepte sans se plaindre de travailler dur pour améliorer sa situation. Entêté, il n'acceptera jamais de reculer ou de rebrousser chemin.
BUFFLE / MÉTAL
(Binôme 38, 1901 1961 2021) « un buffle sous le signe de la chance»
La tradition pense qu'il s'agit dans ce cas du métal par excellence : « l'or ». C'est donc un signe de richesse. Très volontaire et résolu, il sait ce qu'il veut et saura braver les opposants. D'ailleurs, il a «la tête près du bonnet » et se montre peu respectueux des pouvoirs établis. Il a le sens de sa valeur et ne craint pas de payer de sa personne. Mais son entêtement et sa volonté obstinée peuvent le pousser à entreprendre des actions inconsidérées. Plus encore que les autres buffles, il est dur au travail et ne ménage pas sa peine. Peu compréhensif, il peut se montrer rancunier. Il vaut mieux ne pas s'y frotter, mais on peut avoir confiance en sa parole.
BUFFLE / EAU
(Binôme 50, 1913 1973 2033) « un buffle lucide»
Malgré sa lucidité, ou peut-être à cause d'elle, le côté réaliste de son tempérament le rend hésitant et inquiet. S'il sait dépasser sa crainte de l'erreur et de mal faire, il peut réaliser ses ambitions car il est rusé et sait juger des situations ; mais c'est s'il sait s'entourer d'appuis qu'il réalisera le mieux ses ambitions. Si, dominant la hantise qu'il a de réussir et d'assurer sa propre sécurité, il écoute les avis des tiers, il réalisera son destin car sa ténacité têtue est son meilleur atout.

LE TIGRE
« Courageux et indépendant »

Comme j'ai eu l'occasion de le signaler précédemment, le bestiaire symbolique chinois n'a pas retenu pour cet animal sa férocité ni sa cruauté légendaires. C'est le roi des animaux sauvages comme le souligne la caractère *wang* « roi », souvent gravé sur le front de son effigie tutélaire. C'est un roi beaucoup plus authentique que le gros chat endormi que nous prônons pour tel en Occident. Quoi qu'il en soit, c'est le protecteur des petits garçons contre la jalousie des mauvais génies, et les enfants qui lui sont voués portent encore fréquemment des petits chapeaux rouges à deux oreilles ou des pantoufles brodées à son effigie. Dans les pagodes, on voit souvent une sorte d'arc de triomphe symbolique de dimensions réduites, surmonté d'une effigie de tigre ; c'est effectivement un seuil que les mauvais génies qui rendent un enfant malade n'osent pas franchir lorsque leur victime est rituellement passée au-delà. C'est un génie bénéfique, image de la vertu militaire. Le masque d'un tigre terrifiant figure sur l'espèce de tablier que portent les généraux dans les rôles de théâtre, c'est également un motif souvent représenté sur les cuirasses des guerriers, épaulettes et parties en relief. Ces emblèmes sont supposés terrifier l'adversaire. Il semble que, traditionnellement, et malgré leurs qualités stratégiques, les anciens militaires soient souvent sans défense contre les entreprises d'escrocs et d'aigrefins. Cette opinion existe aussi en Chine comme en témoigne la petite histoire suivante : un tigre affamé ayant attrapé un renard s'apprêtait à le dévorer lorsque ce dernier lui fit remarquer qu'il était de mauvaise politique de s'attaquer à lui puisqu'il avait été choisi par les puissances célestes comme roi des animaux qui, tous, le craignaient et le révéraient. Le tigre étant sceptique, le renard lui dit : « Il suffit d'en faire l'expérience, suivez-moi en marchant derrière moi et vous verrez que tous les animaux s'enfuiront à mon approche. » Ayant de fait constaté que tous les êtres vivants s'esquivaient à leur vue, le tigre, naïf, laissa au renard la vie sauve. Selon les astrologues, l'étoile α (*alpha*) de la Grande Ourse aurait, par métamorphose, donné naissance au premier tigre. C'est un des plus grands quadrupèdes, représentant le Yang, principe masculin. Il est né au septième mois, époque où se forme l'essence Yang, c'est aussi pourquoi il a sept pieds de long, car sept est un nombre Yang, sa gestation serait également de sept mois. Le tigre vit mille ans ; au milieu de son âge, il devient blanc et cesse alors de dévorer des êtres vivants. L'apparition d'un tigre blanc est d'excellent présage. L'expression tigre est très souvent utilisée dans les métaphores, toujours dans un sens favorable, tous les caractères composés où se retrouve l'élément tigre ont un sens bénéfique lié au courage. En pharmacopée chinoise, os et griffes de tigre sont utilisés pour redonner de la vigueur, et son emblème figure naturellement sur les fortifiants de toute sorte. Tous les anciens résidents d'Extrême-Orient connaissent la fameuse «pommade du tigre » qui est un onguent, panacée fort appréciée (son créateur est actuellement une des plus grosses fortunes de Hongkong). Le port d'une griffe de tigre comme amulette écarte tous les dangers, surtout la nuit. La peau du tigre, rayée de noir, est une image de l'union du Yin et du Yang. Aux yeux de certains astrologues, cela tempèrerait son aspect très Yang d'animal Yang associé à un binôme Yang. Pourtant, au fil des âges, les caractères fastes du tigre transcendantal s'estompent quelque peu de la conscience collective ; aussi les femmes, surtout en Chine du Sud, n'aiment-elles guère reconnaître être nées l'année du tigre. Pourtant, force est de reconnaître que son emploi iconographique est un peu incohérent : associé à la troisième heure chinoise (de trois heures à cinq heures du matin), c'est le seul animal de la nuit qui ne soit pas Yin (le lièvre, lui, l'est). Son rôle de terreur des démons, et donc des génies néfastes de la nuit, explique ce choix. Mais il marque le mois de début du printemps, et donc, logiquement, devrait être associé à l'Est alors qu'il n'en est rien puisque le tigre blanc, opposé au dragon vert, est le symbole de l'Ouest et de l'automne. Une légende explique le choix du troisième mois par le fait que le tigre ne fait jamais plus de trois bonds pour se saisir d'une proie, et que, s'il échoue, il renonce. L'emblème du tigre est utilisé en Chine depuis la plus haute antiquité, on le retrouve sur certains des plus anciens bronzes connus, et toujours, semble-t-il, comme symbole protecteur, en tous cas, bien avant que la liste des animaux zodiacaux ne fût apparue. Il est facile de comprendre, et nous l'avons déjà indiqué, que l'année du tigre puisse mieux convenir aux hommes qu'aux femmes.

TIGRE / FEU

(Binôme 3, 1866 1926 1986) « un tigre plein de flamme»

Son esprit inventif et créateur vient sans cesse apporter aliment à son amour de l'action. Il est ardent et passionné et toujours prêt à se mettre en campagne ou à entreprendre de nouvelles aventures. Il est un peu imprévisible, et l'on ne peut guère savoir où la passion l'entraînera. Mais sa force, quand il le veut, impressionne et galvanise, elle pourrait en faire un meneur d'hommes s'il lui en prenait fantaisie. Toujours en quête d'action, il ne tient compte que du présent et s'engage toujours à fond. Mais la passion qui le mène est inconstante, et à tout instant la découverte d'un nouvel objectif peut lui faire changer de cap.

TIGRE / TERRE

(Binôme 15, 1878 1938 1998) « un tigre réaliste »

Son esprit créatif tempère fort heureusement ce que son bon sens pourrait avoir d'un peu terre-à-terre, aussi est-il un être calme, responsable, qui a des chances sérieuses de faire fortune, car il a plus de patience que les autres tigres. Il sait moduler son action et comprendre l'importance relative de chaque chose. Sa personnalité peut manquer d'éclat, mais ses amitiés seront solides bien que souvent un peu trop raisonnées. Sa fierté native, à base d'égocentrisme, le pousse parfois à des actes inconsidérés faits pour la galerie ; mais en général, il est stable et consciencieux.

TIGRE / MÉTAL

(Binôme 27, 1890 1950 2010) « un tigre instable»

Assez mal dans sa peau, il est avide de changement et ne cherche guère à rester au foyer. Mais son goût du changement pourrait l'amener à devenir un grand voyageur et à s'expatrier, ce qui serait peut-être pour lui la meilleure solution et une chance de prospérité.

Très égoïste, il ne voit que son intérêt et est prêt à employer tous les moyens pour réussir. Souvent trop pressé, il est parfois enclin à prendre ses désirs pour des réalités. Il tient à son indépendance et pourtant, il est très influençable.

TIGRE / EAU

(Binôme 39, 1902 1962 2022) « un tigre avisé »

Son extrême lucidité l'amène parfois à un excès de prudence , et la perte de l'occasion qu'il n'a pas su saisir l'oblige parfois à un travail acharné pour compenser. Mais son sens de l'objectivité, son excellent jugement et sa lucidité en font un être extrêmement réaliste et sur qui on peut compter. Il est donc généralement apprécié, d'autant qu'il ne se trompe pas plus dans le choix de ses amis que dans ces actions.

TIGRE / BOIS

(Binôme 51, 1914 1974 2034) « le tigre type »

Tout d'une pièce, il est doué de sens artistique et peut être un créateur. Son affabilité lui attirera des amis. Il est en fait un peu superficiel et manque souvent de lucidité. Il peut obéir et ferait un soldat discipliné, d'autant qu'il a horreur de prendre des responsabilités. Bien qu'il ait du mal à les admettre, il faut qu'il prenne conscience de ses limites.

LE LIÈVRE

« Vertueux et prudent»

Bien qu'à l'inverse de nos gargotiers la tradition vietnamienne l'ait transformé en chat, le lièvre est un animal transcendantal très anciennement connu en Chine. Par temps clair, ne le voit-on pas sur la lune en compagnie d'un crapaud à trois pattes, en train de fabriquer avec un pilon dans un mortier des philtres magiques ? C'est un alchimiste distingué mais,du fait que vit aussi sur la lune le sympathique vieillard de la lune qui s'occupe activement à favoriser les amoureux (un fil rouge béni par lui, placé sous l'oreiller de la personne aimée est un talisman incomparable),le lapin de la lune est également considéré comme protecteur des amoureux, peut-être un peu trop, car il en a acquis une mauvaise réputation, et le pauvre lapin est devenu, en Chine, le symbole d'un coureur aux moeurs des plus légères. C'est sans doute la raison pour laquelle les Vietnamiens, pudiques, lui ont préféré le chat, mais hélas, il n'y a pas de chat sur la lune, c'est pourquoi, au chat, je préfère le « lièvre de jade ». Dérivant son origine de l'essence vitale de la lune, le lièvre est donc Yin par nature. De forte personnalité, il est doté d'une longévité de mille ans ; à l'âge de 500 ans, lui aussi blanchit, mais en même temps acquiert le pouvoir magique de prendre toutes les formes qu'il désire. On cite le cas d'un lièvre blanc qui sortit d'une tombe au moment d'un enterrement et se transforma en dragon sous les yeux de la famille stupéfaite ; comme preuve de son pouvoir, il laissa dans la pierre l'empreinte de sa griffe. Le lièvre blanc est donc d'excellent augure, mais c'est surtout le lièvre de couleur fauve (le roux se rapprochant du rouge) qui est, lorsqu'il se manifeste, un présage extrêmement faste ; toutefois cette apparition est rare car elle ne peut se faire que quand les dirigeants sont efficaces et vertueux, et l'univers en paix ! La poltronnerie du lièvre, légendaire chez nous, ne semble pas avoir impressionné les Chinois, qui y voient surtout une preuve de sagesse et de prudence au point qu'il est parfois donné en exemple aux militaires. Un général en chef ne craignait pas de donner l'astuce du lièvre en modèle à ses subordonnés : «Imitez sa prudence, leur disait-il, un lièvre a toujours trois issues à son terrier. Si vous n'en avez qu'une, comment pouvez-vous dormir en paix ? Prévoyez pour le moins deux possibilités de retraite en plus. » Cette histoire semble prouver au naturaliste que le lièvre était un vulgaire lapin, pourtant le lièvre de Chine est bien un lièvre car il ne vit pas en bande. D'essence Yin associé à un binôme Yin, le lièvre semblerait plus adapté à un tempérament féminin, mais il n'est pas contre-indiqué pour un homme, du moins dans la tradition astrologique chinoise.

LIÈVRE / FEU

(Binôme 4, 1867 1927 1987) « un lièvre ardent »

Contrairement à l'image que l'on peut se faire du lièvre, son tempérament s'accommode bien avec la passion, son esprit inventif la nourrit pourvu que ce ne soit pas l'amour romantique, car pour lui c'est plus un amusement qu'une relation sous le signe du tragique, ce qui ne lui permettrait pas de déployer tous les ressorts de sa séduction. Son abord est aisé et lui attire les soutiens et les sympathies. Si l'occasion s'offre, il peut devenir un meneur d'hommes. Il n'attaque jamais de front l'adversaire et sait tenir compte des circonstances. S'il subit la critique et les oppositions, il peut alors devenir mauvais.

LIÈVRE / TERRE

(Binôme 16, 1879 1939 1999) « un lièvre féru de bon sens »

C'est une excellente combinaison, et elle peut être un signe de succès et de fortune. Le réalisme qu'elle implique permet au lièvre de surmonter ce que son tempérament peut avoir de trop imaginatif et poète, pour atteindre un excellent équilibre. Il sait parfaitement se contrôler, et sa maîtrise de soi le fait apprécier de ses chefs. Il est très intéressé, et son confort est de première importance à ses yeux ; il n'accorde pas beaucoup de considération aux autres. Mais s'il sait contrôler ses défauts, il a en main toutes les chances de succès.

LIÈVRE / MÉTAL

(Binôme 28, 1891 1951 2011) « un lièvre entêté »

Sa force de caractère pourrait le servir grandement si son imagination ne se mettait pas parfois en travers, elle peut même le rendre instable, d'autant qu'il a une excellente opinion de ses facultés et une confiance aveugle en son propre jugement ; il est assez rusé pour ne pas démasquer son jeu. Il est totalement indifférent aux critiques. Il peut être artiste car son épicurisme lui fait apprécier le beau. Il peut être très amoureux, mais il sera possessif et jaloux. Il est difficile à connaître car il ne se lie ni ne se livre facilement.

LIÈVRE / EAU

(Binôme 40, 1903 1963 2023) « un lièvre sagace »

Sa lucidité peut être parfois pour lui plus une pierre d'achoppement qu'un atout, car elle risque d'engendrer une prudence excessive, et de le rendre timoré à l'excès. Pourtant, cela lui permet de mieux surmonter les difficultés. Ses qualités intellectuelles, son excellente mémoire peuvent en faire un chercheur très doué, c'est là son domaine. Introverti, il a peur de l'action. Sa perspicacité et sa clairvoyance peuvent lui attirer nombre d'amis pour lesquels il se montrera très dévoué et d'excellent conseil, aussi est-il estimé de ceux qui le fréquentent. Très sensible, il est soupçonneux et rancunier. Si le reste de son thème prouve qu'il peut s'extérioriser, il peut réussir fort bien dans la vie, d'autant que ses ambitions sont limitées.

LIÈVRE / BOIS

(Binôme 52, 1915 1975 2035) « un lièvre modèle du genre »

Ce n'est pas un caractère de tout repos, car son imagination et sa fantaisie débordante risquent de lui jouer des tours s'il ne parvient pas à les contrôler. Il est généreux et assez compréhensif. Très ambitieux, il évitera de s'affronter aux autorités constituées. Son intelligence créatrice lui permet de comprendre les situations et de s'y adapter au mieux. Il ne peut espérer un succès fulgurant, mais sa patience et son esprit inventif peuvent permettre de bien augurer de son avenir. Mais, de même qu'il est lent à se décider, il se refuse toujours à prendre parti, et cela pourrait constituer pour lui un obstacle sérieux.

LE DRAGON

« Né sous le signe de la chance»

Le dragon, symbole de l'Empereur, est l'animal faste par excellence auquel tout peut réussir, mais n'oublions pas que les Chinois se méfient toujours un peu des extrêmes, aussi n'est-il pas étonnant qu'à leurs yeux cet animal bienfaisant puisse se muer en son contraire et devenir un être extrêmement dangereux. Associé à la terre et à la couleur jaune, il est l'image du changement et du jeu des énergies cosmiques ; c'est avant tout un génie des eaux et de la pluie fertilisante, car il est le suprême régulateur des eaux, des montagnes, du ciel et de la terre. Il peut à volonté se rendre visible ou invisible. Caché en hiver, il attend le moment d'agir et émerge au printemps pour annoncer le réveil des forces naturelles. Ce rôle de régulation, de surveillance vigilante et de protection est celui qui est, aux yeux des Chinois, dévolu au Fils du Ciel, intermédiaire naturel entre le ciel et la terre, d'où le choix du dragon pour emblème. C'est, nous dit-on, le chef des cinq sortes de créatures vivantes : à plumes, à poils, avec une carapace, couvertes d'écailles ou nues comme l'homme. Il a le pouvoir de se transformer et de monter dans le ciel à l'équinoxe de printemps ou de plonger dans les rivières à celle d'automne. A son gré, il peut réduire ses dimensions à la taille d'une chenille ou égaler le ciel entier, il peut chevaucher les nuages ou plonger dans les sources les plus profondes. Enfin, il peut appeler la pluie. L'apercevoir est un très auspicieux présage, son apparition étant toujours le signe d'événements heureux imminents. En géomancie, le dragon est omniprésent car la forme des montagnes est attribuée à son action, ainsi que les courants d'eau souterraine, et les énergies telluriques. On peut sourire mais l'influence du dragon a permis aux Chinois, les seuls vrais écologistes, de s'accorder toujours, eux et leur habitat, avec l'environnement naturel. L'iconographie chinoise, je devrais dire l'héraldique, fait une place de choix à la représentation du dragon, de face avec cinq griffes, c'est la représentation symbolique. Les armoiries de l'Empereur, deux dragons affrontés à une perle, sont l'image de l'univers, tandis qu'un dragon jouant avec un phénix (symbole de l'impératrice) sont la représentation du couple impérial. Hélas, par la perversion de ses qualités mêmes, il arrive que cet être supérieur puisse devenir extrêmement dangereux. Certains pensent que l'origine du symbole du dragon est l'alligator du Yangtse, aujourd'hui disparu ; cela ferait comprendre qu'il soit associé aux rivières et que dans les temps anciens on offrit aux rois dragons des sacrifices humains, de préférence de jolies filles. Est-il d'ailleurs si désirable de rencontrer un dragon ? On conte qu'un jeune lettré passait son temps à dessiner avec très grand art des dragons en tout genre. Un roi dragon, ayant entendu parler de lui, décida d'aller lui payer le compliment d'une visite, hélas, à sa vue, le jeune homme faillit mourir de peur. Associé à la cinquième heure chinoise (de sept à neuf heures), à l'équinoxe du printemps et à l'Est (sous l'aspect du dragon vert), il est la personnification de la force d'expansion créatrice de la nature. Pourtant, bien que Yang associé à un binôme Yang, la tradition semble le considérer comme également faste pour les deux sexes. N'oublions pas que nul binôme ne s'interprète isolément ; les autres binômes pourront sans doute compenser son aspect trop masculin pour une femme.

DRAGON / EAU

(Binôme 29, 1892 1952 2012) « le dragon dans son élément »

Bien que l'étude approfondie de ses signes puisse donner une inquiétude quant à sa stabilité, la conjonction est faste car l'eau est son élément naturel, elle lui apporte la lucidité et un grand sens moral. Il est le type le plus désintéressé et le plus ouvert de tous. Il est le plus lucide mais sait, s'il le faut, attendre, voire accepter l'échec sans se troubler. Il est ouvert aux idées nouvelles. C'est un homme capable de négocier. Mais il peut, par trop de patience, laisser passer l'occasion qu'il ne sait pas toujours saisir, d'autant que son optimisme naturel lui fait parfois trop compter sur l'avenir.

DRAGON / BOIS

(Binôme 41, 1904 1964 2024) « un dragon artiste »

Ce dragon est le moins sûr de lui car il y a dans son tempérament une contradiction entre son sens réaliste et son génie créateur, aussi n'est-il pas toujours très bien dans sa peau. S'il parvient à dominer cette difficulté, son imagination et son réalisme feront de lui un excellent guide, il serait excellent en professeur, mais pas en éducateur car il manque un peu d'autorité. Il peut d'ailleurs se montrer parfois tatillon et ergoteur. Il est néanmoins généreux, bien que dominateur et n'aimant guère la critique, ses rancunes sont moins durables que celles de ses congénères.

DRAGON / FEU

(Binôme 53, 1916 1976 2036) « un dragon impétueux »

Bien que l'iconographie occidentale associe le dragon avec les flammes, ce n'est pas le cas en Chine, et l'association n'est que modérément faste : le réalisme s'accorde mal avec la passion, et le bon sens peut céder la place à l'utopie. C'est avant tout un homme d'action, qui peut être assez agressif, et sa passion peut parfois être confondue avec de la force de caractère. Mais son autorité, presque sa suffisance, peut lui aliéner les sympathies. Meneur d'hommes, il risque de se prendre pour le Messie. Dans le fond, il est compréhensif et très humain. Il est malheureusement prêt à refaire le monde à son profit. Son impatience d'arriver le rend superficiel dans sa manière de juger des choses et des hommes. S'il apprend l'humilité, il peut arriver au plus haut destin.

DRAGON / TERRE

(Binôme 5, 1868 1928 1988) « l'archétype du dragon »

Son extrême réalisme donne beaucoup d'harmonie à toute la richesse de son tempérament, et corrige ce qu'elle pourrait avoir de dangereux ; n'oublions pas qu'aux yeux des Chinois la richesse même de cet emblème en constitue aussi l'écueil : plus riche est un signe, plus il court le risque d'une dangereuse perversion, plus haute est la position, plus dangereuse la chute ! Autoritaire comme tous ses congénères, il aura tendance à tout régenter. Mais, comme il est aussi un sage, il sait apprécier l'opinion des autres, d'autant qu'il se contrôle fort bien. Son calme, ainsi que sa constance dans son travail, sont ses meilleurs atouts, aussi cherche-t-il sans cesse à se perfectionner. Ses colères sont rares, mais attention, il peut être impitoyable pour qui atteint sa dignité et lui fait perdre la face.

DRAGON / MÉTAL

(Binôme 17, 1880 1940 2000) « le dragon d'or»

C'est le plus chanceux de tous ; comme pour le roi Midas, tout ce qu'il touche peut se transformer en or. Sa force de caractère est grande, presque excessive s'il n'était foncièrement intègre. Il peut être critique et assez méprisant. Ambitieux et homme d'action, tout sera ordonné selon ses objectifs. S'il se tourne vers la religion ou l'idéologie, il peut devenir un fanatique, d'autant qu'il manque dangereusement de souplesse et de compréhension. Contesté, il se retire sous sa tente. Mais c'est sa force de caractère qui constitue sa grande chance. S'il dévie de la droite ligne, il peut devenir un dangereux malfaiteur, son assurance étant plus forte que son sens moral.

LE SERPENT
« Lucide et sage »

Aux yeux des Chinois, le serpent est une forme inférieure de dragon, c'est même le compère du dragon et c'est de ce fait qu'il tire sa vertu. Comme lui, il peut faire venir la pluie et vivre parmi les nuages. Aussi la présence d'un serpent dans les fondations d'une maison est-elle considérée comme extrêmement faste et signe de prospérité à condition toutefois qu'il ne se manifeste pas au grand jour. Assez curieusement, le serpent présente de nombreux traits qui le rapprochent du rat ; comme lui, il est dieu de richesse, comme lui, il préfère l'obscurité, comme lui, il est clairvoyant et lucide, mais plus sage. Plus réaliste et moins imbu de lui-même que le dragon, il est faste pour ceux qu'il apprécie, aussi est-il souvent considéré comme malveillant, c'est qu'il faut savoir lui plaire, il aime séduire comme une jolie femme. Il peut se transformer en elfe et en gnôme, mais c'est en femme séduisante qu'il préfère se métamorphoser. Tous les Chinois connaissent la légende du serpent blanc qui, pour séduire un mortel, se transforma en jolie fille. Comme le dragon, le serpent a ce don de pouvoir se transformer et de prendre de multiples apparences mais, comme la fée Mélusine, il ne fallait pas que son mari la découvre, ce qui ne manqua pas d'arriver un jour où son mari l'avait forcée à boire. Il faut à tout prix éviter de déranger un serpent qui a élu domicile dans les sous-sols de votre maison car, comme le rat, il est plutôt sycophante mais il est de bonne politique d'éviter de le lui faire remarquer. Comme il ne se manifeste que lorsqu'il lui en prend fantaisie ou lorsqu'il est mécontent, l'apercevoir est souvent considéré comme un mauvais présage annonciateur de maladie. Le meilleur moyen de se le concilier est d'arriver à savoir son nom et d'assurer ainsi son emprise sur lui. La légende raconte qu'il y avait dans une montagne un grand serpent qui portait chance à quiconque savait l'appeler par son nom. Les serpents aussi sont célèbres pour leur gratitude. L'histoire est connue de ce mandarin qui, ayant fait panser un serpent blessé, le vit revenir un an après lui apportant une perle magnifique qui « brillait comme la lune ». A un moindre titre que le dragon, mais de la même manière, le serpent est un animal bénéfique, les Chinois n'ayant pas, dans leur tradition, le jardin du paradis terrestre. L'association du serpent Yang et feu à un binôme Yin le rend également faste pour les deux sexes, bien que la tradition veuille que les femmes « serpent » soient un peu trop lucides et séductrices pour la paix d'un ménage.

SERPENT / TERRE

(Binôme 6, 1869 1929 1989) « un serpent plein de sagesse»

C'est là un signe des plus faste, sous l'influence des « étoiles du bonheur et de la longévité ». Son réalisme l'empêchera de se laisser aller à sa passion et à son ardeur, et fera de lui le plus vertueux et le plus solide de tous les serpents. Bien que foncièrement ambitieux, il peut être un sûr appui dans les moments de panique car il sait garder la tête froide et calme et ne se laisse jamais intimider par personne. Un peu froid, il est pourtant très populaire et très influent, car il sait être charmant. Extrêmement économe et prévoyant, il pourrait très bien réussir dans les affaires surtout la banque. Son réalisme le rendra toujours conscient des limites à ne pas dépasser.

SERPENT / MÉTAL

(Binôme 18, 1881 1941 2000) « un serpent ardent»

C'est une alliance difficile car la rigidité morale du métal s'oppose à l'ardeur native du serpent. Il est doué d'une volonté presque excessive et d'une très forte détermination. Mais il est clairvoyant et sait saisir la chance. Il n'est pas facile à cerner car sa prudence l'incite à la réserve, il recherche vie facile et richesse. Il peut être envieux et extrêmement défiant. Il n'accepte jamais la défaite et fait front courageusement à toute opposition et à tout opposant. Son excessive réserve native l'empêche de donner cours à sa générosité naturelle.

SERPENT / EAU
(Binôme 30, 1893 1953 2013) « un serpent lucide»
Bien que le binôme auquel il est joint semble présenter quelques contradictions dans sa structure interne, l'eau est pour le serpent un élément congénital et donc favorable comme pour le dragon. C'est le plus lucide de tous ses congénères et celui qui aura la plus profonde influence. Mais il est trop intéressé et rusé, et veut faire tout concorder à ses desseins. Il combine un tempérament artistique à un extrême réalisme. Son gros défaut est la curiosité ; il aime être au courant de tout, il est très rancunier et n'oublie jamais les injures. Il peut être un excellent homme d'affaires.
SERPENT / BOIS
(Binôme 42, 1905 1965 2025) « un serpent indépendant»
Tout ne lui est pas facile car tempérament et réalisme s'opposent en lui. Il a un besoin d'une grande liberté mais cela ne l'empêche pas d'être fidèle à ses amours, ni de rechercher en ses finances la stabilité. Très perspicace, il sait voir le côté caché des choses et des gens. Il peut souvent prévoir l'avenir et semble posséder ce don de double vue que la tradition chinoise a toujours attribué à cet animal. Il est fidèle en amitié et en amour, mais il a besoin d'une complète liberté intellectuelle. Il sait exercer son influence et est doué pour l'éloquence. Il est plus passionné qu'il n'y paraît, mais son bon sens le retient des excès. Il faut reconnaître que son désir de plaire, qui lui fait soigner son discours et son apparence, le rend parfois un peu vain et dépensier, recherchant avidement le succès. Très cultivé, il sait apprécier les choses sous leur vrai jour. C'est un esthète et un épicurien.
SERPENT / FEU
(Binôme 54, 1917 1977 2037) « un serpent par excellence»
Son agent vient renforcer son caractère ardent d'une manière pour le moins excessive. Il est toujours en mouvement sur le plan physique comme sur le plan intellectuel. Il peut réussir dans toute carrière publique car il a le don d'inspirer confiance et sait mener les hommes. Mais il se méfie de tous et ne compte que sur lui-même. Il est toujours prêt à censurer et est généreux dans ses critiques. Très arriviste, s'il obtient le pouvoir il ne sera pas facile à déloger. Très sensuel, c'est un amoureux ardent, mais il se montre excessif dans ses amours comme dans ses haines.

LE CHEVAL
« Ardeur et fascination »

Si l'on chantait à des Chinois la célèbre comptine « De quoi qu'il y a un ? », lorsqu'on arriverait au chiffre 8, ils répondraient sûrement il y a « huit chevaux ». Les huit chevaux sont chiffre magique et image de perfection ; avoir un attelage de huit chevaux est incontestablement un signe de richesse. En tout cas, les huit chevaux sont l'image du parfait bonheur ; on vend à titre faste dans tous les marchés huit petites figurines en porcelaine qui, dit-on, sont la reproduction des huit dessins d'une peinture célèbre montrant les huit attitudes d'un cheval agacé par un taon, il n'y a qu'aux Galeries Lafayette qu'on les vend au détail ! On dit qu'un empereur de la dynastie Han attribuait ses succès militaires à son très faste attelage de huit palefrois. Une autre tradition cependant en dénombre neuf, mais huit reste le chiffre qui a frappé l'imagination populaire. Le cheval est associé au feu, à la lumière du midi, à l'été, au Sud ; il est également associé au trigramme qui figure le ciel, plénitude du Yang figuré par trois traits pleins. Les légendes ont gardé la mémoire de nombreux chevaux exceptionnels, notamment le « dragon rouge » qui pouvait parcourir mille lis en un jour (300 km !), un autre célèbre pour sa rapidité, le « tonnerre subit ». Le cheval du dieu du foyer qui, à la fin de chaque année, va faire au ciel un rapport sur chaque famille, est honoré presque au même titre que son maître. Dans les temps anciens, un marchand ayant été kidnappé, sa femme déclara devant tous ses voisins assemblés : « Je promets de donner ma fille en mariage à qui ramènera mon mari. » Le cheval qui avait réussi à s'échapper lors de l'enlèvement partit d'un trait et revint quelques jours plus tard ramenant son maître. Le cheval s'étant mis à hennir sans arrêt, on raconta au mari la manière dont avait été faite la promesse, ce sur quoi il s'écria : « Le serment était fait à l'intention d'un homme, non d'un cheval. » Comme le cheval ne cessait de hennir, excédé, il prit son arc et le tua d'un flèche, puis il étendit la peau à sécher dans la cour. Comme la jeune fille passait dans le voisinage, brusquement la peau s'anima, enveloppa la jeune fille et disparut à l'instant. Quand, quelques jours plus tard, on retrouva la peau, elle contenait des vers à soie qui donnèrent de merveilleux cocons. La tradition veut que cet événement ait transformé la sériciculture. Les Mandchous avaient une considération particulière pour leurs chevaux qu'ils considéraient comme étant une des causes de leur victoire sur les Chinois. On dit que s'ils imposèrent aux Chinois le port de la natte c'est pour commémorer les queues tressées de leurs montures de bataille. Symbole de la beauté et de la force, de la rapidité et de l'élégance, le cheval est un être de feu dont l'ardeur et l'exubérante végétation estivale sont les symboles. C'est pourquoi, quand l'année du cheval se trouve associée au caractère dénaire du feu, cela donne un mélange que d'aucuns considèrent comme excessif ; au Vietnam surtout on considère comme dangereux pour les tiers le « cheval de feu ». Le caractère excessivement Yang du cheval convient évidemment mieux à un homme, la femme « cheval » est souvent très séduisante mais elle peut être dangereuse. Je ne sais l'année de sa naissance, mais Carmen en serait l'incarnation.

CHEVAL / MÉTAL

(Binôme 7, 1870 1930 1990) « un cheval fascinant »

Il y a une antinomie entre son côté passionné et la rigueur de la force de volonté que comporte l'agent métal ; il faudra un combat très dur pour qu'il parvienne à se laisser dompter par la raison. Un contrôle extérieur ne peut y parvenir, seule l'autodiscipline a des chances de succès. Ardent et démonstratif, il est extrêmement séduisant. Aimant les femmes, il sait leur plaire. S'il arrive à se dominer, il a de grandes chances de succès. Toujours en mouvement, il est par nature infatigable, et se refuse à toute routine. Epris d'indépendance et de liberté, la monotonie le déprime et peut le mener à la morosité, il refusera alors toute action dans la peur d'en devenir esclave.

CHEVAL / EAU
(Binôme 19, 1882 1942 2002) « un cheval difficile »

On ne peut nier que son caractère soit assez difficile, car l'eau ne convient guère à son tempérament passionné : pourtant s'il sait l'accepter, elle lui apportera lucidité et pondération. Trop centré sur lui-même et trop préoccupé de ses aises, il peut néanmoins s'adapter et son esprit lucide peut lui assurer le succès, s'il réussit à contrecarrer son irrésistible besoin de changement et son instinct voyageur. Il ne peut s'arrêter longtemps nulle part ; l'ennui c'est que son esprit aussi ne peut jamais rester stable et que, sans vergogne, il peut changer d'idée ou d'action. Il a beaucoup d'esprit et peut se montrer un brillant, mais parfois superficiel, causeur ; aussi risque-t-il de sombrer dans une prétentieuse inconsistance.

CHEVAL / BOIS
(Binôme 31, 1894 1954 2014) « un cheval raisonnable »

A la passion vient s'ajouter l'esprit créatif, c'est une excellente combinaison si la passion n'est pas trop en position de force et s'il parvient à se contrôler. Son sens artistique contribue à l'équilibrer. Il n'est pas trop égoïste. Il est mondain et aime la vie en société où il peut plaire par ses talents de causeur. Mais il est snob et recherche toujours la nouveauté. Il a le sens de ses responsabilités, mais manque un peu de prudence et doit donc cultiver le discernement.

CHEVAL / FEU
(Binôme 43, 1906 1996 2026) « un cheval indomptable »

C'est la personnification du cheval Yang à l'extrême, il en a à l'excès toutes les excellentes qualités et les défauts, certains le craignent comme extrêmement dangereux, il peut être la première victime du bouillonnement de ses passions. Il est naturellement très excitable et coléreux. Bien qu'inconstant par nature, il est très séduisant. Il peut être très efficace mais ne saurait rester longtemps en place. Il aime les voyages et est toujours en quête de nouvelles sensations, il cherche l'excitation sous toutes ses formes. Son manque de persévérance est ce qui empêche son riche tempérament de réussir. Je pense cependant que la mauvaise réputation qui lui est faite est tout à fait excessive.

CHEVAL / TERRE
(Binôme 55, 1918 1978 2038) « un cheval accompli »
C'est une association des plus fastes qui semble assurer richesse et prospérité. Un cheval gai et amical. Il serait parfait s'il n'était pas aussi lent dans l'action, son réalisme le poussant à réfléchir longuement avant de prendre une décision. Mais dans les affaires, cette prudence peut se tourner à son avantage, d'autant qu'il est très considéré dans ses relations avec les autres. Mais, étant parfois trop méticuleux, il peut alors perdre le sens des proportions.

LE BÉLIER
« Artiste et fantasque »

Le caractère chinois employé pour désigner cet animal est ambigu, il peut indifféremment désigner le mouton ou la chèvre. Longtemps, j'en conviens, j'ai préféré la chèvre, les Français se rappellent Monsieur Seguin, mais l'iconographie extrême-orientale ancienne m'a convaincu, il s'agit bien d'un bélier, à ne pas confondre avec notre signe du zodiaque. Bien que certains traits peu flatteurs que nous décrivons plus loin se rapportent fort bien à une chèvre, la tradition classique rapporte qu'un célèbre devin, *Dong Zhong-Shu*, faisait l'éloge de cet animal : il précisait que le mâle avait des cornes mais ne s'en servait pas sans discernement, seulement pour se défendre, ce qui est l'indice d'un esprit chevaleresque. Captif, il ne bêlait pas et se laissait égorger sans se plaindre, preuve d'héroïsme. Enfin, l'agneau s'agenouillait pour têter, preuve de piété filiale. Quoi qu'il en soit, cet animal est très faste. Rêver de bélier (ou de chèvre) est une preuve certaine d'une glorieuse promotion. D'où l'importance de compter des moutons pour un candidat à un examen qui a du mal à s'endormir... Le bélier est Yang, si nous tenons compte de ce qu'en pense la tradition, son association à un binôme Yin ne peut donner que d'excellents présages, être « bélier » est donc aussi favorable pour un homme que pour une femme.

BÉLIER / MÉTAL

(Binôme 8, 1871 1931 1991) « un bélier au destin doré »

Il a beaucoup de chance, surtout sur le plan financier, il a tous les atouts pour s'enrichir. Marqué par la confiance en soi et un haut sentiment de sa valeur, son talon d'Achille est un haut degré de susceptibilité, il est donc facile de l'offenser. Il lui est difficile de vivre en famille, bien qu'il aspire pourtant à la sécurité dans sa vie. Très artiste, il est peu liant et est, bien que d'apparence calme, assez instable et difficilement contrôlable. Voulant tout régenter, il n'aura que peu d'amis.

BÉLIER / EAU

(Binôme 20, 1883 1943 2003) « un bélier dépendant »

Il n'a pas une très forte personnalité car sa lucidité, jointe à son esprit réaliste, le rend hésitant, aussi compte-t-il beaucoup sur les tiers, aide qu'il obtient facilement car il est charmant. Au fond, c'est un opportuniste sans grand jugement, toujours en quête d'un appui et se ralliant toujours à l'opinion de la majorité. Il tient à ses habitudes et a horreur de tout changement. Il a tendance à se considérer comme une victime s'il ne peut obtenir ce qu'il désire, à la limite cela peut devenir une manie de la persécution.

BÉLIER / BOIS

(Binôme 32, 1895 1955 2015) « un bélier pacifique »

Il n'est pas très bien dans sa peau, car il connaît une opposition entre son réalisme et son besoin de création. C'est le bélier le plus aimable, car il est de nature aimante et cherche à plaire. Pas assez sûr de lui pour lutter, bien qu'il ait une haute opinion de lui-même, il laisse aux autres l'avantage et renonce d'avance au combat ; il est prêt à tout pour assurer sa tranquillité. Il est toujours disposé à rendre service et à aider les malheureux. Sans connaître l'aisance, il est sûr de ne jamais manquer du nécessaire.

BÉLIER / FEU

(Binôme 44, 1907 1967 2027) « un bélier fantasque »

Passion et réalisme ne font pas toujours bon ménage. Bien que la passion l'emporte souvent, le réalisme empêche que n'arrivent des ennuis sérieux. Il croit en son intuition, mais a tendance à trop dramatiser. Il est très attaché à son confort et aime à paraître, aussi est-il un hôte fastueux. Il peut connaître souvent des difficultés financières. Bien qu'il puisse charmer, il est parfois très agressif et fait montre de franc parler quand il est offensé. Il vit un peu dans ses rêves et en oublie souvent la réalité. Et parfois son comportement peut être imprévisible.

BÉLIER / TERRE

(Binôme 56, 1919 1979 2039) « un bélier type »

C'est un ensemble très harmonieux, mais comme il est marqué par la facilité, cela peut entraîner un choc en retour et la suite pourrait ne pas être très conforme aux espérances du début, d'autant que ce bélier montre un excès d'optimisme et de confiance en soi. Il sait équilibrer indépendance et vie familiale. Il y a en lui plusieurs paradoxes apparents : n'aimant pas dépenser, il peut être généreux et prêt à aider autrui ; habile à masquer ses émotions, il peut être violent s'il se défend des opposants ou des critiques.

LE SINGE

« Débrouillard et malicieux »

Que ce soit en Inde, dans la légende du Ramayana, ou en Chine, avec le récit du Moine Pélerin, le singe, comme le renard de nos romans médiévaux, est le héros d'un nombre infini de contes. Sa débrouillardise, qui lui permit de braver les dieux (n'avait-il pas volé la pomme d'immortalité), l'aide à maîtriser les pires situations où sa malice l'entraîne. Les Malais disent que le singe est trop intelligent pour parler car, s'il savait parler, on le ferait travailler. Par sa malice, il est capable de contrôler et de dompter tous les génies et esprits malfaisants. Aussi, malgré sa malignité, et souvent sa méchanceté, est-il honoré comme un dieu, car seul il a réussi à obtenir par ses stratagèmes l'immortalité. Peu lui importent les moyens, seuls les résultats comptent. Les dévots lui adresseraient volontiers la prière du Normand à son saint préféré :

«Oh, mon bon Saint-Larron, faites que je vivions et que je mourions comme vous ! » Son association au moine pélerin du voyage vers l'Ouest lui confère un certain vernis de respectabilité, car le moine réussissait parfois à le dompter. Comme les croyances populaires pensent que les maladies sont dues à de mauvais génies, le singe est considéré comme un puissant guérisseur. J'ai connu à Singapour un respectable employé de banque qui, chaque dimanche, se faisait posséder par le dieu-singe pour pouvoir, bénévolement, guérir de jeunes enfants. Bien que le singe ait volé le fruit d'immortalité, la tradition lui attribue trois vies successives: la première dure huit cents ans, après quoi il se transforme en babouin ; cinq cents ans plus tard, il devient un grand singe, orang-outang sans doute, état qui dure encore mille ans. Dans le premier stade, le singe est vicieux, querelleur, désordonné et égoïste. Devenu babouin, il devient aimable et bienveillant. Grâce à son bâton magique, le singe peut prendre toutes les formes qu'il désire ou convoquer à son gré n'importe quel génie. Le singe est très intelligent. Un célèbre chasseur, ayant blessé un singe d'une flèche, le vit arracher la pointe et mettre quelques herbes médicinales ; il récidiva et le singe recommença son manège, alors le chasseur jeta arc et flèches dans la rivière, criant que c'était lui qui devrait périr. Est-ce son art de se travestir ? En tout cas, le singe est le seul des animaux cycliques qui soit considéré à volonté Yin ou Yang, il est associé à un binôme Yang, ce qui fait que le Yang doit prédominer.

SINGE / EAU

(Binôme 9, 1872 1932 1992) « un singe prospère »

Né sous le signe de la chance, il semble que tout ce qu'il touche se transforme en or. Il apparaît donc épanoui et enjoué, bien qu'il sache dissimuler et ne pas révéler ses intentions. Il sait être généreux car il pratique la politique de renvoyer l'ascenseur. Très personnel et ayant un grand flair, il sait convaincre et emporter l'adhésion. A la lutte directe, il préfère le compromis et est habile à contourner les obstacles. Il est très au fait des relations humaines et tire admirablement parti des faiblesses et des qualités des gens qui l'entourent.

SINGE / BOIS

(Binôme 21, 1884 1944 2004) « un singe insatisfait »

Son imagination et son esprit créateur sont souvent en conflit avec sa volonté et sa rigidité native, aussi, sans qu'il y paraisse, n'est-il pas toujours très bien dans sa peau. En fait, malgré son impassibilité apparente, il est inquiet et difficile à satisfaire. Très intuitif, il devine tout ce qui se passe autour de lui, ce qui est heureux, car seules les influences stabilisantes de son entourage peuvent combattre son amour du changement. Il est en quête constante du progrès et un peu trop épris de nouveauté. Pourtant il a le sens de l'ordre et peut réussir s'il sait se discipliner.

SINGE / FEU

(Binôme 33, 1896 1956 2016) « un singe passionné »

Son énergie indomptable, combinée à son caractère ardent, ne lui facilite pas l'existence. La vie familiale ne lui convient guère. C'est un chef et un meneur, il réussit dans ses activités professionnelles à condition de tenir la scène. Il est peu charitable pour ses rivaux et sa jalousie est extrême. Sa volonté triomphe de tous les obstacles, mais il est toujours sur ses gardes, prend facilement ombrage et se méfie sans cesse des intentions de son entourage. Il aime l'amour mais est trop égoïste pour n'en pas déjouer les pièges.

SINGE / TERRE

(Binôme 45, 1908 1968 2028) « un singe paisible»

Réaliste et têtu, digne de confiance, il manque un peu d'imagination ce qui nuit à sa chance, et l'argent lui coule entre les doigts, d'autant qu'il est généreux par nature. Il est trop avide de compliments et se froisse pour un rien. Il adore la vie tranquille, fuit l'agitation. Moins égoïste que les autres singes, il sait se dévouer aux autres d'une manière désintéressée.

SINGE / METAL

(Binôme 57, 1920 1980 2040) « le singe par excellence»

C'est le singe calculateur et parfaitement organisé, guidé pas son intérêt avant tout. Sous son apparence démonstrative et affectueuse, il cache un caractère dur et volontaire ; il n'est d'ailleurs pas forcément heureux car son caractère est excessif. Il est très doué pour réussir en affaires, c'est un excellent bonimenteur, il est chaleureux, enjoué et toujours convaincant. Dur au travail, rusé, il est très indépendant et réussit par lui-même, étant fort capable de prendre soin de ses affaires.

LE COQ
« Symbole de la franchise et de la loyauté »

Le coq, annonçant le jour, est le signal de la disparition des ténèbres et des terreurs de la nuit. Il est donc considéré comme une protection contre le mal. Sa crête rouge est un puissant « démonifuge », si l'on peut forger un tel mot, car le rouge met en fuite les mauvais esprits. C'est pourquoi, en Chine, on met aux enfants des chapeaux rouges et l'on habille en rouge les mariées afin qu'elles n'amènent pas en leur nouveau domicile des influences étrangères pernicieuses. Au jour du nouvel an, l'emblème d'un coq est souvent fixé sur la porte principale afin d'écarter les mauvais esprits. Le coq est un symbole de ponctualité ; il chante aux mêmes heures quelque temps qu'il fasse. Il est parfois appelé le seigneur aux principes invariables. Il possède les cinq vertus : il porte une coiffure symbole de bienséance, des ergots symbole de valeur militaire, il attaque de face ce qui implique la vaillance, il appelle les autres à partager la nourriture ce qui indique la générosité, enfin il chante à des moments définis ce qui indique que l'on peut compter sur lui. On conte que dans un village un coq avait attaqué un bonze mendiant et cherchait à lui crever les yeux. Comme rien ne pouvait le faire cesser, on appela le magistrat qui put confesser le moine qui avoua avoir assassiné le propriétaire du coq. « Démonifuge », le coq est considéré comme ayant des pouvoirs magiques. Lors des enterrements, on pose un coq blanc sur le cercueil pour écarter les mauvais esprits ; le blanc est d'ailleurs la couleur du deuil. Certains pensent qu'un des trois esprits du défunt peut momentanément s'incarner dans ce coq. Un coq blanc est un souverain protecteur contre les influences néfastes. Malheureusement pour lui, cela lui vaut d'être choisi de préférence pour les sacrifices. Le « possédé du dieu-singe », auquel je faisais allusion dans le portrait du singe, sacrifiait des coqs blancs pour confectionner des charmes guérisseurs. Le coq est doué de pouvoirs magiques ; on lui attribue celui de se changer en homme lorsqu'il veut récompenser ou châtier les humains. Bien qu'il soit associé à un binôme Yin, le coq est intrinsèquement Yang, on s'étonne qu'il ne soit pas associé au petit matin car son chant est considéré comme l'introduction du Yang dans la nuit. Paradoxalement, il est le symbole de la dixième heure chinoise (de dix-sept à dix-neuf heures) aussi semble-t-il plutôt annoncer la fin du jour que sonner la diane. Malgré le binôme Yin, certaines femmes n'aiment pas être de ce signe car cela est supposé les rendre querelleuses.

COQ / EAU

(Binôme 10, 1873 1933 1993) « un coq très prospère »

Sa lucidité et sa détermination sont exceptionnelles et, la chance attirant la chance, il a tous les atouts pour réussir. Très intelligent et calme, il saura utiliser au mieux ses atouts et s'entourer d'appuis. Très lucide, il est ouvert à la discussion. Il sait s'exprimer tant en paroles qu'en écrits. Il pourrait faire un brillant savant. Seule ombre au tableau, son désir de perfection peut lui faire attacher trop d'importance aux détails et il peut se laisser séduire par une systématisation excessive.

COQ / BOIS

(Binôme 22, 1885 1945 2005) « un coq utopique»

Tout ne va pas toujours au mieux pour lui car son austère rigidité est contrariée parfois par une imagination débordante. Il a une tendance à compliquer les choses et s'embrouille lui-même. Tout le monde n'a pas le même enthousiasme et il est difficile à suivre... Ouvert et compréhensif, il s'intéresse aux autres et au progrès social, mais il manque de contact humain et ses éclats de voix nuiront à son action. Il vit la vie comme un rêve et a tendance à bâtir des châteaux en Espagne.

COQ / FEU

(Binôme 34, 1897 1957 2017) « un coq solitaire»

C'est un caractère assez difficile car il lui faut concilier sa volonté rigide avec une forte passion. L'équilibre est difficile à trouver. Il risque d'en souffrir le premier et se montre souvent nerveux et irritable. Il vaut mieux qu'il travaille en solitaire car il est habile et précis. Homme d'une seule idée, il peut pourtant devenir un leader, ou, hélas, un fanatique qui ne tient absolument pas compte de l'opinion des autres et refuse tout compromis.

COQ / TERRE

(Binôme 46, 1909 1969 2029) « un coq consciencieux»

Son réalisme têtu ne lui facilite pas l'existence, il a un besoin anxieux d'acquérir des connaissances solides. Dans cette quête, il se montre précis et efficace et veut aller jusqu'au bout. Il n'a pas peur de la solitude mais ne craint pas non plus les responsabilités car il peut être brillant ; ce serait un excellent enseignant. Mais il s'intéressera toujours plus à ses recherches qu'à ce qu'il peut en tirer.

COQ / MÉTAL

(Binôme 58, 1921 1981 2041) « un coq éclatant »

Un coq par excellence, peut-être trop, car ses qualités deviennent excessives. Il séduit par ses brillantes dispositions intellectuelles. Il est ardent au travail. Très infatué de lui-même, il se montre opiniâtre et entêté, ainsi que dur envers les autres. Sans un effort dans le sens de l'ouverture d'esprit, son réel talent peut être gâché. Il ne manque pas de sensibilité, mais cela il ne voudra jamais le reconnaître.

LE CHIEN

« Fidèle et loyal »

Le chien est actuellement fort peu considéré en Chine, c'est en effet une bouche inutile, aussi est-il le plus souvent réduit à la condition d'animal errant. Seuls les cuisiniers l'apprécient à condition qu'il soit gras et qu'il soit possible de l'accommoder en sauce ! Cependant, il n'en fut pas toujours ainsi et parmi les chasseurs sa fidélité indépendante des traitements qu'on lui faisait subir était appréciée. On appréciait aussi qu'il attire à lui un bon nombre de parasites : poux ou puces. De nombreuses histoires célèbrent la sagacité et la loyauté du chien. On conte qu'un ministre étant convoqué à la cour s'y rendit bien que son chien, le tirant par le pan de sa robe, essayât de l'empêcher de sortir. Ayant fait attacher le chien, il put enfin partir mais son char se renversa et il fut gravement blessé. Un marchand, ayant vu un boucher ligoter un chien dans l'intention de le débiter en morceaux, racheta l'animal et l'emmena chez lui. Au cours d'un voyage, des bateliers le dépouillèrent, l'enfermèrent dans une jarre et le jetèrent à l'eau. Son chien se précipita à sa suite et réussit à pousser la jarre jusqu'au rivage où des paysans le délivrèrent. Quelques jours plus tard, le chien sauta à la gorge d'un homme bien habillé dans lequel il avait reconnu son voleur. On pense que lorsqu'un chien adopte une famille c'est un signe certain qu'elle s'enrichira. De plus, le chien est vigilant et sagace et il se tient, dit-on, à l'écart de tous ceux qui ne sont pas ce qu'ils devraient être. Aux abords des palais, on voit deux effigies baptisées « lions » qui sont fort probablement à l'origine des chiens idéalisés ; gardiens tutélaires, ils ressemblent plus à un pékinois qu'à notre roi des animaux. Pourtant, les chiens errants sont accusés de manger les petits enfants, aussi voit-on souvent dans les chambres des futures accouchées des dessins représentant l'archer céleste poursuivant de ses flèches un chien malveillant. Bien qu'associé à une heure Yang, le chien est Yin car il commence sa garde à l'orée de la nuit. Il est également bénéfique aux deux sexes.

CHIEN / BOIS

(Binôme 11, 1874 1934 1994) « un chien sociable»

Tout n'est pas pour le mieux pour lui et son réalisme étant en conflit avec son imagination, il a besoin d'être rassuré ce qui le rend amical et liant en dépit de son naturel timide. Il cherche à arriver et est ardent au travail. Très fidèle à ceux qu'il aime, aimant sans excès l'argent et le luxe, son bon sens le fait apprécier en société : il est donc populaire, sa sociabilité lui ayant fait surmonter sa réserve naturelle.

CHIEN / FEU

(Binôme 23, 1886 1946 2006) « un chien chaleureux»

L'écueil pour lui est de se laisser entraîner par sa passion, surtout par son désir de paraître, à une activité un peu superficielle dont il demeure profondément insatisfait. Cela dit il est populaire et brillant en société, bien que, face à une opposition, il puisse se montrer difficile. Il possède un charme intense et, bien qu'indépendant de nature, il cherche un modèle à imiter. Très volontaire, il triomphe de toutes les difficultés par sa détermination et sa loyauté.

CHIEN / TERRE

(Binôme 35, 1898 1958 2018) « un chien bien dans sa peau»

Un chien type et équilibré, perspicace, loyal et fidèle, auquel la chance sourit, mais attention, il lui faut toujours redouter l'écueil de la facilité et celui de connaître des revers. Il est fidèle à son idéal, mais peut se laisser momentanément entraîner par une majorité. Il est un peu trop exigeant pour les autres car il est mal placé pour comprendre leurs difficultés. Cela dit, il a une excellente influence, et sait se servir des gens. Enfin, il ne se laisse ni abattre ni décontenancer.

CHIEN / MÉTAL

(Binôme 47, 1910 1970 2030) « un chien béni des dieux»

Ce chien volontaire et réaliste à la fois est bien placé pour faire fortune, et tout pour lui semblera se muer en or. Il n'en abusera d'ailleurs pas car il est très assis sur ses principes et est extrêmement charitable et compatissant. Cependant, comme tous les chiens, il ne faut pas l'irriter car il ne manque pas d'agressivité. Jamais indécis, il est toujours fidèle à ses convictions avec un sérieux imperturbable. Mais les Chinois savent qu'un ensemble de qualités trop grand peut se transformer en son contraire, dans ce cas il deviendrait dangereux à l'extrême.

CHIEN / EAU

(Binôme 59, 1922 1982 2042) « Un chien amical»

Son réalisme, joint à sa perspicacité, peut l'empêcher d'être vraiment heureux car, amical envers tous, il ne se fie complètement à personne. Son amitié est rarement chaude et intime. Il manque en fait de caractère et est faible envers les autres comme envers lui-même. Cela dit son intuition fait de lui un excellent conseiller, d'autant qu'il sait parfaitement dominer ses émotions et possède une éloquence convaincante.

LE COCHON
« Honnête et faste »

La Chine ignore complètement la mauvaise réputation qui est faite au cochon en Occident, et son interdiction de séjour chez les juifs ou les musulmans. Bien au contraire, le cochon est le symbole de richesse et de bonheur familial : un cochon sous un toit, honni soit qui mal y pense, est le caractère utilisé pour signifier la famille. Il est de toute manière la preuve d'une certaine prospérité familiale et est réputé comme apportant la richesse. Il est symboliquement appelé « noir », les cochons chinois étant parés de soies noires, l'élevage des cochons étant réputé être un excellent moyen de faire fortune. Rêver d'un porc, surtout de vastes dimensions, est un excellent présage de richesse. Pourtant le cochon n'est pas intelligent et est assez dévastateur. Si un cochon sauvage entre dans une maison, c'est un présage de destruction, s'il entre dans une garnison, c'est un signe de défaite. Il est bon d'avoir un cochon et c'est un signe évident de prospérité si vous l'avez élevé ou acheté, mais, à l'inverse du chien, si le cochon, plus égoïste, adopte une famille, c'est pour elle un présage d'appauvrissement. Le cochon est donc faste, surtout sur le plan familial, aussi est-ce un signe bénéfique. Vivant à l'intérieur de l'enclos familial, il est Yin, de plus il est associé à un binôme Yin qui correspond à l'heure de la nuit 09 h 00 à 11 h 00 supposée, d'après l'écriture du caractère, la plus favorable à la fécondation. La sexualité, importante chez le cochon, est donc à l'inverse de ce que cette appellation peut faire supposer à un pervers occidental, qui ne s'attend guère à voir cet animal devenir un parangon de vertu domestique.

COCHON / BOIS

(Binôme 12, 1875 1935 1995) « un cochon heureux»

L'argent lui arrive sans que cela lui demande d'effort, et tout lui est facile ; cette aptitude à gérer ses biens, pour lui-même comme pour les autres, le rend précieux en toute entreprise. Cette facilité peut être sa perte et l'entraîner dans une vie dépravée. Mais il est sauvé par son bon coeur qui le pousse parfois à trop de bienveillance et à ne pas se montrer trop difficile dans le choix de ses amis et commensaux. Il peut donc être dupé facilement mais dans l'ensemble, son succès l'aide dans la vie. Il est dépensier mais en général il peut se le permettre.

COCHON / FEU

(Binôme 24, 1887 1947 2007) « un cochon courageux»

Conjoncture assez difficile car son caractère passionné et sa lucidité ne font pas toujours bon ménage ; il pourrait à la limite devenir cyclothymique. Mais son courage et son intrépidité peuvent l'aider à triompher de tout. S'il est décidé, rien ne l'arrête d'autant que son optimisme natif tend à lui faire sous-estimer le danger. Très dévoué aux siens, c'est pour eux surtout qu'il veut accumuler les richesses ; très aimant, il est généreux. Mais il peut devenir exigeant et difficile. En bien comme en mal, il est capable des extrêmes.

COCHON / TERRE

(Binôme 36, 1899 1959 2019) « un cochon paisible»

C'est un sage bien que la vie ne lui soit pas toujours facile mais il sait proportionner ses désirs à ses moyens, aussi est-il paisible et heureux. Une fois qu'il s'est mis une idée en tête, il peut montrer la plus extrême obstination car sa volonté lui permet de tout supporter. Il est dévoué et fait montre de considération envers les siens. Très gourmand, il est aussi bon hôte que convive.

COCHON / MÉTAL

(Binôme 48, 1911 1971 2031) « un cochon grand seigneur»

Ses conjonctures sont fastes et il voit affluer richesses et amis. Il en est ravi car il aime être populaire et n'est jamais plus heureux qu'au milieu d'agapes et de fastueux repas. Très sociable, il est ouvert à tous et est malheureusement parfois peu clairvoyant pour reconnaître hypocrites et ennemis. Il ne sait pas tenir sa langue et sa confiance excessive peut lui jouer de méchants tours. Mais sa chance le sauve toujours des plus mauvais pas, il sait accepter sans rancoeur la défaite, il le peut car elle ne sera sans doute que passagère.

COCHON / EAU

(Binôme 60, 1923 1983 2043) « un cochon caractérisé »

Ayant une lucidité extrême, cela risque de le rendre indécis et lent à l'action. Mais il est diplomate et perspicace et il sait remarquablement pénétrer la psychologie des tiers : c'est un homme de discussion et de contact. Il peut étendre aux autres l'excessive confiance qu'il a en lui-même et ne la retire qu'en face d'une évidence absolue. Il a une dévotion entière envers sa famille et ses amis. Mais le revers de la médaille est que, s'il se laisse aller, il peut être entraîné à une vie de débauche car il adore les plaisirs et la bonne chère.

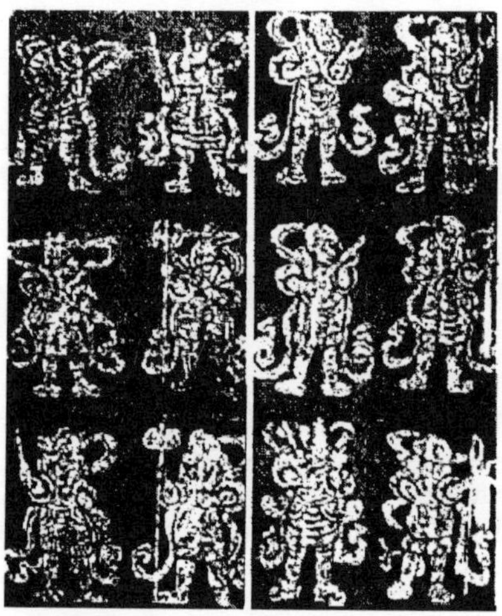

Sculptures coréennes datant du VIIe siècle où l'influence de l'iconographie bouddhiste de l'époque des Tang est très nettement marquée, on notera les volutes caractéristiques. Les douze animaux sont dans le même ordre que dans les images précédentes, en partant du coin supérieur droit. Ils se succèdent par colonnes verticales.

Chapitre quinzième

LA CHRONOMANCIE

LE FACTEUR CHANCE

Dans le chapitre treize, nous avons étudié la structure, le squelette, si l'on me permet cette image, du portrait que l'on tente d'établir en construisant le thème horoscopique. Le chapitre quatorze nous a appris comment mettre un peu de chair sur ces os. Maintenant, pour continuer cette image, il nous faut voir ce que la chance ajoute à ce portrait.

Il serait bien étonnant que, pour ces joueurs invétérés que sont les Chinois, une part ne soit pas donnée à la chance dans l'horoscope. C'est un domaine où l'imagination populaire se donne libre carrière sans trop tenir compte des contradictions, terrain de choix pour l'étude de *l'imaginaire*, tel que je l'ai défini dans l'introduction. Même en excluant toutes les méthodes entachées de superstition ou celles inutilisables pour qui n'est pas sinologue averti, le simple almanach ouvre des dizaines de possibilités.

LES CINQ PLANÈTES

Il ne s'agit pas là évidemment des astres tels qu'ils figurent dans les éphémérides pour astrologues, mais de celui qui apparaît dans la dénomination de la constellation de notre jour de naissance auquel le facteur chance est tout spécialement imparti.

Jupiter est associée au Bois. Cette planète, si importante pour la définition du calendrier chinois, symbolise la force de création, l'exubérance, l'expansion de la nature, mais elle est souvent considérée comme néfaste car, en excès, elle introduit tous les désordres.

Mars est associée au Feu. C'est le symbole de la passion et de l'amour (moins souligné dans les perspectives chinoises que dans nos traditions occidentales) ; c'est l'exubérance de la végétation luxuriante et le succès. Mais en excès, le Feu devient destructeur, Mars est donc aussi la planète qui détruit.

Mercure est associée à l'Eau. Celle-ci, en Chine, étant liée à l'hiver, est moins le symbole de la vie que de la froideur (la glace), la clairvoyance et la lucidité. En excès, ce peut être l'arrêt et la mort.

Vénus est associée au Métal. Ce n'est donc point l'astre des amoureux, mais plutôt celui de la force de caractère et de la rigueur. Cet astre représente l'autorité du père ou du magistrat. En excès, c'est la sévérité, la froide cruauté, la dureté.

Saturne est associée à la Terre. La Terre est l'agent qui représente le centre, le point de référence nécessaire et constant : c'est le réalisme, le bon sens, l'équilibre, c'est aussi la source de tous les autres agents. Mais en excès, la Terre peut devenir, par trop de réalisme et de prudence, un élément négatif rendant toute action impossible. Dans notre mythologie, Saturne dévorait ses enfants.

A côté des cinq planètes, la série hebdomadaire est complétée par :

le Soleil, le *grand yang* tel qu'il est appelé en chinois, source de chaleur et de vie, est faste par nature, cependant, en excès, il peut devenir destructeur.

la Lune, le *grand yin*, est la féminité épanouie, la déesse aimée des poètes et tendre aux amoureux. Le grand poète Lipo serait mort selon la légende pour avoir voulu, un jour d'ivresse, rejoindre au fond d'un puits l'image de l'astre chéri.

Les oracles quotidiens

Ces oracles constitutent le fondement des horoscopes plus détaillés donnés dans les almanachs pour chaque jour de l'année. Ils reflètent l'atmosphère de la Chine impériale, époque où les examens mandarinaux étaient la seule forme concevable de promotion sociale et où tout était subordonné au destin de la cellule familiale. C'est ainsi qu'enterrements et mariages sont très importants, de même que la mise en route d'un commerce, la construction d'une maison (ou toute autre activité à son *début*, si capital aux yeux des Chinois). Il est facile de transposer ces données le cas échéant. Comme pour tous les oracles, faire preuve d'un peu de réflexion et de concentration est la seule manière de les pénétrer et d'en retirer un enseignement. Enfin, si un oracle semble défavorable, il est toujours possible (et les Chinois ne s'en font pas faute) d'en pallier les inconvénients en le complétant par d'autres éléments divinatoires.

constellations orientales

1/ LA CORNE, Jupiter, jeudi - **faste**
A qui construit en ce jour, cette Constellation apportera gloire et prospérité, et les lettrés pourront accéder aux abords du trône de l'empereur. Les noces en ce jour assureront une nombreuse postérité. Mais réparer une tombe ou procéder à des funérailles provoquerait un nouveau deuil.
2/ LE COU, Vénus, vendredi - **néfaste**
Ne pas bâtir en ce jour, que l'aîné ne prenne pas la succession, qu'on n'entreprenne aucune affaire, car dans les dix jours surviendrait un désastre. Funérailles et mariages causeraient des morts précoces et risqueraient de laisser des veuves au foyer.
3/ LA RACINE, Saturne, samedi - **néfaste**
Bâtir en ce jour serait assez néfaste, et la célébration de mariages apporterait des calamités sans fin. Les voyages en bateau rencontreraient naufrage. Des funérailles auraient pour conséquence l'appauvrissement de la descendance.
4/ LA CHAMBRE, Soleil, dimanche - **faste**
Construire en ce jour assure richesse et prospérité abondante : bonheur, longévité, honneurs s'empressent à votre encontre. Si des funérailles sont célébrées en ce jour, les mandarins seront promus de trois degrés.
5/ LE COEUR, Lune, lundi - **néfaste**
Construire en ce jour est néfaste et toutes activités seraient condamnées à la ruine tôt ou tard. De même, enterrements et mariages assureraient trois ans de calamités réitérées.
6/ LA QUEUE, Mars, mardi - **faste**
Construire en ce jour, c'est s'assurer de bénédictions et d'une nombreuse progéniture. Entreprendre une affaire ou un commerce,

mettre une rizière en eau assureront prospérité à la descendance. Funérailles et mariages provoqueront l'anoblissement de la famille et l'obtention de postes en la Capitale.

7/ LE PANIER, Mercure, mercredi - **faste**

Construire en ce jour comporte une assurance de puissance, et le commencement de toute entreprise assurera à la famille le plus grand faste. Les mariages et la réparation des tombes seront bénéfiques : les coffres regorgeront d'or et d'argent et les greniers de grains.

constellations boréales

8/ LA LOUCHE, Jupiter, jeudi - **faste**

Bâtir en ce jour procurerait richesse et suprême abondance ; arranger une tombe ou célébrer des funérailles procureraient la prospérité à la descendance. Ouvrir un établissement, mettre une rizière en eau assureraient la multiplication du bétail. Un mariage aurait garantie de bonheur sur bonheur.

9/ LE BUFFLE, Vénus, vendredi - **néfaste**

Construire en ce jour n'assurerait que périls et calamités, rizières et magnaneries n'apporteraient nul profit au maitre désolé. Un mariage ou l'ouverture d'un commerce verraient les ennuis pleuvoir, et tout le cheptel en souffrirait.

10/ LA FEMME, Saturne, samedi - **néfaste**

Construire en ce jour serait fort dommageable au charme des jolies femmes et ferait que les frères se disputeraient comme loups et tigres. Enterrements ou mariages causeraient la disparition de la fortune et obligeraient les familles à s'expatrier.

11/ LE VIDE, Soleil, dimanche - **néfaste**

Construire en ce jour serait calamiteux, garçons et filles dormiraient esseulés. Dans la famille soufflerait un vent de débauche, de manquement aux rites, et les épouses des fils et petits-fils iraient coucher dans d'autres lits.

12/ LE TOIT, Lune, lundi - **néfaste**

En ce jour, il ne faut rien bâtir de grand et enterrement ou réparation de tombes provoqueraient des effusions de sang. Ouvrir un commerce, irriguer une rizière causeraient des malheurs continuels et des actions en justice.

13/ LA MAISON, Mars, mardi - **faste**

Construire en ce jour apportera accroissement du domaine et du cheptel. Fils et petits-fils connaîtront une carrière glorieuse. Toutes les entreprises apporteront richesses et prospérité en la demeure ; mariages et funérailles écarteront à jamais les soucis.

14/ LE MUR, Mercure, mercredi - **faste**

Construire en ce jour est extrêmement bénéfique ; les mariages n'apporteront que paix et joie. Les funérailles assureront richesse et descendance prospère. Commencer une entreprise ou irriguer une rizière assureront la descendance.

constellations occidentales

15/ LES JAMBES, Jupiter, jeudi - **néfaste**

Construire en ce jour serait très faste. A la porte de la demeure familiale souffleraient harmonie et prospérité. Mais enterrer en ce jour ferait apparaître une mort mystérieuse ; entreprendre un commerce et mettre en eau une rizière n'attireraient que des calamités.

16/ LE LIEN, Vénus, vendredi - **faste**

Etablir des colonnes en ce jour équivaut à bâtir à la porte du Ciel : la famille verra ses richesses s'accroître et toutes choses prospérer. Les mariages en ce jour seront féconds et les descendants rencontreront honneurs et promotion sociale.

17/ L'ESTOMAC, Saturne, samedi - **faste**
A qui construit en ce jour tout arrive comme suit : il soufflera un vent de richesse et de gloire précieuse, et fleuriront les bonheurs innombrables. Les funérailles provoqueront des promotions sociales, et les mariages verront fleurir la plus complète harmonie.
18/ LES LUMINEUX, Soleil, dimanche - **néfaste**
Construire en ce jour équivaudrait à lâcher le buffle dans la rizière. Les funérailles apporteraient des tracas incessants, entreprendre une réalisation amènerait sûrement une suite de calamités, et les mariages n'engendreraient que tristesses.
19/ LE FILET, Lune, lundi - **faste**
En ce jour, construire rencontre la lumière. Rizières et magnaneries connaîtront des années d'abondance. A votre porte afflueront chance et bénédictions. Mariages et funérailles procureront une longévité renouvelée.
20/ LA TORTUE, Mars, mardi - **néfaste**
Bâtir en ce jour amènerait des procès. Célébrez des funérailles et sous peu la maison s'écroulera : trois décès au moins en découleront. Et les réserves seront à sec de provisions et d'argent.
21/ LES TROIS ASSOCIÉS, Mercure, mercredi - **faste**
Bâtir en ce jour procurera une très ample prospérité. L'étoile du Lettré apportera la lumière. Irriguer la rizière, entreprendre un commerce se feront sous d'heureux auspices. Mais funérailles et mariages briseraient la famille.

constellations australes

22/ LE PUITS, Jupiter, jeudi - **faste**
Construire en ce jour fera prospérer rizières et magnaneries. Sur la liste d'or, le nom sera premier. En cas de funérailles, faire attention

aux morts de peur. Toute entreprise procurera argent et nombreux héritiers.

23/ LE GÉNIE, Vénus, vendredi - **néfaste**

Sous cette étoile néfaste, construire causerait des disparitions et sur le seuil il n'y aurait plus de maître. Célébrer des funérailles procurerait de l'avancement. Mais un mariage verrait la femme esseulée dans la chambre nuptiale.

24/ LE SAULE, Saturne, samedi - **néfaste**

Construire en ce jour serait suivi de troubles devant les tribunaux ; catastrophes et voleurs mettraient la maison en danger. Funérailles et mariages seraient le prélude à une suite de malheurs.

25/ L'ÉTOILE, Soleil, dimanche - **néfaste**

Ce jour est bon pour construire des maisons ; prospérité et avancement conduiraient jusqu'au pied de l'empereur. Mais célébrer des funérailles ou procéder à des irrigations auraient pour conséquence que l'épouse abandonnerait son foyer pour chercher un autre homme.

26/ LE CARRELET, Lune, lundi - **faste**

En ce jour, si l'on édifie un pavillon à étage, tous les descendants mandarins approcheront de l'empereur. Célébrer des funérailles, mettre en eau les rizières attireront argent et richesses. Mariages seront causes d'harmonie et de bonheur sans discontinuité.

27/ LES AILES, Mars, mardi - **néfaste**

Il faut éviter de construire des maisons élevées car cela causerait la mort prématurée de tous les maîtres de céans. Mariages et funérailles n'apporteraient pas de prospérité. Et les jeunes filles iraient hors de chez elles courir après les garçons.

28/ LE CHARIOT, Mercure, mercredi - **faste**

Construire sous cet auspice attire promotion ; un mariage recevra la bénédiction de l'empereur. Célébrer des funérailles fera briller avec éclat l'étoile du Lettré. Et la prospérité sera égale à un monceau d'or et à une montagne de jade.

LE CHANT DES QUATRE SAISONS

Ce chant traditionnel, très populaire en Chine, indique suivant les saisons le coefficient de chance imparti à chaque heure, autrement dit le facteur horaire de chance. Il s'agit plus exactement de bouts rimés que l'on retrouve dans tous les almanachs chinois précisant la chance liée à l'heure de naissance en tenant compte du seul signe duodénaire. Ces douze signes sont placés sur diverses parties du corps de quatre figurines (une par saison) représentant le mythique empereur Houang-ti, l'Empereur Jaune. Suivant les saisons, la partie du corps où se trouve le signe diffère. N'oublions pas qu'en Chine les saisons commencent et se terminent un mois et demi avant les nôtres : c'est-à-dire que le printemps commence vers le 4 février, l'été vers le 6 mai, l'automne vers le 8 août, l'hiver vers le 8 novembre. Une fois connue votre saison, il ne reste plus qu'à trouver, sur la figurine qui la représente, où se trouve votre signe.

Une fleur sert de symbole à chaque saison : la pivoine correspond au printemps, le lotus à l'été, le chrysanthème à l'automne et le prunier (ci-dessus) à l'hiver.

Je donne ces localisations des caractères duodénaires (Rameaux terrestres) d'après les almanachs d'où sont extraites ces images.

Printemps

Tête	I	
Épaules	IV	X
Ventre	II	XII
Mains	VI	VIII
Sexe	VII	
Genoux	V	XI
Pieds	IX	III

Été

Tête	VII	
Épaules	IV	X
Ventre	VIII	XII
Mains	VI	II
Sexe	I	
Genoux	V	XI
Pieds	III	IX

Automne

Tête	XII	
Épaules	I	VII
Ventre	IV	VIII
Mains	VI	II
Sexe	IX	
Genoux	III	X
Pieds	XI	V

Hiver

Tête	VI	
Épaules	X	IV
Ventre	III	IX
Mains	XII	VII
Sexe	I	
Genoux	II	VIII
Pieds	V	XI

N'oublions pas que le printemps commence en Chine le 4 février, l'été le 6 mai, l'automne le 7 août, l'hiver le 7 novembre. Les quatre saisons participent aux quatre âges de la vie, on notera le visage des figurines qui symbolisent cette évolution.

TRADUCTION DES BOUTS RIMÉS EXPLIQUANT LES DESSINS

Voici la chanson qui donne la clef des dessins où figure la position des signes sur le corps de l'auguste empereur ; elle est constante quel que soit le signe placé. Voici l'oracle en fonction de cette position, c'est-à-dire selon l'endroit où le signe duodénaire se trouve placé :

sur la tête

Toute la vie de celui dont on tire l'horoscope se déroulera sans souci, même s'il est d'origine modeste. Il connaîtra chance et fortune. Dans le mandarinat, il pourra prétendre aux plus hauts degrés. Les femmes de ce signe sont de tempérament très stable et peuvent faire un beau mariage.

sur les épaules

Toute sa vie il attendra la chance. Parfois, vers l'âge mûr, et surtout lors de la vieillesse, son destin peut s'améliorer. S'il ne compte pas sur les autres et ne se décourage pas dans la difficulté, il peut vaincre le sort, mais ce sont ses enfants surtout qui connaîtront un sort meilleur.

sur le ventre

Il jouira d'une vie simple mais suffisante, et peut devenir mandarin civil ou militaire. S'il aime les arts et la musique, il peut atteindre la célébrité à l'âge mûr. Peut-être alors deviendra-t-il riche. Son bonheur et sa gloire augmenteront avec les années.

sur une main

Le commerce sera la source de sa fortune et ses conditions de vie pourront s'améliorer grandement s'il accepte de s'expatrier : sa famille sera alors abondamment pourvue. Le début de son existence sera peut-être modeste, mais les chances sont grandes que, vers la fin de son âge, des richesses diverses affluent de toutes parts.

sur le sexe

Assurance de richesse et de trésors. A l'âge mûr, il pourra atteindre une très importante position sociale. Dans la vieillesse, cela ne fera qu'augmenter et sa maison se transformera. Aucune destinée n'est trop haute. Sa fortune rejaillira sur ses descendants qui seront riches et obtiendront des postes de responsabilité.

sur un des genoux

Son labeur et tous ses efforts ne produiront pas de fruit. Sans qu'il soit dénué de tout, sa vie se passera pourtant dans une quête toujours insatisfaite. Il est condamné à cheminer sans arrêt ; parfois pourtant, à la fin de la route, il connaîtra un peu de repos.

sur un pied

Il vaudrait mieux qu'il se fît bonze. Il lui faut une vie paisible et il ne peut trouver le bonheur que dans le renoncement. mais il faut qu'il évite de demeurer dans la maison de ses ancêtres. Dans les montagnes sauvages, loin du pays natal, il trouvera la paix. L'homme aura deux épouses premières, la femme deux maris.

En guise de conclusion

Tous ces exemples sont caractéristiques des oracles chinois, pleins de verve et d'humour populaires ; il faut les prendre comme ils ont été écrits, avec un certain sourire, en essayant d'en retirer l'enseignement adapté à notre cas. Jamais aucun Chinois ne considère un horoscope comme définitif, mais il tâche autant que possible de le compléter de toutes les façons. Il faut ensuite laisser décanter, et ne garder que les éléments convergents et significatifs pour nous.

Pour ce qui est des mentions *faste* ou *néfaste*, je me suis conformé aux indications traditionnellement portées sur les calendriers, bien qu'elles puissent nous paraître souvent n'avoir qu'une portée assez relative. Dans l'optique qui est maintenant la nôtre, nous savons que chaque élément d'un horoscope ne constitue qu'une facette dont seule la réunion permettra d'arriver à une vision d'ensemble. Un élément d'horoscope n'a pas de signification s'il est considéré isolément, mais seulement dans son rapport au tout.

HOROSCOPE CHINOIS ET RELATIONS HUMAINES

Il est assez rare que les Chinois fassent établir un horoscope pour un motif de curiosité sur leur avenir personnel ; le plus souvent, c'est pour le comparer avec celui d'un tiers lorsqu'une association est envisagée. Même l'horoscope fait dès le plus jeune âge a surtout pour perspective de situer l'enfant dans son milieu familial et de prévoir comment il s'y intégrera. Les Chinois ont toujours accordé une très grande importance à la vie sociale : l'intérêt de la famille prévaut sur celui de l'individu, il est également très important que les relations interpersonnelles soient harmonieuses et surtout qu'elles ne se développent pas au détriment de l'ensemble. C'est vrai pour un mariage, pour une association d'affaires, etc. L'horoscope individuel est surtout utilisé pour être comparé à celui d'un tiers. Une telle comparaison demande discrétion et prudence, aussi une entremetteuse est-elle toujours nécessaire en vue d'un mariage et un intermédiaire pour mettre en contact deux futurs partenaires. On bénéficiera ainsi d'un avis autorisé et, si l'accord est impossible, la face restera sauve, ce qui est capital.

Mais n'oublions pas que la divination est, par nature, un acte essentiellement religieux, et très souvent les consultants, lorsque la matière est d'importance, complètent l'interprétation de l'horoscope par une visite à la pagode. Un membre de la famille, une femme généralement, est délégué pour aller consulter les oracles ou demander l'avis des experts qui pullulent dans les vestibules des temples. Cependant, il ne faut pas mélanger politesse et utilité, aussi serait-il malséant de consulter les sorts le jour de l'An Neuf ou de la fête du Génie Tutélaire, une visite ne pouvant à cette occasion qu'être de pure courtoisie.

Si l'on ne veut pas entrer dans le détail, on peut d'une manière plus succincte comparer les agents dominants ou les animaux zodiacaux des personnes concernées.

RELATIONS ENTRE LES AGENTS DOMINANTS

La comparaison de l'agent dominant (celui lié au binôme annuel) de deux personnes est un moyen très important d'évaluer les possibilités d'entente qui existent entre elles. L'agent utilisé ici est celui qui est associé au binôme de l'année.

N.B. Le terme à « contre courant », que nous utiliserons plusieurs fois, d'après le texte chinois, indique que les agents sont placés dans un ordre inverse de l'ordre normal de génération : Bois - Feu - Terre - Métal - Eau - Bois, etc. Dans le cas d'une association, le chef est représenté par l'homme, l'associé par l'épouse.

Homme Bois / Femme Bois

Quand le vent arrive dans la forêt, il casse le bois. Le couple connaîtra des disputes perpétuelles, les enfants seront difficiles à élever et l'harmonie risque de manquer entre eux.

Homme Bois / Femme Feu

Le Bois engendre le feu. Si l'on évite les sujets de contradiction, l'harmonie peut s'établir malgré quelques disputes occasionnelles et, avec un peu de patience, arrive le bonheur. Même le Buffle et le Cheval, réputés incompatibles, peuvent dans ce cas réussir à s'entendre. Longévité, progéniture respectueuse et prospère.

Homme Bois / Femme Terre

Le Bois domine la Terre, après la fleur vient le fruit. Bonne entente entre les époux, argent et trésors emplissent le grenier. Peu d'enfants. Il serait souhaitable pour eux de s'adonner à des oeuvres charitables et de vivre pieusement.

Homme Bois / Femme Métal

Le Métal détruit le Bois, aussi l'homme aura-t-il tendance à ne pas rester au foyer. S'il prépare soigneusement ses voyages et se montre charitable, les époux connaîtront la prospérité. Deux ou trois enfants.

Homme Bois / Femme Eau

Relation à contre-courant : l'Eau engendre le Bois. Il faudra beaucoup d'acharnement au travail pour arriver à connaître la prospérité. Choisir de préférence l'agriculture. Trois à cinq enfants.

Homme Feu / Femme Bois
Relation à contre-courant, donc à moitié faste. Si la femme est trop forte, le mari risque de devenir faible et de mourir. La famille peut cependant devenir prospère et célèbre et les époux, s'ils ont une mutuelle confiance, parviendront à une grande intimité. Deux ou trois enfants.

Homme Feu / Femme Feu
Relation qui peut devenir violente et, s'ils n'y prennent pas garde, les époux verront leur foyer devenir un centre de perpétuelles tempêtes. Pourtant, si l'un d'entre eux accepte de céder, le pire sera évité. Ils pourront alors avoir des enfants bien élevés.

Homme Feu / Femme Terre
Le Feu engendrant la Terre, c'est là une relation des plus fastes. Le ménage sera heureux et ils auront la longévité des pins du Mont du Sud. Les deux époux seront très efficaces et rempliront leur demeure de trésors. Ils auront une nombreuse descendance.

Homme Feu / Femme Métal
Le Feu est néfaste au Métal. Dans cette union, la femme est supérieure à son mari. Ils auront des disputes qui, si la femme ne fait pas de concessions, pourront engendrer une sérieuse discorde. A la fin de leur vie, ils risquent de manquer d'argent. S'ils ont des garçons, qu'ils leur fassent épouser des femmes fortes.

Homme Feu / Femme Eau
Eau et Feu forment une union défavorable. Les époux ne peuvent parvenir à une bonne entente. Ils sont mutuellement jaloux et le mari a peur de sa femme. La pauvreté est à craindre. Trois enfants.

Homme Terre / Femme Bois
La Terre est en haut, le Bois en bas, la conjoncture est néfaste. Il n'y aura pas d'harmonie à la maison où naîtront nombre d'histoires et brouilles. L'argent diminuera et risquera de venir à manquer. Enfants nombreux, mais mal élevés.

Homme Terre / Femme Feu
Modérément faste, parce qu'à contre-courant. Il faudra beaucoup de charité humaine. Mais la famille ne connaîtra ni misère ni ennuis sérieux. Les deux époux s'aimeront tendrement. Les enfants feront preuve d'esprit filial.

Homme Terre / Femme Terre
Très harmonieux pour l'entente et les sentiments. Vie d'abord facile, mais devenant avec le temps plus pénible et laborieuse. Si les époux ne veulent pas être frappés par la maladie, il leur faut se montrer charitables et pieux. Les enfants ne continueront pas la tradition familiale.

Homme Terre / Femme Métal
La Terre produit l'or (le Métal par excellence), argent et richesses viendront à cet homme chanceux. Il vivra dans la prospérité et le confort, entouré d'un nombreux personnel. Famille nombreuse, femme aimante, tout est pour le mieux.

Homme Terre / Femme Eau
Néfaste, surtout si la femme se laisse trop influencer par l'homme. A un début glorieux succédera la misère. La vertu est très nécessaire si l'on veut obtenir une vie paisible et heureuse. Les enfants manqueront d'affection.

Homme Métal / Femme Bois
Le Métal nuit au Bois, c'est donc une union néfaste. Départ dans la vie très difficile, pouvant s'améliorer un peu par la suite. Ennuis de santé, surtout pour les deux ou trois enfants. Un peu de religion serait utile.

Homme Métal / Femme Feu
Mauvais, rien de ce qu'ils entreprendront n'ira selon leur gré. Toute leur vie, ils connaîtront des difficultés domestiques et des maladies. Ils pourraient avoir des enfants retardés. Pour redresser un peu la situation, ils leur faut s'adonner à des oeuvres charitables.

Homme Métal / Femme Terre
A contre-courant. La femme porte la culotte et méprise son mari. L'argent sera difficile à conserver. Il faudra faire attention et compter. Les enfants, eux, prospéreront.

Homme Métal / Femme Métal
Dangereux : luttes incessantes. Après un assez bon départ, la situation se détériorera de plus en plus. La femme, souvent malade, risque de devenir bigote. Trois enfants.

Homme Métal / Femme Eau
Extrêmement prospère, le Métal engendrant l'Eau. Tout ce que l'homme touchera se transformera en or. Tous les désirs du couple se réaliseront. Longévité et prospérité assurées. Cinq ou six enfants.

Homme Eau / Femme Bois

L'Eau engendre le Bois, l'argent coule de source. Mais de la facilité peut découler une vie dépravée. Si l'on y prend garde, la vie sera tranquille et la longévité assurée.

Homme Eau / Femme Feu

Conjoncture franchement néfaste, les époux peuvent se détruire mutuellement. Rien ne marche et la famille ne connaîtra jamais la paix. Le mari aura la vie courte. Trois à cinq enfants.

Homme Eau / Femme Terre

A contre-courant, peu faste. La maladie ne quitte pas le foyer. Les biens de toutes sortes font défaut, les soucis sont nombreux, les disputes fréquentes. Il faudrait corriger les mauvaises intentions. Trois ou quatre enfants.

Homme Eau / Femme Métal

Très faste sur l'Eau s'amasse l'or. Les richesses affluent dans la maison, le ménage est entouré d'amis. Si les époux savent accorder leur confiance, leur prospérité augmentera encore. Nombreux enfants.

Homme Eau / Femme Eau

Excès d'eau indique incertitude. Bien qu'ils soient intelligents et capables, leurs affaires ne sont pas tellement sûres. Les époux ne sont pas toujours d'accord. Malgré un gros travail, la famille reste pauvre. Cinq enfants sans piété filiale.

J'ai tenu à conserver à ce texte son contenu original, bien que les éléments du bonheur pour un Chinois traditionnel - nombreux enfants, femme soumise, etc. - ne soient pas forcément en concordance avec ce qui plairait à un Français de notre époque. La transposition en est assez facile. J'ai également maintenu la petite note moralisatrice, assez rare dans les horoscopes, mais qui montre bien que le libre arbitre reste, aux yeux d'un Chinois, l'élément prépondérant dans notre Destin.

Chapitre seizième

RELATIONS ENTRE LA CHRONOMANCIE ET LA NUMÉROLOGIE

La méthode de divination par les Piliers du Destin est de loin la plus utilisée en Chine, mais cela n'exclut pas que d'autres procédés viennent parfois la compléter fort utilement, c'est le cas notamment de :

LA NUMÉROLOGIE

La numérologie, ou divination par les nombres, n'a plus en Chine l'importance qu'elle connut autrefois, pourtant les taoistes continuent à la tenir en haute estime.

Il existe une numérologie tout à fait analogue à la nôtre, mais, outre que je doute fort de son ancienneté, elle est fondée sur le décompte du nombre de traits composant un caractère chinois, ce qui la rend inabordable pour qui n'est pas un sinologue chevronné.

Il eût été fort surprenant, étant donné l'importance capitale que les anciens Chinois accordaient à la musique et l'étude fort poussée qu'ils firent des rapports mathématiques de la gamme et de la longueur des tubes de bambou qui la définissait, qu'ils n'aient pas élaboré un système du genre de celui de Pythagore attribuant aux nombres un intérêt primordial pour la compréhension de l'Univers. A une différence cependant - et elle est d'importance - c'est que, d'esprit plus métaphysique, les pythagoriciens considéraient les nombres comme les éléments constitutifs de l'Univers, tandis que les Chinois (leur vision n'étant pas statique mais dynamique) ne tenaient compte que des relations qui existaient entre eux, ces relations étant le seul moyen de mesurer l'Univers, et donc d'en garder le contrôle.

C'est en effet parce qu'il eut la révélation de deux carrés magiques que l'empereur mythique Yü 禹 le Grand eut la possibilité d'arpenter le Monde et d'en prendre possession, ce rôle

Le premier, le *Ho T'ou*, "Tableau du Fleuve", fut remis à l'empereur Yü par un Dragon sorti du Fleuve Jaune. Ce diagramme, comprenant des rangées de points noirs (nombres yin) et de points blancs (nombres yang), comporte symboliquement tous les chiffres représentant les Orients, les saisons, les cinq Agents, enfin tout ce qui permet de définir la relation Espace - Temps.

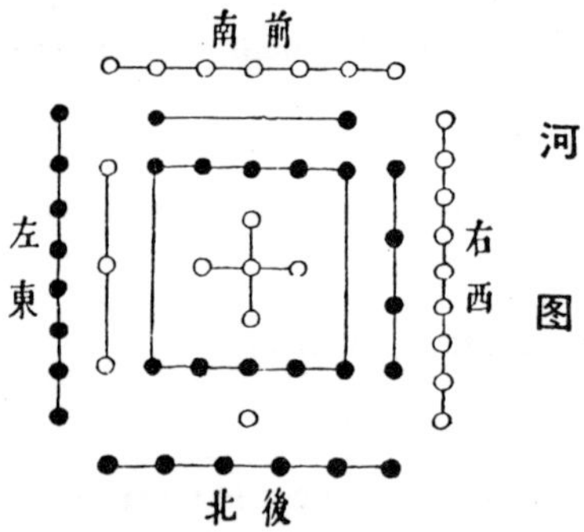

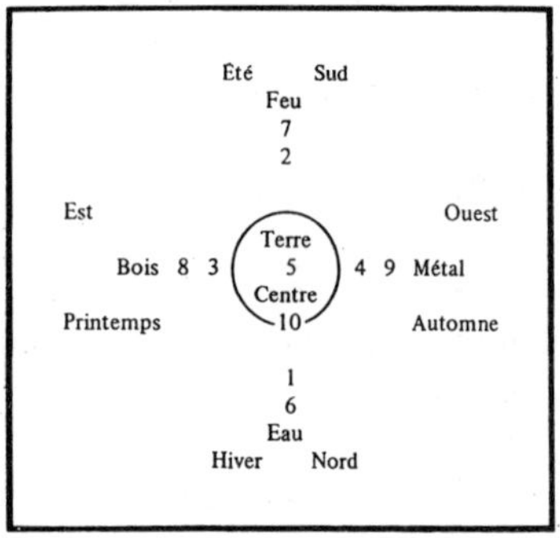

Le deuxième carré magique, le *Louo Chou*, "Ecrit de la Rivière Louo", encore plus célèbre que le premier, apparut à l'empereur Yü inscrit sur le dos d'une tortue (la tortue, avec son dos rond, image du Ciel, et son ventre plat, image de la Terre, est le symbole de l'Univers).

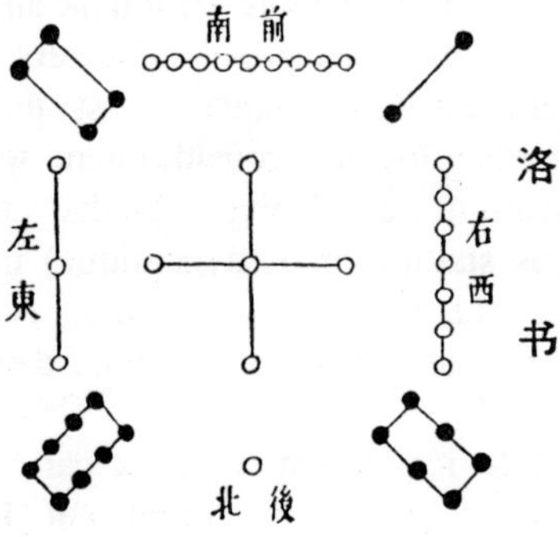

4	9	2
3	5	7
8	1	6

de chef suprême des poids et mesures étant aussi important pour l'empereur que celui de régulateur du calendrier. Selon la tradition, Yü lui-même, "par sa voix, sa taille, son pas pouvait servir d'étalon à toutes les mesures".

Bien que leur usage soit un peu tombé en désuétude, ces carrés magiques, tenus en grande considération dans l'Antiquité, sont encore fort respectés par la tradition taoiste.

Les neuf premiers nombres sont disposés en carré magique, ils étaient anciennement représentés par neuf chaudrons rituels. Cette disposition en forme de carré fut utilisée pour la division des champs (rizières) à cultiver lorsqu'il fallait les répartir, et pour le palais de l'empereur, le Ming T'ang. Comme il est aisé de le constater, le total des chiffres ainsi répartis donne toujours 15 en quelque sens qu'on les lise, horizontalement, verticalement ou diagonalement.

Ainsi que l'a remarqué Granet, les Chinois ne font aucune différence entre un nombre cardinal et un nombre ordinal. Nous avons vu l'importance que tiennent les calculs dans l'établissement d'un horoscope. On pourrait donc réduire un horoscope à de simples rapports numériques et certains astrologues n'ont pas manqué de le faire. Bien que j'aie rencontré des experts en la matière, ces jongleries mathématiques me dépassent un peu, je l'avoue, et je n'ai pu en trouver d'explication dans aucun ouvrage de divination, sinon dans les almanachs et sous une forme très simpliste : à chaque binôme en effet est attribué un chiffre que l'on appelle pour la commodité "poids", le poids total obtenu étant censé indiquer la valeur attribuée par le sort à la destinée de chacun.

Il n'est pas sans intérêt de noter ici que dans le *Hong Fan*, qui contient une des plus anciennes listes connues des cinq Agents, leur ordre est donné ainsi :

Eau	Feu	Bois	Métal	Terre
1	2	3	4	5

Toute la tradition considère que c'est également leur valeur numérique. On remarquera que le total de ces valeurs est 15.

Comme il se spécialise dans le calendrier, le *Yue Ling* ne considère que les chiffres forts des couples donnés dans le *Ho Tu* : 1-6, 2-7, 3-8, 4-9, ce qui donnera :

Eau	Feu	Bois	Métal
6	7	8	9

dont le total est 30 (nombre de jours du mois). Notez que l'on retrouve les mêmes chiffres si l'on ajoute 5 à chacun des chiffres de la liste précédente.

Si nous regroupons les Agents dans l'ordre de production que nous utilisons dans cet ouvrage nous avons :

Bois : 8, Feu : 7 soit Printemps, Eté, période croissante de l'année, total : 15
Métal : 9, Eau : 6 soit Automne, Hiver, période de déclin, total : 15.

Cela correspond également pour le cycle journalier aux deux périodes minuit-midi, croissance, et midi-minuit, déclin. On remarquera également que 8 et 7 correspondent respectivement au jeune Yin et au jeune Yang dynamiques (période de croissance), tandis que 6 et 9 correspondent au vieux Yin et au vieux Yang, en plénitude ou, comme les considère le Yi King, en mutation, donc déjà sur le déclin.

APPENDICES

ANNEXES

APPENDICE 1

LES JEUX DU "YIN" ET DU "YANG"

L'essentiel dualisme

Aux yeux des Chinois, tout dans l'Univers semble manifester à la fois l'antagonisme et la complémentarité de deux forces opposées.

Du 道 Dao, principe inconnaissable, semble émaner une Vertu exprimée d'une manière très symbolique et chargée de sens par le célèbre diagramme qui exprime l'énergie essentielle constituée par deux forces antagonistes et complémentaires : le 太極圖 *Tai Ji Tu*. Le premier caractère veut dire « grand », « extrême », « suprême » ; le second, « le faîte d'une maison », « l'extrémité », « le pôle » - c'est le terme utilisé pour désigner le pôle Nord, l'axe autour duquel tourne l'Univers ; le troisième signifie « dessin », « diagramme », littéralement, on peut traduire « le diagramme du pôle suprême », ce qui n'a pas l'inconvénient des traductions plus communément utilisées telles « diagramme du Principe Suprême » ou « de l'absolu », traductions comportant l'inconvénient majeur de leurs implications philosophiques, entièrement étrangères à la pensée chinoise.

Pour un peuple de paysans observateurs de la nature, l'existence de ce dualisme constitue une évidence première et qui semble inhérente à l'ordre des choses dans un monde où le jour et la nuit semblent inlassablement s'engendrer réciproquement. Mais l'originalité de la conception des Chinois, c'est qu'ils n'ont jamais succombé à la tentation manichéenne qui voit dans ces deux forces deux principes opposés, l'un Bon, l'autre Mauvais. Bien plus, ces forces ne constituent pas à leurs yeux deux principes distincts, mais deux aspects complémentaires d'une seule réalité : rien n'est ni *yang,* ni *yin* d'une manière absolue et l'on peut dire que toute chose possède un aspect *Yin* et un aspect *Yang*. Comme le dit le Nei King, « dans le *Yin* il y a du *yang* et dans le *Yang* il y a du *yin* » ce que symbolise avec évidence le point blanc *Yang* dans le *Yin* et le point noir *Yin* dans le *Yang* du diagramme. Il ne s'agit donc pas de deux principes distincts ou de deux éléments d'un composé, mais de deux forces vitales toujours solidairement impliquées, l'une n'étant pas la simple négation de l'autre.

L'étymologie des deux caractères est d'ailleurs très instructive : le caractère 陰 *Yin* signifie le versant ombreux d'une colline, **l'ubac**, et le caractère 陽*Yang*, le versant ensoleillé, **l'adret**. L'esprit inventif des Chinois leur a fait dresser des listes interminables de ces principes antithétiques : pour une raison d'euphonie (sûrement pas de courtoisie),ou plutôt parce que la mère qui engendre représente dans la concentration de l'énergie le point initial, culte de la déesse mère (la terre mère 后土 *houtu),* on nomme le féminin en premier quand on associe les deux caractères, aussi me suis-je conformé, dans la liste qui suit, au même ordre féminin-masculin : pair impair, obscurité lumière, lune soleil, nuit jour, hiver été (en Chine du Nord, le printemps et l'automne, peu marqués, ne sont en fait qu'une brève transition entre deux extrêmes), froid chaleur, nord sud, humidité sécheresse, inertie activité, repos travail, réceptivité expansion, etc.

Dans la religion populaire, ce dualisme est exprimé par le couple formé par le Tigre Blanc 白虎 (le blanc est la couleur de la mort et du deuil), associé à l'Ouest, au soir, et par le Dragon Vert 青龍 associé à l'Est et au matin ; on a encore dans le panthéon taoiste la Souveraine Mère de l'Ouest 西王母 opposée à l'Empereur de Jade 玉皇 qui séjourne au Pic de l'Est.

Les taoistes signalent également que, dans le dessin, une sécante parallèle à l'axe médian rencontrera toujours une certaine proportion de Yin et de Yang, mais jamais l'un ou l'autre isolément, tandis qu'un diamètre tournant autour du centre rencontrera, bien qu'inégalement répartie, une proportion équivalente de Yin et de Yang. Pas plus que pour le Dao, les Sages n'ont essayé de donner une explication du Yin et du Yang, ils se contentent de l'évoquer en des allégories poétiques, comme par exemple 莊子*Zhuangzi* : *L'apogée du Yin c'est la passivité, celle du Yang c'est l'activité féconde. Tous les êtres furent produits par la réceptivité de la Terre s'offrant au Ciel, et par l'action du Ciel sur la Terre*. Dans la vision chinoise, l'homme est précisément au point d'interférence entre le Ciel et la Terre. *Produits par le Dao, le Yin et le Yang s'influencent, s'annihilent et se reproduisent réciproquement*.

Dans un passage du Nei King, nous trouvons : « *Le Yang et le Yin correspondent à la Voie (**Dao**) du Ciel et de la Terre... Le Ciel se forme d'une concentration de Yang, la Terre d'une accumulation de Yin. Le Yin est toujours serein, le Yang constamment agité. Le Yang engendre la vie, le Yin l'entretient et l'accroit. Le Yang tue, le Yin conserve. Le Yang se transforme en Yin pour créer la vie.* » Le mouvement de ces deux forces doit tendre à s'équilibrer (mais attention, un équilibre parfait engendrerait la stagnation et la mort) de même que pour un homme à bicyclette le déséquilibre constant ne se résout que par le mouvement, ou comme, pour reprendre une image chère au président Mao, dans l'action alternée de la godille qui, à la fois, fait avancer la barque et permet de maintenir le cap par deux pressions opposées.

Dans cette vision, le Mal c'est le déséquilibre qui se produit lorsqu'une des deux tendances devient prédominante au détriment de l'autre. On peut donc résumer toute la conception morale chinoise en ces deux adages : ni le Yin ni le Yang ne sont en eux-mêmes bons ou mauvais ; l'excès seul est un défaut.

Dans le diagnostic de l'acupuncture, c'est là un point capital car tout désordre physique est, aux yeux des Chinois, dû à l'importance excessive prise par le Yin ou le Yang. Pour rétablir l'équilibre, et en fonction de l'état du malade, on pourra fortifier l'énergie déficiente en la *tonifiant*, ou au contraire affaiblir la force en excès en la *dispersant*.

Rien n'exprime mieux la conception du Yin et du Yang que les principes que les Chinois appliquent à l'art d'aimer, qui vise à harmoniser l'union des sexes dans un complet épanouissement.

Il est tout naturel que la doctrine du Yin et du Yang s'applique par excellence aux relations sexuelles, aussi les Chinois ont-ils défini d'une manière détaillée un art d'aimer éminemment moral, quoi qu'il puisse y apparaıtre. La place que les Chinois accordent aux jeux de l'amour et l'importance qu'ils attachent aux principes qui doivent les guider sont un très bon exemple (honni soit qui mal y pense !) de la manière dont les Chinois conçoivent les relations entre le Yin et le Yang.

En fait, dans les relations sexuelles, ils estiment que c'est l'homme (Yang-expansion) qui se donne et court le danger d'abuser de son potentiel yang au risque de l'épuiser, tandis que la femme (Yin-réceptivité) se contente d'accueillir et de s'enrichir par l'équilibre que lui procurent les forces yang qu'elle absorbe. La femme tend donc à épuiser l'homme dont elle accapare la force, dominant son partenaire par sa passivité même. En revanche, plus forte et plus longue est sa jouissance et plus elle libère d'élément yin que l'homme peut alors assimiler. Comme une femme jeune est au comble de sa féminité, c'est alors qu'elle est le plus à même d'enrichir celui qui la possède.
Les taoistes (qui parfois dans leur quête de l'immortalité oublient presque l'essentielle modération chinoise) ont parfois tendance à accorder une importance et une prédominance trop grandes aux forces yang. C'est ainsi qu'ils ont mis au point de savantes méthodes destinées à augmenter le plus possible le plaisir de la femme tout en retardant à l'extrême celui de l'homme. L'idéal même, estiment égoıstement certains, serait de ne pas émettre de sperme et de se contenter de butiner les humeurs yin.

Tout l'art de l'homme en amour doit donc consister à s'attacher au maximum à provoquer la jouissance de sa partenaire tout en dominant son propre plaisir. Nous sommes loin des diseurs de balivernes qui prétendent que pour un Oriental la femme n'est qu'un simple objet livré à la lubricité du mâle.

NI LE « YIN » NI LE « YANG » NE DOIVENT PRÉDOMINER

Pas plus chez l'homme que chez la femme la trop grande force de l'un des éléments n'est souhaitable.

Il est bon et normal de trouver chez un homme une prédominance du principe Yang, ainsi que du Yin chez une femme. Il est donc préférable pour un homme de naître une année yang, tandis qu'inversement pour une femme une année yin sera plus indiquée. Mais attention, dans le Yang il doit y avoir toujours du Yin, de même que le Yin doit toujours contenir du Yang. Si tous les signes définissant la date de naissance d'un homme étaient yang, ce serait presque aussi dangereux que s'ils étaient tous yin ; il en va de même, mais de manière inverse, pour une femme. Dans notre destin, c'est la loi de la vie que le Yin et leYang s'interpénètrent, mais un équilibre trop parfait entre eux équivaudrait à une stagnation.

N'oublions pas non plus qu'il ne faut pas réduire le Yin et le Yang au seul aspect des relations masculinité - féminité, nous avons vu qu'il y en avait bien d'autres. Il est très important pour l'aspect psychologique par exemple de noter que le Yang marquant l'expansion est l'indice d'une nature active, extravertie, tandis que le Yin indiquant la réceptivité, presque la *possessivité* (si l'on me pardonne cet affreux néologisme), est l'indice d'une nature repliée sur elle-même, contemplative, introvertie.

Les taoistes préfèrent représenter le Tai Ji Tu entouré des huit trigrammes qui représentent toutes les combinaisons possibles du pair et de l'impair (Yin et Yang). Ces trigrammes, associés deux à deux, forment les soixante-quatre hexagrammes sacrés du Yi King, le « livre des mutations » qui, pour les Chinois, contient le secret de tout le devenir. Il est d'ailleurs amusant de noter que ce livre, très admiré par Leibniz, lui a donné l'idée du calcul binaire d'où est issue toute notre informatique.

船队刚到江心，突然下起暴雨，巨浪把船打得左摇摆，士兵们都呕吐起来。但他们见朱元璋屹立船头心里也就踏实了。

APPENDICE 2

LA BOUSSOLE ET LA GÉOMANCIE EN CHINE

Ayant reçu récemment en cadeau une reproduction miniaturisée de la plus ancienne boussole chinoise, je ne peux résister au plaisir de vous la décrire et d'en tirer quelques conclusions sur la géomancie.

Elle se compose d'une sorte de petite cuiller taillée dans un morceau de *magnétite* (pierre d'aimant naturel), qui repose en équilibre sur son dos arrondi, son manche indiquant non pas le Nord mais le Sud. Un socle carré, de bronze à l'origine, la reçoit et la petite cuiller, appelée 司南 *sinan*, qui domine le Sud, joue le même rôle que l'aiguille aimantée de nos compas, pour parler comme les marins.

汉代司南模型

中国四大发明之一

La notice qui accompagne le coffret de présentation signale fièrement qu'il s'agit de la première des quatre plus grandes découvertes de la Chine, sans préciser lesquelles, (la poudre, l'imprimerie sont bien connues, on peut penser que la quatrième serait la sériciculture, célèbre pendant l'Antiquité jusque dans l'Empire Romain). Cette notice précise que la propriété directionnelle de l'aimant fut utilisée en Chine depuis l'époque des Royaumes combattants, quatre siècles avant notre ère. A cette époque, l'aimant était taillé avec la même technique que celle pratiquée pour le jade.

Cette première boussole fut décrite par 韓非子 *Hanfeizi*, deux cents quarante ans environ avant notre ère. Une description plus récente est donnée dans le 論衡 *Lunheng* aux premières années de notre ère, c'est de cette même époque que date le plateau découvert en Corée qui fut le modèle de celui utilisé ici. La forme carrée de ce plateau prouve que son utilisation était géomantique.

La planchette utilisée s'appelait, d'une manière fort significative, 地盤 *dipan*, c'est-à-dire « plateau terrestre ». Sans se prononcer sur son véritable rôle, l'auteur du dépliant reconnaît facilement que cette cuiller branlante n'était pas utilisable pour les navigateurs.

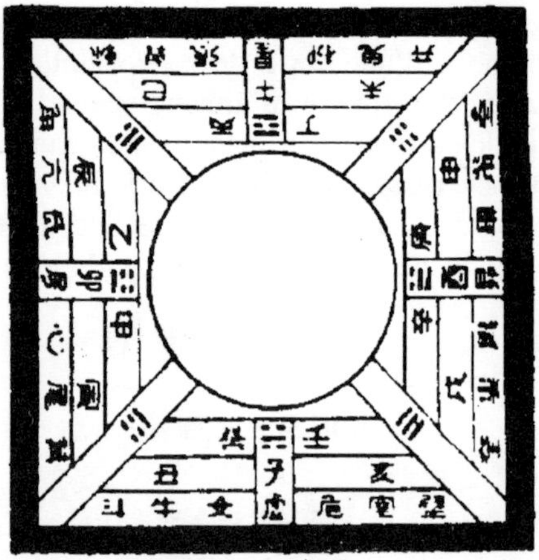

Cette planchette porte sur ses quatre côtés des inscriptions, la ligne d'encadrement la plus extérieure donne les 28 constellations zodiacales, se référant, d'après Needham, à un ciel existant 2 800 ans avant notre ère, α du Dragon étant alors l'étoile polaire que les Chinois appellent 紫微 *ziwei*, l'étoile pourpre. Sur chaque côté, sept constellations se suivent dans l'ordre inverse des aiguilles d'une montre, selon l'ordre de leur apparition sur la voûte céleste, point de départ : l'Est, à gauche sur notre image.

Sur la ligne immédiatement inférieure, en allant vers le centre les douze caractères cycliques, qui servent indifféremment pour les heures et les orients ; c'est pourquoi le Nord est indiqué sur ce tableau par le caractère 子 *zi*, et le Sud par 南 *nan*.

Sur la ligne la plus proche du centre figurent les huit trigrammes dans l'ordre dit du « Ciel postérieur » 後天 *houTian,* la deuxième série des trigrammes qui ordonnent, au sens propre, les affaires humaines, entremêlée des dix troncs célestes. On remarquera sans doute que seuls huit caractères apparaissent sur la ligne, les deux manquants, le V et le VI, sont ceux qui sont liés à la Terre. Dans la notice, il est dit qu'ils figurent au centre, or rien n'est gravé dans cette circonférence ! C'est parce que, en relation avec le Zénith, ces deux points nécessiteraient, comme je l'ai indiqué au chapitre 9, une représentation dans l'espace.

Needham, auquel se réfère la notice, indique que l'utilisation de cette première boussole était indubitablement divinatoire. Comme le prouve l'appellation *sinan,* le caractère *si* qui indique la possession, la maîtrise, possède indubitablement une connotation magique. D'ailleurs, quand, prenant une forme arrondie, elle devint l'humble compas du marin, elle fut nommée plus prosaïquement 指南 *zhinan* : qui indique le Sud. Quant à l'origine de la boussole géomantique, Needham signale également que les géomanciens, bien avant l'apparition de l'aimant, utilisaient une planchette carrée où apparaissaient les mêmes caractères que ceux figurant sur l'illustration ci-dessus. On lui superposait une autre planchette ronde représentant le Ciel. L'appareil complet s'appelait 式 *shi*, la combinaison des deux parties, carrée et circulaire, donna l'actuelle boussole géomantique ronde, généralement insérée dans un support carré, le 羅盤 *luopan*.

Bien que son rationalisme foncier l'empêche de considérer les pseudo-sciences autrement qu'avec mépris, Needham reconnaît que la Géomancie a énormément contribué à conserver la beauté des paysages chinois, à quoi je me permets d'ajouter que les Chinois sont les premiers et les seuls vrais écologistes car ils fondent leur écologie sur une expérience et une tradition millénaires et non sur une vague idéologie.

Cela prouve que la Géomancie, indiquant la position dans l'espace, avait plus d'importance pour les Chinois sédentaires que la Chronomancie. Chacun sait l'importance qu'a, pour les animaux, la définition des marques de leur territoire : chiens et loups lèvent la patte pour ce faire, tandis que les chats sont capables de faire des kilomètres pour retrouver leur cadre habituel. Les Chinois, qui n'utilisent pas la droite et la gauche, ont une expression pour définir un complet imbécile : « Il ne connaît ni l'Est, ni l'Ouest, ni le Sud, ni le Nord » dont nous nous faisons l'écho avec nos expressions *désorienté* ou *déboussolé*. La perte d'un environnement familier donne le mal du pays qui est une véritable maladie. Je suis convaincu que les jeunes enfants sont perturbés par des changements de lieux perpétuels, ce qui vaut surtout pour les plus petits. Quant aux gens du voyage et aux mariniers, ils ont un environnement « ambulant » qui est un ersatz.

La géomancie définit tout un art de vivre et ne se résume pas au calcul des influx telluriques que la superstition populaire attribuait à des dragons qu'il ne fallait pas déranger. Mais elle ne serait pas aussi influente si elle n'était pas le fruit d'une longue expérience. Je me souviens de ce que me raconta un prospecteur pétrolier français en Chine. Il avait essayé, après l'échec d'une longue campagne, de s'excuser auprès de ses employeurs chinois, en disant en plaisantant, qu'il aurait du consulter un géomancien ! Le ministre responsable lui répondit très sérieusement que c'est en effet ce qu'il aurait dû faire.

古罗盘

Un ancien compas de marine, circulaire comme le ciel,
ne contenant que les quatre points cardinaux et leurs subdivisions.

BIBLIOGRAPHIE

L'exposé que je donne ici est une reprise de mon livre *Les Huit Signes de votre destin*, en ayant approfondi le sens et l'interprétation par des années de réflexion et la lecture de très nombreux textes chinois. La liste détaillée de mes sources écrites, utile aux seuls sinologues, dépasserait le cadre de cet ouvrage. Ce livre a une vocation plus pratique et il me paraît inutile d'en citer tout l'apparat critique.

Mon long séjour en Chine m'a fait prendre de l'existence une vision quasi chinoise. Aujourd'hui, j'en arrive à préférer la sagesse orientale à la philosophie, si chère à ma jeunesse. Mais les relations que chacun entretient avec l'univers et son milieu le façonnent et ont plus d'importance dans sa réalité humaine que toute sa culture. Avant de parler de mes diverses sources, je ferais mieux de remercier ceux auxquels je dois d'être ce que je suis, ma famille, mes maîtres, et le milieu où je vécus. Une place toute spéciale doit être réservée à mon expérience chinoise, amis et lieux où j'ai résidé, sans oublier le petit peuple rencontré anonymement chaque jour, tout ce que je groupe sous une commune appellation celle de **mes amitiés chinoises** qui me permirent de découvrir un autre aspect de l'univers.

Sources chinoises

Pour les textes des livres « canoniques » ou classiques, j'ai utilisé l'édition des « Treize Livres » 十三經 *shisan jing*, publiée par les Editions Le Monde 世界書局 à Shanghai en 1935 ; le plus important des Treize Livres étant pour moi le 易經 *Yijing*, « Le Livre des Mutations », complété, cela va sans dire, par l'étude de plusieurs ouvrages critiques chinois.

Pour tous les ouvrages des Penseurs ou « Sages », 子 *zi*, de la Chine, souvent appelés philosophes (mais je ne peux me résoudre à qualifier ainsi des lettrés si peu enclins à toute systématisation), j'ai à ma disposition la collection en dix volumes 諸子集成 *Zhuzi jicheng* publiée par la même maison d'édition Le Monde, à Shanghai, en 1957, où figurent deux commentaires différents du 道德經 *Dao De jing*, « Le Livre de la Voie et de la Vertu et, d'autre part, la collection 四部備要 *Si bu bei yao* , publiée par les éditions Chine 中華書局 à partir de 1935 à Shanghai. C'est dans cette collection qu'a été publié le 黄帝内經素問 *Huang Di Neijing Su wen*, «Discussions sur la Médecine de l'Empereur Jaune », d'auteur inconnu, qui semble dater du IIe siècle avant Jésus-Christ, livre plus communément désigné par la simple mention *Neijing*. J'ai également utilisé plusieurs almanachs chinois et tables calendériques, ainsi qu'un très grand nombre d'opuscules et de petits manuels de divination et d'acupuncture. Ces livres sans prétention présentent pour moi l'immense intérêt de conserver sous forme de centons et bouts rimés la tradition orale ancienne. Je ne les ai cités que lorsque je l'ai jugé nécessaire.

Ces quinze dernières années, j'ai lu une quantité d'articles sur les découvertes archéologiques et sur la chronomancie, mais les principaux étant cités par mon ami Wang Dongliang dans son ouvrage *Les Signes et les Mutations*, paru dans la même collection, je ne voudrais pas que cela fasse double emploi en les rappelant ici.

Sources occidentales

Deux ouvrages seulement me furent pleinement utiles. D'abord l'oeuvre monumentale et encore inachevée de Joseph Needham, *Science and Civilisation in China* (Cambridge). Heureusement, les parties pour moi les plus essentielles ont déjà paru : le tome II, *History of Scientific Thought* (1956) et le tome III, *The Science of the Heaven and Earth* (1959). En plus de la qualité du texte, ses notes et ses bibliographies extensives sont pour le chercheur une aide inappréciable lui évitant les longues recherches des textes essentiels. Même si parfois, après lecture des textes originaux, mes conclusions ont différé des siennes, je lui dois une infinie reconnaissance pour le temps qu'il m'a permis de gagner.

Quant au calendrier chinois lui-même, l'ouvrage fondamental demeure celui des pères Havret et Chambeau, *Notes concernant la Chronologie chinoise,* publié dans les *Variétés Sinologiques* n° 52 (Changhai, 1922). Ce livre au but essentiellement pratique, un peu touffu, est riche d'informations ; on peut seulement regretter que la distinction entre le calendrier lunaire, appelé actuellement paysan, et le calendrier solaire ne soit jamais clairement exprimée, mais cette critique vaut pour tous les ouvrages sur ce sujet des sinologues occidentaux.

GLOSSAIRE

Ce glossaire n'est pas seulement un dictionnaire des mots difficiles, il voudrait être une réponse à toutes les questions qui peuvent se poser car il est essentiel de définir les termes employés.

A l'instar des Chinois, je ne prétends pas expliquer d'une manière idéologique, mais rendre possible l'accession à une technique ; j'emploie volontiers la parabole et l'analogie qui me paraissent dans certains cas plus parlants que les concepts abstraits.

ACUPUNCTURE Traitement consistant à piquer des aiguilles en certains points définis du corps pour rétablir l'équilibre des énergies corporelles, et ainsi prévenir ou guérir les maladies et infirmités.

AFFINITÉ Conjonction favorable de deux ou plusieurs signes entre eux. Complémentarité.

AGENTS (les cinq) Les cinq forces dont l'action détermine toute l'évolution de l'Univers : le Bois, le Feu, la Terre, le Métal et l'Eau. Je préfère ce terme à celui plus couramment usité d'*éléments* qui me paraît trop statique car il évoque une substance.

ANIMA Terme emprunté à une allégorie de Claudel où il oppose les deux aspects de l'âme humaine, intelligence et imagination C'est l'aspect féminin de l'âme humaine, la poésie au sens étymologique du mot, l'intuition, le rêve, la communion avec le réel donc *yin*. Pour Kant, ce serait la raison pratique (cf. animus).

ANIMAUX Symboles anciens associés aux signes du cycle duodénaire. Bien que le langage courant tende à les confondre, il ne faut les identifier ni à ces signes ni à ceux du Zodiaque. Ce sont des symboles qu'il ne faut pas prendre à la lettre. Dans le cycle des vingt-huit constellations, quatorze animaux leur sont ajoutés (voir p.121).

ANIMUS Deuxième terme de l'allégorie de Claudel, l'intellect, l'aspect idéologique, organisateur, masculin, *yang* en un mot. C'est le côté conceptuel de l'intelligence ; pour Kant, ce serait la raison pure.

ANTIPATHIE Elle fait partie des sentiments, et les Chinois pensent qu'il ne faut pas les forcer. Personne ne vous oblige à surmonter une éventuelle antipathie mais il est interdit de la montrer, surtout dans les relations sociales.

ASTROLOGIE Une méthode de divination qui se fonde sur la position des planètes et des constellations zodiacales à l'époque d'un événement, notamment d'une naissance. Par extension, toute forme de divination. La méthode chinoise n'est en fait astrologique qu'au second degré, car elle est basée sur un cycle temporel et ne dépend des astres que dans la mesure où ils ont servi à établir le comput calendérique (les vingt-huit Constellations lunaires ne tenant qu'un rôle secondaire). C'est pourquoi, quand il s'agit de la divination en Chine, je préfère l'appellation de **chronomancie**.

AU-DELÀ Il est, par nature, inconnaissable, comme le Tao, et ne saurait constituer pour les Chinois le monde des esprits.

BESTIAIRE Liste des Animaux (voir chapitre dixième) liés aux Orients, aux signes duodénaires et aux vingt-huit Constellations (voir page 121).

BINÔMES (les quatre) Termes composés de deux idéogrammes appartenant le premier au cycle dénaire et le second au cycle duodénaire qui servent à définir le temps pour les Chinois. Synonymes de « Colonnes du Destin ».

CARACTÈRES Forme d'écriture utilisée en Chine, en principe monosyllabique, sans qu'il y ait une liaison nécessaire entre le son et le sens, qui demeure immuable, même si la prononciation varie. C'est le moyen de conserver la tradition par la permanence de l'expression écrite dans l'espace et dans le temps. A l'époque de la Révolution Culturelle, dans le but de faire disparaître un passé révolu, toute une faction voulut leur substituer un alphabet.

CARACTÈRE SIMPLIFIÉ Tentative de simplification de l'écriture des caractères pour en faciliter l'utilisation. Ces graphies simplifiées devaient en faciliter l'apprentissage. A mon avis, le seul avantage a été d'obliger, si l'on ne voulait pas se couper de la tradition, à apprendre simultanément deux formes différentes d'un même caractère, la connaissance des anciennes graphies restant nécessaires pour les études littéraires. Taiwan, quant à elle, refuse avec horreur cette innovation.

CHRONOMANCIE Etude de l'influence du calendrier et de la durée sur notre destin dans le but de découvrir ce qu'il faut faire pour rester en harmonie avec l'univers.

CIRCADIENNE (horloge) Le cycle des heures tel qu'il est inscrit dans notre subconscient. Il s'agit d'un cycle analogue à celui des saisons, dans lequel on retrouve les même phases. Cette analogie joue un rôle très important dans la vision chinoise du monde, notamment en médecine et en acupuncture.

CONSTELLATIONS (les vingt-huit) ou **ZODIAQUE CHINOIS** Les vingt-huit stations ou demeures lunaires par lesquelles passe la lune durant une révolution autour de la Terre. Leurs positions paraissent correspondre à l'écliptique tel qu'il existait il y a 4400 ans. Comme c'est également le cas pour nos signes du Zodiaque et les périodes auxquelles ils sont censés présider, il y a longtemps qu'aucune d'entre elles ne correspond plus à un jour lunaire.

COSMIQUE (cycle) Cycle défini dans le *Nei King* : 五運 *wu yun,* les «cinq mouvements» et 六氣 *liu qi,* les « six énergies », liés respectivement à la Terre et au Ciel, qui régissent tous les phénomènes de l'Univers qui nous entoure. Ce cycle est très différent du cycle de l'astrologie généthliaque chinoise (celle qui régit le Destin de l'individu et que nous étudions ici).

DEMEURES LUNAIRES Marquées par les vingt-huit Constellations, elles correspondent d'une manière assez approximative aux vingt-huit jours que met la Lune pour revenir au même point de l'écliptique dans sa révolution autour de la Terre.

DÉNAIRE (cycle) Série numérale de dix signes, première série des caractères cycliques.

DIVINATION Méthode permettant de découvrir les événements futurs ou ce qui est caché d'une manière souvent prétendue magique. La divination chinoise n'a pas tant pour but de prédire l'avenir que de découvrir le caractère d'un individu et de juger de l'opportunité de ses actes. Elle tente de mettre le microcosme « homme » en harmonie avec le macrocosme « Univers ».

DUODÉNAIRE (cycle) Série numérale de douze signes, deuxième série des caractères cycliques.

ÉCLIPTIQUE Orbite que décrit la Terre dans son mouvement annuel.

ÉLÉMENTS voir Agents.

EMBOLISME Mois intercalaire utilisé dans les calendriers grec et chinois pour compenser la différence existant entre l'année solaire astronomique et les douze mois lunaires.

ÉQUINOXE Une des deux périodes de l'année où le jour et la nuit sont d'égale longueur du fait que le Soleil traverse l'Equateur ; se situe vers le 20 mars ou le 23 septembre. Pour les Chinois, il marque le point culminant et non le début de la saison. L'équinoxe de printemps ou point gamma Γ, avec l'entrée du Soleil dans le signe du Bélier, marque le début du cycle astrologique traditionnel en Occident.

EXPÉRIENCE C'est la base de toute connaissance. Elle se conserve par la tradition et s'affine par la réflexion qui ne peut que l'approfondir sans jamais la détruire. La réflexion peut seulement aider à réformer les affabulations excessives que l'imagination lui ajoute parfois.

FACE Manière de préserver la vie en société par le respect pratique du quant-à-soi de chacun. Perdre la face équivaudrait à ne plus pouvoir exister socialement, c'est pourquoi la police s'emploie à humilier les accusés (présumés coupables).

FASTE - NÉFASTE Ces mots n'ont pas en chinois une connotation aussi absolue que pour nous, les Chinois ne croyant pas au déterminisme. Cependant, un homme averti en vaut deux car il y a souvent des moyens de pallier un danger, rien n'étant inéluctable. C'est ainsi que le premier devoir d'un médecin est de prévenir son client - il vaut mieux être réaliste - ensuite, ils envisageront ensemble la meilleure solution.

GÉOMANCIE Terme qui prend ici un sens assez différent de celui qui est généralement donné aujourd'hui en Occident (divination qui s'opère en jetant de la terre sur une table et en étudiant les figures ainsi formées) : il s'agit de définir, à l'aide d'une boussole et des caractères cycliques (dans leur relation avec les points cardinaux), l'emplacement et l'orientation les plus fastes à donner à un monument, une demeure ou une tombe et d'estimer l'influence que l'espace a sur notre destin..

HEURE CHINOISE Equivaut à deux de nos heures, la première commençant à 23 heures et culminant à minuit, la seconde à 1 heure et culminant à 2 heures, etc.

HEXAGRAMME Combinaison de deux trigrammes superposés, donnant soixante-quatre figures, base de la divination par le *Yiking*.

HOROSCOPE Etude de l'état du Ciel à l'heure de la naissance d'un enfant, et exposé des conclusions qui en découlent ; application des données de l'astrologie à un cas particulier. L'horoscope chinois, lui, se fonde sur quatre cycles constants (sexagésimaux) définissant respectivement l'année, le mois, le jour et l'heure. Bien que pris dans une acception un peu différente, le terme « horoscope » me parait aussi dans ce cas parfaitement convenir.

IDÉOGRAMME Signe graphique qui ne donne pas le son du mot, mais l'idée que ce mot exprime : c'est le cas des caractères simples (文 *wen*) de la langue chinoise, des caractères cycliques en particulier.

INCOMPATIBILITÉ Opposition foncière de deux caractères qui fait que, en dépit parfois de leurs sentiments réels, deux êtres se détruisent mutuellement.

INSCRIPTIONS ORACULAIRES Première écriture chinoise connue, gravée sur des écailles de tortues ou sur des os scapulaires de bovidés à des fins divinatoires. Ces documents remontent à mille cinq cents ans avant notre ère et furent découverts à Anyang au début du siècle.

INTERCALAIRE Mois ou jour supplémentaires, introduits pour compenser la différence entre l'année solaire (ou lunaire) et l'année civile (le 29 février dans une année bissextile).

IMAGINAIRE Mémoire du folklore et de la tradition en tant qu'exprimant le contenu de la conscience populaire : forme concrète de l'ethnologie.

JIE 節, (noeud) terme solaire marquant le début d'une période astrologique.

LUMINAIRES (les sept) Le Soleil, la Lune et les cinq principales Planètes. Chaque Luminaire reparaît quatre fois au cours des vingt-huit jours que met la Lune pour revenir au même point de l'écliptique. Leur ordre correspond exactement à notre actuelle liste de la semaine. Les Planètes étant désignées dans les almanachs par le nom de l'Agent qui leur est associé, beaucoup d'auteurs n'ont pas compris que c'était en fait d'elles qu'il s'agissait.

LUNAISON (ou mois lunaire) Espace de temps correspondant à une révolution de la Lune autour de la Terre. Pour éviter les confusions, j'emploie ici souvent ce terme de préférence à « mois lunaire » ou à «Lune ».

MANDARIN (langage, titre) Langue assez évoluée qui dérive, d'où son nom, du langage utilisé dans les tribunaux, mandarin désignant un magistrat en charge. Devant la multiplicité des **dialectes** (un Chinois de Canton ne comprenant pas un Chinois de Shanghai ou de Pékin), dans une tentative d'unification de la langue, on a décidé que le mandarin (en fait le pékinois) servirait de base à cette réforme, d'où la création d'une *langue universelle* obligatoire dans les écoles.

MORALE La morale, au sens où nous l'entendons, est une affaire individuelle. Chacun peut agir comme il veut, à condition de ne pas, par ses actes, établir un désordre dans la société.

MOUVEMENT Nom donné en acupuncture aux cinq agents qui ont dans ce cas une interprétation et une interaction très différentes de celles qu'on leur attribue en chronomancie..

NÉCROMANCIE Les morts, qui ne semblent pas voués à l'éternité mais qui nous restent étroitement unis dans la vie de tous les jours, sont fréquemment invoqués pour connaître leurs desiderata ou pour leur demander avis et conseils.

NUMÉROLOGIE Méthode de divination fondée sur les chiffres et les nombres. La numérologie occidentale étudie des nombres statiquement par leur valeur dans l'espace, la numérologie chinoise ne prend en compte que les relations entre ces chiffres.

ORIENTS Généralement au pluriel, appellation donnée pour les quatre points cardinaux dans leur relation avec les agents. Quatre animaux emblématiques les symbolisent : à l'Est le Dragon vert, au Sud l'Oiseau vermillon, à l'Ouest le Tigre blanc, au Nord la Tortue noire. Comme ce dernier animal a, dans le langage populaire, une très mauvaise connotation, on lui substitue pudiquement le Guerrier noir .

PENTAGRAMME Figure divinatoire composée de cinq traits et utilisée dans les almanachs pour les opérations divinatoires de petits événements journaliers.

PÉRIODE Pour éviter toute confusion, nous employons ce terme pour désigner les mois astrologiques représentés par un binôme. Ces périodes correspondent à trente degrés de l'écliptique, mais commencent quinze degrés avant nos signes du Zodiaque.

PHONÉTISATION Représentation par des lettres de la prononciation d'un caractère. L'ennui, c'est que, pour la représentation des sons chinois, chaque nation se conforme à sa propre phonétique, ce qui ne donne qu'une approximation. Ne pas confondre avec romanisation.

PHONÉTIQUE Partie du caractère qui en indique le son.

PHYSIOGNOMONIE Extrêmement importante en Chine et très développée, elle consiste à estimer les gens d'après la forme et les traits de leur visage, l'emplacement des grains de beauté... On peut fort exactement dire qu'en Chine il est important d'avoir une tête qui revient aux gens ; ceux-ci montrent en fait une étonnante unanimité d'appréciation.

PICTOGRAMME Les caractères primitifs faits de dessins ou de descriptions de gestes.

PILIERS DU DESTIN Les quatre binômes : annuel, mensuel, journalier et horaire qui définissent chaque instant. Expression équivalente, mais plus populaire : les *huit signes du Destin.*

PRAGMATISME Attitude qui s'appuie sur l'expérience pratique et rejette toute idéologie.

QI Le principe essentiel de la vie qui, comme le Tao, ne peut être connu que dans ses manifestations. Son symbole représente le souffle vital. On peut comparer ce sens originel avec le mot esprit, souffle, d'où l'idée d'âme. Je serai tenté de rappeler l'*élan vital* de Bergson. Le 氣 *Qi* est essentiellement devenir. Pour la chronomancie c'est le point culminant d'une période astrologique.

RADICAL (classifique) Partie du caractère qui, approximativement, indique le sens d'un caractère.

RAMEAUX TERRESTRES (les douze) Les signes (idéogrammes) du cycle duodénaire.

RELATION En Chine, l'homme n'est jamais seul, et il n'existe, semble-t-il qu'en fonction de ses constantes relations aux autres, à sa famille en particulier. Toutes les vertus sont fondées sur des relations, pas uniquement entre les humains, mais aussi avec la nature. Ainsi, le caractère 仁 *ren*, généralement traduit par *charité* ou *philanthropie*, signifie l'art de se mettre en relation, c'est ainsi que, dans le *Lunyu*, Confucius définit comme une manifestation du *ren* le fait de savoir se trouver une résidence appropriée.

ROMANISATION Représentation alphabétique conventionnelle des sons d'un langage où, comme c'est le cas en chinois, une valeur arbitraire est donnée à chaque lettre. Il faut donc apprendre à la lire. Les Chinois comme les étrangers doivent se plier à cette convention très artificielle. Son unique avantage est d'être universelle mais elle dérange les habitudes : c'est ainsi qu'un son prononcé à peu près *tseu* se romanise **zi** et Pékin s'orthographie **Beijing**, sans pour autant changer de prononciation.

SAPÈQUE (n.f.) Petite monnaie chinoise ou indochinoise qui, même démonétisée, est toujours utilisée pour des opérations magiques. En effet, le centre carré est symbole de la Terre, et sa forme ronde le symbole du Ciel. Les sapèques attachées ensemble, en différentes figures, la plus fréquente étant une sorte d'épée magique, sont utilisées par les prêtres taoistes pour chasser les démons.

SEXAGÉSIMAL (cycle) Cycle des soixante binômes (Colonnes du Destin) que forme la combinaison des signes du cycle dénaire et du cycle duodénaire.

SIGILLAIRE (caractère) Forme d'écriture ainsi appelée parce qu'elle est surtout employée actuellement pour graver les cachets. C'est une forme intermédiaire entre les caractères des inscriptions oraculaires et les caractères employés au début du premier millénaire.

SIGNES DU DESTIN (les huit) Les idéogrammes qui servent à indiquer chaque instant et sont le fondement de tout horoscope chinois. Ils se composent de deux séries d'idéogrammes, l'une dénaire et l'autre duodénaire.

SOLSTICE Un des deux moments de l'année situés à mi-chemin entre les deux équinoxes. Le Soleil, ayant alors atteint les points tropiques, est au plus loin de l'équateur et paraît s'arrêter. Dates : vers le 21 juin et le 22 décembre. Pour les Chinois, le solstice marque le point culminant et non le début de la saison.

SPIRITISME Très souvent pratiqué en Chine, ou par la possession de l'âme d'un défunt ou par des moyens analogues à notre table tournante. Ne pas oublier qu'il ne fait que révéler un envers de notre vision du monde qui n'a rien à voir avec les esprits tels que nous les comprenons.

SYLLABE Son prononcé en une seule émission de voix. Le chinois écrit est constitué de caractères monosyllabiques, bien que le chinois parlé tende à un polysyllabisme de fait.

SYMPATHIE Attirance réciproque, lien d'amitié entre deux signes, ou entre deux individus.

TAO (道 *Dao*) Etant par nature inconnaissable, il ne saurait avoir de représentation. Le dessin du *yin* et du *yang* entrelacés est pris parfois pour son symbole ce qui n'est absolument pas le cas. Ce n'est que la représentation du moment où, par l'introduction en lui du multiple, commence l'apparition des dix mille êtres. En fait, le symbole souvent entouré des six hexagrammes est celui du 太極圖 *Taiji tu*, diagramme du faîte suprême, point de départ de l'**Univers**.

TERMES SOLAIRES (les vingt-quatre). Division de l'année solaire en vingt-quatre parties, chacune d'elles correspondant à quinze degrés de l'écliptique. Les termes d'ordre impair s'appellent *jie* ceux d'ordre pair *qi*, le jie débute le mois le qi en est le sommet.

THÈME ASTROLOGIQUE Ensemble des données concrètes (position des astres à un moment donné) sur lesquelles se fonde un horoscope. Cette définition n'est pas tout à fait exacte quand il s'agit de la divination chinoise, car l'établissement du thème astrologique consiste seulement dans ce cas en une recherche des quatre binômes (ou des huit signes) et de la Constellation dominante.

TRIGRAMME Combinaison de trois traits superposés continus *yang* et discontinus *yin*, donnant huit possibilités. Il y a deux manières de les ordonner en cercle : celle dite *du ciel antérieur* est plutôt liée aux phénomènes Célestes, celle dite *du ciel postérieur* est liée à la Terre et aux hommes et représente une famille, père, mère et trois fils et trois filles.

TRONCS CÉLESTES Les dix signes (idéogrammes) du cycle dénaire.

VERTU En latin, *virtus*. La force de caractère de l'homme, c'est la soumission aux valeurs morales en conformité avec la loi religieuse révélée dans le but d'assurer le salut individuel. Pour les Chinois, il ne s'agit pas d'une vision religieuse mais de la nécessité de se conformer à la loi naturelle pour ne pas perturber l'ordre qu'elle impose. Cette vertu accorde la primauté aux relations entre les hommes, ou avec la nature. Dans cette optique, le péché est le désordre.

YANG Généralement considéré comme principe mâle ou actif, il est en fait l'aspect positif de l'énergie, la phase d'expansion.

YIN Généralement considéré comme principe féminin ou réceptif, il est en fait l'aspect négatif de l'énergie, la phase de concentration.

ZODIAQUE Ceinture de la sphère céleste s'étendant sur 8° 5' de part et d'autre de l'écliptique et sur laquelle prennent place les mouvements apparents du Soleil, de la Lune et des principales Planètes. Le Zodiaque est divisé en douze parties égales appelées «signes». Son nom (de ζωον, être vivant) lui vient de ce que, depuis la plus haute Antiquité, ces douze signes sont symbolisés par des êtres vivants.

ZODIAQUE CHINOIS Appellation impropre si l'on désigne ainsi les douze Animaux, car ils ne sont pas associés à des Constellations, mais à la série numérale des signes duodénaires.

* * * * * *

COMMENT MONTER SON THÈME

La sagesse chinoise a depuis longtemps compris que, comme dit l'adage, plutôt que de donner un poisson à un mendiant il valait mieux le pourvoir d'un attirail de pèche et le laisser assurer lui-même sa subsistance. Aucune des méthodes chinoises de divination n'a pour but d'apporter des réponses toutes faites, mais de simples éléments sur lesquels c'est à vous de réfléchir, comme font les Tibétains aves les *mandalas,* ces images supports de méditation. Le *miroir* que constitue un thème ou, si vous préférez une image plus moderne, la *radioscopie,* peut être regardée maintes fois et vous livrer toujours des enseignements nouveaux.

Sans revenir sur ce que je disais dans la préface, notre thème est comme une pierre de touche que nous devons utiliser toute notre existence, ne fût-ce que pour interpréter une autre opération divinatoire. Il est donc là-aussi nécessaire de proportionner les moyens employés à l'importance du résultat cherché : c'est ainsi que dans les relations sociales, et pour les associations d'affaires l'examen des compatibilités entre les deux animaux emblématiques annuels est généralement suffisant, il serait malséant de demander davantage. J'ai publié, dans le N° 2 de la publication Larousse *Des Pays et des Hommes,* un petit encart permettant de réaliser un thème simplifié parfaitement valable. Pour l'analyse du caractère, l'étude des binômes (ch. 8, 12 et 13) complétée par celle des agents (ch. 9 et 12) est tout à fait suffisante et nombre d'experts s'en contentent. Pour donner un peu de couleur on peut ajouter les douze animaux emblématiques (ch. 10 et 15) beaucoup d'astrologues chinois en Occident s'en tiennent là. Le facteur **chance** est donné (ch. 11) par les vingt-huit constellations. Dans l'étude d'un thème il faut tenir compte avant tout des relations entre les termes et de plus, l'homme ne vivant pas isolé, il est très influencé par son environnement : habitat, milieu, famille, profession, qui peuvent modifier profondément son caractère. Aussi ne faut-il pas être surpris si certains détails de votre thème vous paraissent surprenants : si un binôme se trouve à la frange d'influx d'un autre binôme votre thème peut subir une double influence. Enfin votre caractère a pu se modifier au cours des ans. Toute réflexion sur ce sujet se révèlera bénéfique. Ceci vaut pour toute opération divinatoire, à l'exclusion naturellement des pratiques populaires entachées de superstition à l'égard desquelles les lettrés ont toujours manifesté le plus profond mépris.

De même que pour l'horoscope, l'importance de la méthode divinatoire employée doit être en proportion de l'importance de la question, c'est pourquoi on trouve dans les almanachs des formulaires plus simples pour consulter le *Yiking.* J'ai publié une traduction de ces formulaires dans *Les Sapèques d'Or,* ouvrage paru à l'Asiathèque. Les sapèques sont des piécettes rondes (la forme ronde symbolise le Ciel) percées d'un trou carré (la forme carrée évoquant la Terre) donc éminemment adaptées pour des opérations divinatoires ou magiques. Il s'agit en fait de tirer à pile ou face pour évoquer les traits d'un pentagramme composé de cinq traits, brisés ou continus, ou un hexagramme, comme ceux du *Yiking,* formés de six traits. Pour chaque figure on trouve des réponses (ainsi que des allégories parfois un peu sibyllines, mais il faut de la patience pour interprèter les oracles) à toutes les questions que peut poser la vie quotidienne.

Joseph Needham a qualifié de pseudo-sciences les pratiques divinatoires chinoises, bien qu'honnêtement il reconnaisse l'importance qu'a eue la géomancie pour la protection des paysages et des sites chinois. Il aurait dû réserver ses sarcasmes à l'astrologie occidentale qui cherche dans les calculs une précision que j'ai toujours trouvée excessive. En tout cas aucun devin chinois n'a jamais songé à qualifier de scientifique l'humble exercice de son art.

Le lecteur trouvera ci-après un tableau simplifié de calcul des piliers inspiré des travaux des Pères Havret et Houang. Nous donnons aussi un exemple des résultats de notre logiciel informatique, produit en collaboration avec M. Guy Knerr, qui sera bientôt complété et commercialisé.

MÉTHODE SIMPLIFIÉE DE CALCUL DES BINÔMES (PILIERS) EN FONCTION DE NOTRE CALENDRIER

CALCUL DU BINOME ANNUEL

L'année chinoise astrologique débutant le 4 ou 5/02, c'est à cette date qu'intervient le changement de signe. Les jours compris entre le 1/01 et le 3/02 inclus font donc partie en fait du signe précédent.

Il suffit d'ajouter au chiffre dizaine et unité représentant chaque année : 57 de 1800 à 1899, 37 de 1900 à 1999, 17 à partir de l'an 2000.

Tous les binômes se comptent donc en soustrayant 60 (ou son multiple) de tout nombre > 60.

CALCUL DU BINOME MENSUEL

Les mois astrologiques commencent le 4/02, le 5/03, le 4/04, le 6/05, le 5/06, le 7/07, le 7/08, le 7/09, le 8/10, le 7/11, enfin le 7/12. Les jours antérieurs à cette date comptent comme faisant partie du mois précédent. Un chiffre est à ajouter. Pour les années de notre calendrier terminant par 4 ou 9, on ajoute 1 au chiffre du mois. Si c'est 5 ou 0 ajouter 13, Si c'est 6 ou 1 ajouter 25, Si c'est 7 ou 2 ajouter 37, Si c'est 8 ou 3 ajouter 49.

CALCUL DU BINOME JOURNALIER

Pour obtenir le binôme du jour il suffit d'additionner 3 chiffres : noter d'abord le chiffre de la date du jour, y ajouter un nombre variant chaque année et qui figure dans le tableau ci-dessous :

CHIFFRE DES DIZAINES

CHIFFRE DES UNITES	190	191	192	193	194	195	196	197	198	199	200
0	10	2	54	47	39	32	24	17	9	2	54
1	15	7	0	52	45	37	30	22	15	7	0
2	20	12	5	57	50	42	35	27	20	12	5
3	25	18	10	3	55	48	40	33	25	18	10
4	30	23	15	8	0	53	45	38	30	23	15
5	36	28	21	13	6	58	51	43	36	28	21
6	41	33	26	18	11	3	56	48	41	33	26
7	46	39	31	24	16	9	1	54	46	39	31
8	51	44	36	29	21	14	6	59	51	44	36
9	57	49	42	34	27	19	12	4	57	49	42

Enfin, il faut ajouter un troisième chiffre qui varie chaque mois en tenant compte du fait que l'année est bissextile ou non.

	JANV	FEV	MARS	AVR	MAI	JUIN	JUIL	AOUT	SEPT	OCT	NOV	DEC
normale	0	31	59	30	0	31	1	32	3	33	4	34
bissextile	0	31	0	31	1	32	2	33	4	34	5	35

CALCUL DU BINOME DE L'HEURE

Il faut se rappeler qu'une heure chinoise vaut deux de nos heures, et que la première heure culminant à minuit est à cheval sur deux jours.

Pour trouver le n° du binôme, se rappeler d'abord le binôme du jour. Si le n° d'ordre désignant ce binôme se termine par 1 ou 6 : le chiffre du binôme horaire est le même que celui désignant l'heure chinoise ;

par 2 ou 7, ajouter 12 au n° désignant l'heure chinoise
par 3 ou 8, " 24 " " " "
par 4 ou 9, " 36 " " " "
par 5 ou 0, " 48 " " " "

Il faut toujours définir l'heure par rapport à l'heure GMT. Notons que l'usage constant des devins chinois est de calculer l'heure par rapport au méridien de Pékin,
il faut donc ajouter 8 à l'heure GMT, ce qui peut avoir comme conséquence d'avancer d'un jour (donc d'un binôme) la date GMT.

	TABLEAU DES HEURES		
CHINOISE	DEBUTE A	CHINOISE	DEBUTE A
1 Rat	23 heures	7 Cheval	11 heures
2 Buffle	01 heure	8 Bélier	13 heures
3 Tigre	03 heures	9 Singe	15 heures
4 Lièvre	05 heures	10 Coq	17 heures
5 Dragon	07 heures	11 Chien	19 heures
6 Serpent	09 heures	12 Cochon	21 heures

HOROSCOPE INFORMATIQUE

UN EXEMPLE

Un homme, né le 23 avril 1964, à 6 h. du matin, à Accra (Ghana)

THÈME CHINOIS

Année de naissance : ***Dragon / Bois ,*** 

Les 4 Colonnes du Destin :

Pilier de l'année :	***41***	*C (neutre),*	*yang ,*
du mois :	***5***	*A (fort),*	*yang ,*
du jour :	***39***	*C (neutre),*	*yang ,*
de l'heure :	***40***	*C (neutre),*	*yin ,*
ascendant :	***Lièvre ,***		

Les 8 Signes :

Troncs Célestes 天干			Rameaux Terrestres 地支		
1	*jia ,*	甲	***V***	*chen ,*	辰
5	*wu ,*	戊	***V***	*chen ,*	辰
9	*ren ,*	壬	***III***	*yin ,*	寅
10	*gui ,*	癸	***IV***	*mao ,*	卯

naissance		décalage	heure	date			SIGNES		relations entre les agents et les		
Accra		T.U.	T.U.	du lieu	**binômes**	**Poids**	**Dénaires**	**Duodén.**	binômes	dénaires	duodénaires
année	1964			1964	**41**		**1**	**V**	Feu / yang	Bois / yang	Terre / yang
mois	04			04	**05**		**5**	**V**	Bois / yang	Terre / yang	Terre / yang
jour	23			23	**39**		**9**	**III**	Métal / yang	Eau / yang	Bois / yang
heure	06	00	06	06	**40**		**10**	**IV**	Métal / yin	Eau / yin	Bois / yin
minutes	00	00	00			**4;4**					
secondes	00	00	00								

MARS, " Le feu de la lampe ", Dragon / Bois
JUPITER, " L'arbre de la grande forêt ", Dragon / Terre
VENUS, " Le métal du miroir ", Tigre / Eau
VENUS, " Le métal du miroir ", Lièvre / Eau

Vous êtes né une année yang sous le signe du 
et votre ascendant est le Lièvre .

Composition des Eléments : *Bois : 4 , Terre : 3 , Métal : 2 , Eau : 2 , Feu : 1 .*

41	=	***Feu , Bois , Terre .***
5	=	***Bois , Terre , Terre .***
39	=	***Métal , Eau , Bois .***
40	=	***Métal , Eau , Bois .***

Ordre de préséance :

41	=	***Feu , Terre , Bois .***
5	=	***Terre , Terre , Bois .***
39	=	***Eau , Bois , Métal .***
40	=	***Bois , Eau , Métal .***

Tableau des relations dynamisantes, énergétiques et organiques :

Orient(s) :	***Est,***
Saison(s) :	***Printemps,***
Planète(s) :	***Jupiter,***
Organe(s) :	***le Foie, les yeux, les muscles,***
Saveur(s) :	***Acide,***
Nombre(s) :	***8 ,***
Note(s) :	***kiao: 3ème note,***
Couleur(s) :	***vert,***
Comportement :	***détendu,***
Vertu(s) :	***bienveillance,***
Etat(s) affectif(s) :	***colère,***
Nourriture qui convient :	***le mouton et le blé,***

ÉTUDE DES CONSTELLATIONS

Constellation zodiacale : ***Jupiter ,***

demeure lunaire du jour : ***la Corne ,***

La Constellation Orientale n° 1, secteur du "Dragon Glauque (vert)", est faste, a pour animal symbolique le Crocodile, et son étendue est de 11° 49' 48".

Oracle : *" La note mi de la cloche du Printemps a donné trois mélodies.*
Il ne neige pas mais le coeur est froid.
Rassurez vous ! Toute votre famille jouira de la paix et de la prospérité. "

jour de la semaine, à Pékin : ***jeudi .***

Saison : ***fin du Printemps ,***

Fleur : ***la Pivoine ,***

Deuxième Chance : *Le signe " IV " de l'heure de naissance est placé :*
à gauche sur le Ventre de l' Empereur Jaune Houang - Ti .

Il jouira d'une vie simple, mais suffisante et peut devenir mandarin civil ou militaire. S'il aime les arts et la musique, il peut atteindre la célébrité à l'âge mûr. Peut-être alors deviendra-t-il riche. Son bonheur et sa gloire augmenteront avec les années.

La Lune et ses phases de vitalité : 

Lune Croissante dans la 3ème Lunaison : bonne vitalité.

Le Poids du Destin : ***élément de réflexion et de philosophie sur la vie .***

Quatre onces quatre dixièmes :

" Toute chose tombe du ciel facilement.
Mais joie et honneur dépendent des efforts de chacun.
Dans votre jeunesse, la fortune ne sera peut être pas complète.
Plus tard, des circonstances heureuses vous éviteront tout souci. "

* * * * * *

ACHEVÉ D'IMPRIMER
EN OCTOBRE 1995
PAR L'IMPRIMERIE
DE LA MANUTENTION
A MAYENNE
N° 339-95